KB111081

文襄公訥齋梁誠之像

눌재(訥齋) 양성지(梁誠之) 영정(양선희 作)

양성지의 신주와 위패를 모신 수안사(김포시 지방문화재 향토유적 10호). 위의 작은 사진은 구(舊)사당으로 건축한지 500여 년이 넘어서 퇴락하여 유지하기 힘들어, 원래의 사당 옆에 새로운 사당(아래 사진)을 지어 위패를 옮겨 모시었다(김포시 양촌면 대포리 208번지 소재).

신도비와 신도비각(오른쪽 사진 비각 밖의 신도비는 최근에 만든 것). 김포시 양촌면 대포리 산 244-9번지에 서 있으며, 김포시 지방문화 유적 제9호로 지정되었다. 전체 높이 256Cm에 폭 75Cm이다.

대포서원. 경기도 김포시 양촌면 대포리 산32번지에 자리 잡고 있다. 1973년 전국의 유림들이 발의하여 세우고 성균관에서 인가한 첫 번째 현대서원이다(1983년 3월 경기 지방문화재 향토유적 제1호로 지정).

남원군 산내면에 있는 양성지의 지리산 찬시비

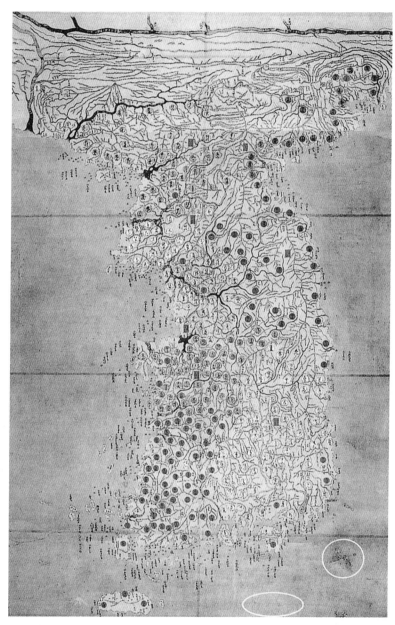

〈조선팔도지도(동국지도)〉 국사편찬위원회 소장(137×91cm). 양성지의 〈팔도도〉를 모사
한 것으로 보이는데, 한반도와 만주를 함께 그린 것이 특징이다.

조선 수성기 제갈량

양성지

조선 수성기 제갈량 **양성지**

초판 제1쇄 발행 2008. 5. 30.
초판 제4쇄 발행 2018. 12. 10.

지은이   한 영 우
펴낸이   김 경 희
펴낸곳   (주)지식산업사
         본사 ● 10881, 경기도 파주시 광인사길 53 (문발동)
              전화 (031)955-4226~7 팩스 (031)955-4228
         서울사무소 ● 03044, 서울시 종로구 자하문로6길 18-7 (통의동)
              전화 (02)734-1978,1958 팩스 (02)720-7900
         한글문패 지식산업사
         영문문패 www.jisik.co.kr
         전자우편 jsp@jisik.co.kr
         등록번호 1-363
         등록날짜 1969. 5. 8.

책값은 뒤표지에 있습니다.

ⓒ 한영우, 2008
ISBN 978-89-423-1113-2 03990

이 책을 읽고 저자에게 문의하고자 하는 이는
지식산업사 전자우편으로 연락바랍니다.

책을 내면서

1970년대 초 《눌재집(訥齋集)》을 읽고 놀랐던 충격이 지금도 생생하다. 조선 선비들은 주체성이 없고 중국을 지나치게 숭상한 사대주의자들이었다고 단정한 것은 나뿐 아니라 당시 학계의 일반적인 분위기였다. 《눌재집》은 그러한 나의 선입관을 여지없이 깨뜨렸다. 그 충격 속에서 논문 〈눌재 양성지의 사회정치사상〉(《역사교육》 17집, 1975)을 쓰게 되었다.

그로부터 33년의 세월이 흐른 지금, 양성지의 애국적이고 주체적인 경륜에 감동하는 후학들이 많이 나왔으나, 막상 그의 경륜을 총체적으로 정리하고 나아가 조선 후기 중흥의 영주(英主) 정조(正祖)에게 미친 영향까지를 아우르는 연구서가 없는 것이 늘 아쉬웠다. 그래서 나의 옛 글을 크게 보완해서 평전으로 엮은 것이 이 책이다.

양성지를 되돌아보게 된 것은 1992년부터 4년 동안 서울대학교 규장각을 관리하면서, 정조의 정신적 스승 가운데 하나가 양성지였다는 사실이 늘 머릿속에 맴돌았기 때문이다. 그래서 정조와 규장각을 제대로 알기 위해서도 양성지로 돌아가야겠다는 생각을 굳히게 된 것이다.

양성지 평전을 쓰고 나니 이제는 거꾸로 정조와 규장각을 더 깊이 파고들어야겠다는 생각이 들었다. 그래서 《규장각; 그 영광과 수난의 역사》(가제)를 최근 탈고했다. 이 책이 나오면 양성지와 정조가 시공을 뛰어넘어 감응한 앞뒤 맥락이 한층 선명하게 드러날 것이다.

여기서 독자들의 이해를 구하고 싶은 것이 있다. 그동안 평전으로 양성지 말고도 정도전(鄭道傳), 이수광(李睟光), 유수원(柳壽垣)을 단행본으로 낸 바 있고, 또 정조에 관심을 가진 것은 나름의 이유가 있다. 이들이 모두 '성리학자'이면서 동시에 국리민복을 추구한 '실학자' 곧 '실학적 성리학자'라는 점을 주목한 것이다. 그러니까 조선시대 성리학과 실학을 대립관계로 보지 않고 통일체로 이해하고 싶었다는 뜻이다.

책을 내면서 주변의 고마운 분들이 떠오른다. 정도전과 유수원에 이어, 이번에도 지식산업사 김경희 사장은 오랜 학우로서 격려와 더불어 조언을 주었다.

금년 3월부터 노학의 서생에게 공부할 수 있는 터전을 새로 만들어준 이화여대의 배려도 잊을 수 없다. 지금 경기도 김포시에는 양성지 후손들이 집단적으로 거주하면서 그분의 사당과 묘소를 지키고 있는데, 사진과 족보 등 귀한 자료를 제공하여 큰 도움을 얻었다. 또, 한문투성이 원고를 한글로 바꿔 정리해준 제자 양희진 양에게도 고마움을 전하고 싶다.

2008년 5월
이화여대 이화학술원 연구실에서
한 영 우

차 례

머리말

눌재 양성지(訥齋 梁誠之; 1415~1482)는 조선왕조의 문물이 정비된 15세기 후반(세종~성종 대)과 조선왕조가 중흥의 꽃을 피운 18세기 후반(정조 대)의 두 시대에 큰 영향력을 미친 사상가이다. 다시 말해 조선왕조 수성기(守成期)를 직접 이끌고, 300년 뒤의 중흥기(中興期)에 다시 찬란하게 부활한 특이한 사상가이다.

조선왕조가 정치·경제·문화적으로 안정과 융성의 절정기를 맞이했던 15세기 후반기에 여섯 임금(세종~성종)을 섬기면서, 40여 년에 걸친 관직 생활의 대부분을 관각(館閣)의 학자로서 보낸 양성지는 국가의 문교사업에 커다란 공적을 남겼을 뿐만 아니라, 정치·경제·국방·사회·문화에 관련되는 수십만언(數十萬言)의 상소문을 바쳐 뛰어난 경륜가로서의 면모를 발휘하기도 했다.

양성지가 수많은 주의(奏議)에서 밝힌 경륜과 이상은 당시 세인의 생각을 크게 앞지르는 바가 많고, 또 더러는 현실적으로 실현 불가능한 것도 많아서 세인들로부터 우활(迂闊)하다는 비평을 자주 받았다. 그러나 세종, 문종, 단종, 세조, 예종, 성종 등 여러 국왕은 그의 재질과 애국적 정열을 깊이 사랑하고, 그의 경륜을 정책 수립에 채용하는 바가 적지 않았다. 특히 문종과 세조는 누구보다도 그를 두터이 신임한 군주로서 문종은 그의 애국심을 변계량(卞季良)

과 견주어 칭송했으며,[1] 세조는 그를 일러 "비상한 인물", "왕좌(王佐)의 재주를 가진 사람", "마음으로써 사랑하는 사람"이라고 칭송하고, 심지어는 "나의 제갈공명"이라고까지 격찬했다.[2] 세조 대의 문교·국방 정책은 양성지를 빼놓고는 이해하기 힘들 정도로 그의 영향력은 지대한 것이었다. 왕조의 문물을 완성한 성종 또한 신진 사림(士林)의 끊임없는 탄핵에도 아랑곳없이, 양성지의 경륜과 문물 정비에 바친 공로를 높이 평가하여 그를 극진히 보호하는 데 인색하지 않았다.

양성지는 만년에 신진 사림들에게 "탐오한 훈구파의 한 사람"으로 지목되어 몇 차례 탄핵을 받았다. 부정한 방법으로 재산을 모았다는 것이 그 이유였다. 그러나 탄핵의 증거가 충분하지 않아서 혐의를 풀고 여생을 김포 농장에서 조용히 마쳤다. 하지만 사림파가 득세하던 16세기, 그에 대한 평가가 결코 긍정적인 것은 아니었다.

양성지에 대한 평가가 긍정적인 방향으로 급선회하는 것은 18세기 후반기의 정조(재위 1776~1800) 대라고 하겠다. 정조는 잘 알려진 바와 같이 그 자신이 탁월한 학자인 동시에 쇠약해진 조선왕조를 중흥시키려던 우문(右文)의 군주이다. 그가 규장각을 설치하고 실학자를 우대한 것은 이와 같은 목적을 달성하기 위한 문교 정책

---

1) 《눌재집(訥齋集)》 권6 〈南原君政案〉(金守溫 撰). 여기서 인용하는 《눌재집》은 1973년에 아세아문화사에서 간행한 책을 말한다. 이 책은 정조 때 간행된 원본에다 빠진 자료를 《실록》, 《국조보감(國朝寶鑑)》, 《동국여지승람(東國輿地勝覽)》, 《해동유현록(海東儒賢錄)》 등에서 수집하여 속편을 만들어 보완해서 간행한 것이다. 이 책에는 백린(白麟) 씨가 쓴 해제가 실려 있다.

2) 《눌재집》 권6 〈南原君政案〉(金守溫 撰), "世祖三年十月 進便宜四條 上覽之曰 備留心國事 知無不言 予甚嘉賞 又曰 誠之非常人也", "(世祖)十年九月 上御思政殿 謂金守溫曰 梁誠之 予之諸葛孔明也", "(世祖)十一年七月…上…謂申叔舟曰 梁誠之有王佐之才".

같은 책 권6 〈南原君家乘記〉(徐居正 撰), "世祖…一日謂公曰 人之相愛有四焉 或才·或色·或財·或心 卿與我 以心相愛耳".

의 하나임은 더 말할 나위도 없다. 정조의 문교 정책이 큰 영향을 받은 것은 300년 전의 양성지로부터였다. 규장각의 설치가 바로 양성지의 발의를 토대로 한 것이며 그의 문집을 간행하도록 명한 것이 정조였다.

정조는 재위 15년(1791)에 양성지의 문집인 《눌재집(訥齋集)》을 간행하도록 명하면서 초대 각신(閣臣)이던 이병모(李秉模)와 이복원 (李福源)으로 하여금 서(序)와 발(跋)을 각각 짓게 하였는데, 여기에는 정조가 규장각을 세우고 양성지를 기리는 의도가 잘 반영되어 있다. 그 이유는, 한 마디로 그의 학문이 "유용지학(有用之學)", "경제 실용(經濟實用)"에 치중했다는 것이며, 이것이 정조의 "부화(浮華)를 몰아내고 실용(實用)을 존중하는" 문교 정책에 부합된다는 점에 있었다.3) 말하자면, 정조가 추구하는 실용 존중의 학풍 수립에서 양성지의 학문은 하나의 귀감과 선구가 되고 있었다.

정조를 제외한 다른 실학자와 양성지와의 학문적 맥락이 어떻게 이어지는지는 좀 더 깊은 연구가 필요한 문제이므로, 여기서는 일단 논외로 해둔다. 다만 이와 관련하여 한 가지 주목되는 사실은, 정조가 등용한 규장각의 각신이 정조 15년 현재 30명에 이르렀는데, 그들이 모두 양성지의 외예(外裔; 외척후손)라는 사실이다. 이것은 우연한 일이겠으나, 정조도 그 사실을 기이하게 여겨서 《눌재집》 서문 끝에 그 명단을 첨부하도록 명했으며,4) 이들의 족보를

---

3) 《눌재집》 권6 〈御製題〉(李秉模 撰), "…文襄(양성지의 익호 – 필자) 平生好有用之學 凡 朝章國典·兵農·地理利弊因革之大端 繭榴解剝 懇懇爲朝廷言 故當時之論 往往以爲儲與庀冶而 事效之食於後世 如淸醴之本 未起冠裳之起 杼軸…".

같은 책 〈凡例〉, "…文集序次之例 先詩後文而公之述作 專爲經濟實用 文章乃其緖餘 故首 奏議 次雜著 次古今詩".

같은 책 〈跋文〉(李福源 撰), "…國朝名臣奏議 惟訥齋梁文襄公誠之所奏最多 盖公歷事六朝 屢掌館閣 以淹貫之學 有懇款之誠 知無不言 言無不盡…聖后右文 東方名碩之隻字片語 皆經 乙覽而於公貴稿 特命鋟梓 寵以弁卷之文者 盖將黜浮華貴實用而設閣之議 有契淵衷 行其言而 思其人也".

따로 편찬토록 명했다.[5] 이들 각신들은 실학계열에 속하는 이가 많은데 그들의 학문이 양성지와 어떤 관련을 맺는지는 앞으로 구 명되어야 할 문제이다.

정조는 양성지 문집을 간행하던 해에 정도전(鄭道傳)의 《삼봉집 (三峰集)》도 보완하여 복간하도록 규장각에 명하였다.[6] 이것도 또 한 우연한 사실로 보아 넘기기에는 심상치 않은 곡절이 있었다. 정도전의 학문은 창업기의 문물제도를 창제했다는 점에서 역시 실 용의 학문으로 평가되었다. 정조는 선조 대의 문장가인 차천로(車天 輅)의 《오산집(五山集)》도 출간하도록 명했는데, 이는 그의 외교적 인 문장을 높이 평가한 까닭이었다. 정조는 헛되이 화려함을 추구 하면서 실익이 없는 학문을 몰아내려고 노력했는데, 바로 이러한 그의 학문 방향에 국초(國初)의 학자들이 모범이 되었던 것이다.

조선 후기 실학이 기본적으로는 부국안민(富國安民)을 추구하려는 대전제 위에서 발생하였고, 그러한 목표에 기여할 수 있는 학풍을 '실용적'이라고 표방한 것이라면, 정도전, 양성지 등 15세기 학자 들이 추구한 학문도 기본적으로는 그러한 목표와 일치되고 있었다 는 점에서, 양자 사이에 사상적 맥락이 이어질 가능성은 충분히 상정될 수 있는 바이다.

---

4) 정조는 각신들이 양성지의 친척 후예임을 기이하게 여겨 30인의 명단을 《눌재 집》서문 뒤에 실어놓게 하였는데 그 명단은 다음과 같다.
   황경원(黃景源), 이복원(李福源), 서명응(徐命膺), 채제공(蔡濟恭), 이휘지(李徽之), 김종수 (金鍾秀), 유언호(兪彦鎬), 오재순(吳載純), 조경(趙璥), 이성원(李性源), 정민시(鄭民始), 서 호수(徐浩修), 심염조(沈念祖), 정지검(鄭志儉), 서유방(徐有防), 박우원(朴祐源), 이병모(李 秉模), 김희(金憙), 김재찬(金載瓚), 김면주(金勉柱), 서정수(徐鼎修), 서용보(徐龍輔), 정동 준(鄭東浚), 정대용(鄭大容), 이만수(李晩秀), 윤행임(尹行任), 서영보(徐榮輔), 이곤수(李崑 秀), 김조순(金祖淳), 심상규(沈象奎).
5) 규장각 각신 30명의 족보를 《남원양씨외예보(南原梁氏外芮譜)》라 불렀는데, 이 족 보는 남원양씨문양공종회에서 1994년에 발행한 《눌재집》에 실려 있다.
6) 한영우, 《왕조의 설계자 정도전》, 지식산업사, 1999, 참고.

이와 같은 의미에서 양성지 사상의 해명은 다만 양성지라는 한 개인의 의식구조를 이해하는 데서 그치는 것이 아니라, 왕조 수성기인 15세기 후반 집권층의 사상을 이해하고, 나아가서는 조선 후기 실학의 사상사적 맥락을 추적하는 데서 중요한 의미를 지닌다고 하겠다.

제1장

양성지의 가계

양성지의 본향(本鄕)은 남원(南原)이다. 그러나 남원 양씨는 자신들의 뿌리를 멀리 탐라국 삼성(三姓)의 하나인 양을라(良乙那)에서 찾고 있다. 《양씨대동보(梁氏大同譜)》에 따르면 4세기 후반 신라 내물왕 때 양탕(良宕)이 신라에 조공을 바치면서 양(良)을 양(梁)으로 고쳤다고 한다.

이렇게 탐라국의 3대 귀족의 하나인 양씨가 제주(濟州)에서 남원으로 이주한 것이 언제부터인지는 확실하지 않으나, 고려가 건국할 무렵에는 이미 남원의 토성(土姓) 가운데 으뜸으로 기록될 만큼 이른바 망족(望族)으로 인정받고 있었다.[1] 망족은 바꿔 말하면 지방의 큰 호족(豪族)을 말하는 것이니, 아마도 남원에 상당한 토지를 보유하고 있었던 것으로 보인다.

이렇게 남원의 호족으로 있던 양씨가 남원부 향리(鄕吏)로 임명된 것은 양능양(梁能讓) 때부터이다. 그는 왕족으로서 좌복야(左僕射) 벼슬을 하고 있던 왕림(王琳)의 딸을 아내로 맞아들였는데, 왕림은 11세기 초 송나라 빈공과(賓貢科)에 합격하고 돌아와 현종(顯宗) 때 좌복야를 지낸 인물이었다.[2] 혼사가 인연이 되어서인지 양능양은

---

1) 《눌재집》 권6 〈南原梁氏族譜序〉(李淑瑊 撰) 및 〈南原君神道碑銘〉(金安國 撰).
  한편, 《세종실록》 지리지와 《고려사》 지리지에 따르면, 전라도 남원부의 토성(土姓) 가운데 양씨는 가장 첫머리에 기록되어 있다.
2) 김안국이 지은 〈남원군신도비명(南原君神道碑銘)〉 및 이숙감이 지은 〈남원양씨족보

남원부의 향리로서 병부낭중(兵部郎中)이 되었던 것이다. 향직의 최고위는 호장(戶長)이었는데, 양능양은 이때 호장의 지위는 얻지 못했다.

고려는 건국 뒤 지방 망족 곧 호족 세력을 포섭하는 수단으로 세력의 크기에 따라 여러 등급의 향직(鄕職)을 주었는데, 그 가운데 하나가 낭중(郎中)이었다. 낭중은 호정(戶正)으로도 불리는데, 호장과 부호장 다음에 해당하는 서열이다.

남원부는 통일신라 시기 5소경(五小京)의 하나였던 만큼 고려가 그 지방의 토착 세력을 포섭하면서 양씨에게 향직을 준 것으로 보인다. 다만 고려시대 향리는 조선시대의 향리와는 그 지위가 매우 다르다는 것을 유념할 필요가 있다. 그들은 경제력과 권력을 가진 지방 귀족이었다.

고려의 향리직은 세습되었다. 그래서 양능양의 후손들도 남원부의 향리직을 세습하게 되었는데, 양능양의 7대 후손은 내리 호장을 계승한 것으로 되어 있다.[3] 그러니까 약 200년 동안 향리직을 계승한 것이다.

이렇게 남원부의 호장을 세습하던 양씨가 중앙의 벼슬아치로 올라선 것은 양능양의 8대손 양준(梁俊)에 이르러서였다.[4] 그는 비로소 과거에 급제하여 성균좨주(成均祭酒)의 문반직을 갖기에 이르렀다고 한다. 성균좨주는 고려 말 충렬왕 대 이후의 관직이므로, 양씨는 원나라 간섭기부터 중앙의 벼슬아치가 되어 이른바 신흥 사대부의 반열에 오른 것을 알 수 있다. 고려의 향리가 사대부로 등

서〉 참고.

3) 이숙감의 〈남원양씨족보서〉에 따르면 양능양의 후손은 득겸(得謙)-득황(得璜)-탁영(卓英)-견(堅)-이승(利升)-충립(忠立)-당취(唐就)로 이어지며, 이들이 모두 호장이라고 한다.

4) 주 2)와 같음.

장하는 것은 대부분 무신집권기 이후나 원나라 간섭기인데, 양씨의
출세도 그들과 궤도를 같이하고 있음을 알 수 있다. 이 무렵 과거
제도가 다시 부활한 것이 중요한 계기가 되었을 터이다.

양준은 바로 양성지의 고조(高祖)가 되는데, 양준의 아들이 양우
(梁祐)다. 양성지의 증조가 되는 양우는 벼슬이 봉익대부(奉翊大夫; 종
2품) 판도판서(版圖判書)에 이르렀다고 한다. 판도판서는 조선시대의
호조판서에 해당하는데, 양우가 받은 판도판서는 실직(實職)이 아닌
첨설직(添設職)으로 보인다.5) 고려 말에는 잇따른 전쟁으로 공을 세
운 이들에게 상으로 실직이나 토지를 주지 못하고 그 대신 판서
등 첨설직을 남발했는데, 첨설직을 받은 이들은 지방에서 품관(品
官) 또는 한량(閑良)으로 불리면서 지방의 유력자로 행세하고 있었
다.6) 양우도 그러한 품관층 또는 한량층의 한 사람이었던 것으로
보인다.

양우의 행적을 보면 그러한 추측이 더욱 신빙성을 갖는다. 그는
고려가 망하자 은둔불출하여 "동국(東國)의 백이(伯夷), 숙제(叔齊)"라
는 칭호를 얻었다고 한다. 그가 왕조 교체를 계기로 은둔 불출하
게 된 것은 백이, 숙제와 같은 지조 때문이라기보다도 이성계 일
파와의 갈등이 큰 이유였을 것이다. 이성계 일파의 개혁 사업은
지방의 지주(地主)이자 세력가인 품관층을 억압하고 통제하는 것이
큰 비중을 띠고 있었다. 전제개혁(田制改革)을 통해 이들의 토지를

---

5) 양우가 얻은 판도판서가 첨설직이라는 추측은 다음의 몇 가지 사실에 근거를 둔
것이다. 첫째, 판도판서(뒤의 호조판서)의 실직을 가지려면 적어도 과거합격자가 아
니면 어려운데, 양우는 과거에 급제한 사실이 없다. 둘째, 이조와 병조를 제외한 6
부의 판서직은 공민왕대 이후 첨설직으로서 대량으로 제수되었다. 셋째, 고려가 망
하자 그가 은둔하게 된 것은 첨설관(한량관)에 대한 이성계 정권의 숙위 강요 정책
과 관련이 있는 듯하다. 넷째, 그는 뒤에 양성지 덕분에 정3품의 통정대부 호조참
의의 벼슬에 추증되었는데, 이것은 그가 본래 가진 봉익대부 판도판서보다 낮은
자리다. 본직이 만약 실직이라면, 본직보다 낮은 자리를 추증할 리 만무하다.
6) 한영우, 〈여말선초 한량과 그 지위〉, 《한국사연구》 4집, 1969.

서울 중구 초동 18-15(명보플라자 인근 대림빌딩 앞)에 있는 표지석.

공전(公田)으로 귀속시키고, 5결 또는 10결의 군전(軍田)을 주는 대신 서울에 올라와 거경숙위(居京宿衛)하는 군역(軍役)을 부과했던 것이다.[7] 이는 당연히 지방 세력가의 반발을 불러일으켰다. 양우가 백이와 숙제처럼 은둔불출했다는 것은, 바로 자신을 억압하는 이성계 정권에 협조하지 않았다는 것을 뜻한다.

조선의 건국으로 가세가 기울어진 양우는 아들 양석륭(梁碩隆)을 얻었다. 이가 양성지의 할아버지이다. 석륭은 정2품 통헌대부(通憲大夫) 판위위시사(判衛尉寺事)라는 관직을 가졌다고 하는데, 이 또한 실직은 아닌 것 같다. 그는 죽은 뒤에 손자인 양성지가 출세한 덕으로 가선대부(嘉善大夫; 종2품) 병조참판의 관직을 추증 받았는데, 그가 만약 생전에 정2품의 실직을 가졌다면 실직보다 더 낮은 증직(贈職)을 받을 수는 없기 때문이다. 이러한 추정이 옳다면 양성지의 증조와 조부는 조선 건국 뒤 아무런 벼슬을 하지 못하고 남원에 거주하고 있었던 것으로 보인다. 전제개혁으로 남원의 경제 기반도 크게 무너졌을 것이다.

조선왕조가 건국한 뒤로 다시금 벼슬아치가 나온 것은 양성지의 아버지 양구주(梁九疇)부터였다. 그러나 과거에 합격한 사실이 없으

---

7) 한영우, 〈여말선초 한량과 그 지위〉, 《한국사연구》 4집, 1969.

므로 그의 관직은 낮은 자리였다. 양구주의 벼슬은《족보》에는 중훈대부(中訓大夫; 종3품) 예빈시윤(禮賓寺尹; 빈객의 잔치와 음식을 관장하는 기관의 수장)으로 되어 있다. 그리고 죽은 다음에 아들 양성지의 덕으로 숭정대부(崇政大夫; 종1품) 의정부 우찬성(右贊成)으로 추증되었다. 그런데《동국여지승람》충청도 옥천군 명환조(名宦條)에 따르면, 그는 태종 때에 옥천군 "지군사(知郡事)를 하면서 법을 지킴이 공정하고, 부지런하고, 백성을 대함이 간명하고 엄했으며, 서산(西山)에 300여 그루의 잣나무를 심어, 지금도 관청이 그 이익을 얻고 있다"고 되어 있다.

이 두 자료를 종합해 보면, 양구주는 태종 때 옥천군 지사(知事; 종4품)를 지내고 중앙에 돌아와 예빈시윤(종3품)이 되었다고 정리할 수 있을 것이다. 그런데 양성지가 태어난 것이 태종 15년(1415)이므로 양성지는 옥천에서 태어났거나 아니면 아버지가 서울로 돌아온 뒤에 태어났거나 둘 중 하나일 터이다.

양구주는 3남 3녀 가운데 장남이었는데, 누이들은 낙안군사(樂安郡事) 심구생(沈龜生)과 원주목사(原州牧使) 조량(趙良) 등에게 시집을 가서 양구주 본인과 두 매부들이 수령직에 오르게 된 것이다.

양성지는 이복형과 이복누이가 있었다. 양구주의 첫째 부인은 철원부사(鐵原府使) 장원경(張原卿)의 딸로서 양경지(梁敬之)를 낳았다. 양경지는 삼가현감(三嘉縣監; 종6품)을 지냈는데, 그 아들 양감(梁瑊)이 경기도 통진(通津; 지금의 김포시 통진읍)에 살고 있었다는 것으로 보아 양경지의 경제 기반은 통진에 있었던 것 같다. 그리고 양성지의 이복누이는 이색(李穡)의 손자인 이전명(李專明)에게 시집갔다.

양성지의 생모는 양구주의 후취(後娶)로 들어간 전주부윤(全州府尹) 권담(權湛)의 딸로서, 두 아들을 낳는데 장남이 양성지이고, 둘째 아들은 양신지(梁信之; 禦侮將軍)다. 권담은 권근(權近)의 7촌 조카이니까 권근은 양성지의 외할아버지의 종숙부가 되는 셈이다.

권근의 아들 권제(權踶)는 세종 때 《용비어천가》를 지은 명신이
고, 그 아들 권람(權擥)은 한명회(韓明澮)와 더불어 세조의 집권을 도
운 핵심 인물이다. 그리고 세조~성종 때의 대표적 문신인 서거정
(徐居正; 1420~1488)은 권근의 외손자로서 양성지와는 사돈 관계를
맺고 있었다. 그런데 서거정이 1444년(세종 26) 과거시험을 치를 때
양성지는 참시관(參試官)이 되어 두 사람은 좌주(座主)와 문생(門生)의
관계를 맺기도 했다.

양성지는 당대의 최고 학자이자 권신인 권근 집안과 가까운 인
척 관계를 맺고 있어 자연히 학문상으로나 정치상으로 서로 친화
감이 두터울 수밖에 없었다. 양성지는 특히 외가인 권씨 집안에
대한 자부심이 매우 컸다. 양성지가 외조부 권담의 가계를 정리하
여 〈몽암권공고사기(夢庵權公故事記)〉를 쓰고,[8] 세조에게 권근의 문
묘배향을 요청한 것이나, 서거정이 양성지의 족보를 보고 〈남원군
가승기(南原君家乘記)〉를 써주고, 통진에 양성지의 별서(別墅; 별장)가
낙성되자 이를 축하하여 〈통진현대포곡별서낙성기(通津縣大浦谷別墅
落成記)〉 등을 써준 것 등은 이러한 인맥이 작용한 것으로 보인다.

또 세조가 집권할 때 집현전 학사로 있으면서 사육신과 행동을
같이하지 못하고 세조의 집권을 묵인한 것도, 어쩌면 세조의 집권
을 주도한 권람과의 인맥이 작용했는지도 모른다. 서거정의 경우도
마찬가지일 것이다.

이상, 양성지의 가계를 다시 정리한다면, 양성지는 명문 한산 이
씨(韓山 李氏) 및 안동 권씨(安東 權氏) 집안과 인척 관계가 맺어지고
있음을 본다. 그렇지만 이 두 집안도 세습향리로 내려오다가 고려

---

8) 《눌재집》 권5 雜著.

양성지의 가계도

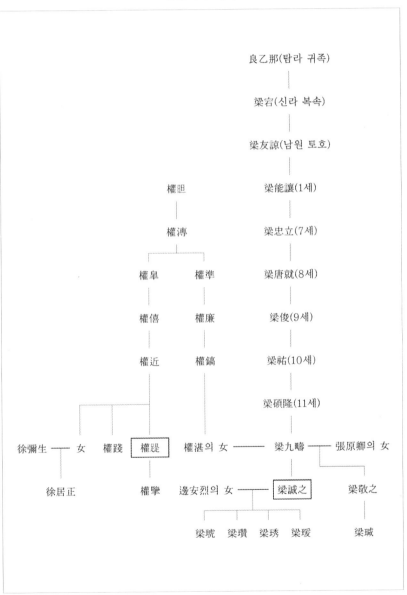

말에 사대부로 등장한 점에서는 양씨 집안의 내력과 크게 다르지
않다.

양성지는 이렇게 신흥 사대부의 후예로 태어났지만 어려서 부모
를 잃었다. 아버지 양구주는 경기도 양지(陽智)에 안장되었는데, 전
처(前妻)인 장씨가 이곳에 합장되었다. 아마도 이곳에 양구주의 전
지(田地)가 있었던 것 같다. 과전(科田)으로 받은 땅일지도 모른다.
양성지의 생모인 권씨는 후취이므로 남편과 합장되지 못하고 자신
의 친정인 강원도 횡성(橫城)에 묻혔다.

양성지는 아버지를 일찍 여의고, 녹봉을 가지고 부모를 봉양하
지 못한 것을 늘 안타깝게 생각하여, 뒤에 자신이 높은 벼슬에 오
르자 임금에게 요청하여 큰 아들은 양지현감으로, 둘째 아들은 횡
성현감으로 가게 해 6년 동안 부모의 묘소를 돌보도록 했다.[9]

그러면 아버지를 일찍 잃은 양성지는 어떻게 성장했을까. 우선
경제적 조건부터 알아보자. 아버지 양구주가 종3품의 벼슬을 했으
므로 과전을 받았을 것으로 보인다. 아마 그 과전은 양구주가 묻
힌 양지에 있었던 것이 아닌가 추측된다. 양구주가 죽은 뒤 그 땅
이 어떻게 되었는지 알 수 없으나 부인에게 수신전(守信田)으로 넘
겨졌을 가능성이 있다.

한편, 양성지의 이복형이자 양구주의 전처소생인 양경지도 현감
을 지냈으므로 과전을 받았을 것이다. 양경지의 아들이 통진에 살
고 있었으므로 양경지의 과전도 통진에 있었던 것으로 보인다.

양성지는 이처럼 아버지와 이복형의 과전에 의지하여 소년기를
보냈을 것 같다. 그러다가 벼슬길에 나가자 자신도 과전을 받게
되었는데, 만년에 벼슬이 높아졌으므로 과전의 액수도 100결 이상

---

9) 《눌재집》 권6 〈南原君家乘記〉(徐居正 撰).

이 되었을 것이다.[10) 여기에 성종이 즉위하자 좌리공신(佐理功臣)이 되어 20결의 공신전(功臣田)을 또 받았다. 그 다음에 양성지의 네 아들이 벼슬을 하게 되어 모두 과전을 받았을 것으로 보인다.

그러면 양성지와 네 아들이 받은 과전과 공신전은 어디에 있었을까? 이에 관한 자세한 기록이 없어 알 수 없으나, 양성지의 네 아들과 이복형이 모두 통진에 살고 있었고, 양성지도 통진에 별서를 짓고 만년에 이곳으로 은퇴하여 산 것으로 보아, 아마 통진이나 그 인근 지역에 땅을 가지고 있었던 것으로 짐작된다.

양성지의 경제적 기반을 알려주는 두 개의 자료가 있다. 하나는 성종 10년에 그를 공격한 어느 관료의 말이다. 이에 따르면, 양성지는 벼슬길에 나아가기 이전에는 "통진에 1경(頃)의 토지도 없었는데, 지금은 크게 농장을 열었다"[11)고 한다. 그러니까 양성지는 원래 통진에 땅을 가지고 있지 못했는데, 뒤에는 이곳에 큰 농장을 갖게 되었다는 것이다. 그러나 여기서는 농장의 규모가 크다고만 했을 뿐 구체적인 크기가 제시되지 않고 있다.

다른 하나의 자료는 서거정의 언급이다. 서거정이 세조 4년에 쓴 글에 따르면, 양성지는 통진에 별서를 지었는데 "수백 경(頃)의 땅을 가지고 있었으며, 1년에 천백 곡(斛)의 곡식을 거두었다"[12)고 한다. 여기서 수백 경의 땅과 천백 곡의 수확이 모두 통진에 있었다는 것인지, 아니면 여러 지역의 땅을 합친 것인지는 확실하지 않다.

---

10) 《용비어천가》 제72장에는 태조 3년에 개정된 과전법이 제시되어 있는데, 이를 따르면 정1품 150결, 종1품 125결, 정2품 115결, 종2품 105결, 정3품 85결이다. 양성지는 종1품까지 승진했으므로 125결 정도를 받았을 것으로 추측된다.
11) 《성종실록》 권104 성종 10년 5월 丙辰, "…掌令安處良曰 誠之…通津曾無一頃田而今則大開農場"
12) 《눌재집》 권6 〈通津大浦谷別墅落成記〉(徐居正 撰). "公有田數百頃 歲收千百斛".

그런데 양성지의 별서가 있던 곳은 통진 남쪽의 바닷가 근처 야산이었고, 주변에는 평지가 거의 없다. 따라서 수백 경의 땅이 별서 부근에 있었다고 보기는 어렵고, 별서 부근이 아닌 다른 곳에 있었던 것으로 보인다. 아마 다른 지역에서 세를 받아 배로 운반해 온 것인지도 모른다. 어떤 경우이든 양성지가 가진 땅은 국가로부터 받은 것으로 보이며, 특별히 부정한 방법으로 땅을 가졌다는 기록은 없다.

다음, 양성지의 성품에 대해 알아보자. 그는 말이 어눌하여 벼슬하는 동안 항상 말보다는 글을 써서 자신의 뜻을 임금에게 전달했다. 호(號)를 눌재(訥齋)라고 한 이유가 여기에 있었다. 이런 신체적 장애가 도리어 양성지를 강한 인물로 키우고, 수많은 주의(奏議)를 남기는 결과를 가져온 것 같다. 양성지는 임금을 만날 기회가 있으면 반드시 미리 준비한 주의를 올려 임금으로부터 "지무불언(知無不言)"이라는 평을 듣기도 했다. 아는 것이 있으면 말하지 않고는 못 배기는 성격이라는 뜻이다. 이는 그가 그만큼 독서량과 아는 것이 많다는 뜻도 되지만, 자신을 끊임없이 독려하고 매진하는 습관이 몸에 배어 있다는 증거가 아닌가 한다.

제2장

양성지의 관직생활

1. 세종 대의 집현전 생활
—— 편찬 사업 참여

양성지는 27세에 벼슬길에 나간 뒤 68세에 세상을 떠날 때까지 약 40년 동안 관직 생활을 했다. 그가 섬긴 임금만도 세종, 문종, 단종, 세조, 예종, 성종 등 여섯 임금에 이르렀다. 조선왕조가 탄생하여 탄탄한 기반을 다지던 15세기 중엽의 수성기를 화려하게 살고 간 것이다. 시대가 그의 삶을 그렇게 이끌었고, 그의 경륜이 시대를 그렇게 만드는 데 한몫했다.

양성지는 27세 되던 세종 23년(1441)에 연거푸 세 차례나 과거시험에 합격했다. 먼저 진사시(進士試)와 생원시(生員試)에 합격하고, 바로 이어 문과(文科)에 우수한 성적으로 합격했다.[1] 김수온(金守溫)이 이때 문과동년(文科同年)이 되었는데, 그가 바로 뒷날 양성지의 〈정안(政案)〉을 비롯하여 〈가집서(家集序)〉, 〈주의서(奏議序)〉 등을 써주는 친밀한 친구가 되었다.

그러면 양성지는 어떤 경로로 공부를 했을까? 이에 대해서는 아무런 기록을 확인할 수 없다. 그러나 그의 생장지를 서울로 생각한다면 서울의 사학(四學)과 성균관(成均館)에서 공부했을 가능성이 크다. 아버지의 마지막 근무지가 서울의 예빈시였다는 것이 이를 뒷받침한다. 그가 뒷날 임금에게 〈흥학교(興學校)〉를 강조하면서 서울의 사학과 성균관에 대해 구체적으로 언급하고 있는 것도 자신의 수학 경험과 무관하지 않은 듯하다.

---

1) 《국조방목(國朝榜目)》에 따르면 양성지는 세종 23년에 을과(乙科) 3인 가운데 제3인으로 합격했는데, 당시에는 갑과(甲科)가 없이 을과 3인, 병과(丙科) 7인, 정과(丁科) 23인을 뽑는 것이 관행이었다. 그러므로 양성지는 전체 33명 가운데 3등을 한 것이다.

그는 6세에 책을 읽기 시작하고, 9세에 글을 지을 줄 알았다고 한다. 그리고 평생 손에서 책을 놓을 때가 없었으며, 한 번 읽으면 모두 기억하는 총명함을 지녔다고도 한다.[2] 타고난 재능이 총명하고 비범했다는 것을 알 수 있다. 그가 27세에 생원, 진사 그리고 문과에 잇달아 합격한 것을 보아도 그의 재능이 비범함을 알 수 있다.

그러나 그의 학문이 순전히 학교 교육만으로 이루어진 것은 아닌 듯하다. 그의 박학다식한 학문은 학교 교육에서 가르치는 영역이 아니다. 그렇다면 그는 자습을 통해 여말선초 학자들의 학문과 중국 학문을 습득했다고 볼 수 있다. 그리고 학문적으로 강력한 리더십을 발휘하고 있던 세종과 세조, 성종을 섬기면서 받은 영향이 절대적으로 컸다고 보인다. 특히 집현전에서의 오랜 생활이 그의 학문 성장에 결정적 영향을 주었을 것이다.

그러면 양성지의 벼슬길은 어떻게 전개되었는가? 문과에 합격한 27세(세종 23)에 그는 첫 벼슬로서 경창부승(慶昌府丞)에 임명되었다가 바로 성균주부(成均主簿; 종6품)를 거쳐 집현전에 들어가 부수찬(副修撰; 종6품)으로 승진하고, 동시에 임금의 교서를 짓는 지제교(知製敎)와 세자의 교육을 맡는 좌사경(左司經)을 겸임했다. 과거시험에서 33인 가운데 3등으로 합격한 것이 그를 요직으로 이끈 것이다.

2년 뒤인 29세(세종 25)에 그는 언관직인 사간원 좌정언(左正言; 정6품)으로 승진하고, 임금과 대신들이 학문을 토론하는 경연(經筵)에도 참석했다. 이 해 10월 27일에 그는 집현전 수찬(修撰; 정6품)으로서 황희(黃喜) 등 대신들과 새로운 세금제도인 공법(貢法)에 대해 토론하기도 했다.[3]

---

2) 《눌재집》 권6 〈南原君家乘記〉(徐居正 撰).
3) 《세종실록》 권102 세종 25년 10월 27일 戊申.

30세 되던 세종 26년(1444)에 양성지는 과거시험의 참시관(參試官)으로 참여하여 황효원(黃孝源), 서거정 등 33인을 선발했다.

다음해인 세종 27년(1445) 3월에는 집현전의 여러 학자들과 더불어, 중국과 우리나라 역사 가운데 권계(勸戒)가 될 만한 사실을 뽑아 정리한 150권 150책의 방대한 《치평요람(治平要覽)》을 왕명에 따라 지어 올리고, 4월에는 조선왕조의 건국 과정을 정리한 《용비어천가(龍飛御天歌)》를, 7월에는 한방의학 백과사전인 《의방유취(醫方類聚)》를 공동으로 편찬했다. 세종 28년(1446) 11월, 임금은 양성지에게 춘추관의 기주관인 어효첨(魚孝瞻)과 더불어 《태조실록》에서 〈용비시(龍飛詩)〉를 초록하여 바치도록 명하였다. 30대 초반의 이러한 작업은 《고려사(高麗史)》 편찬 참여와 아울러 역사에 대한 해박한 지식을 얻는 기회가 되었던 것으로 보인다.

집현전에서의 학자 생활은 36세가 되던 세종 32년(1450)까지 계속되었다. 그 사이 그는 부교리(副校理; 종5품)로 승진했다. 이 시기 그의 행적에서 중요한 것은, 세종 30년(1448) 5월 9일에 사대부의 처(妻)는 오직 하나로서 적첩(嫡妾)을 엄격히 구별해야 한다는 것을 주장한 일과,4) 5월 15일에 지대구군사(知大丘郡事) 이보흠(李甫欽)이 주장한 사창법(社倉法)을 반대한 것이었다.5) '사창법은 주자(朱子)가 일찍이 주장한 빈민구제법이지만, 그 법은 이자를 받는 것이므로 부당하고, 운영자인 사장(社長)의 자질에 따라 폐해를 낳을 수 있다'는 것이 그 요지였다. 그 대신 그는 관곡(官穀)을 무이자로 운영하는 의창제(義倉制)를 옹호했다.

세종 31년(1449)에 35세의 나이로 《고려사》 개찬에 참여한 것도 큰 경험이었다. 이 해 2월 5일에 춘추관에서 개찬 문제를 논의할

---

4) 《세종실록》 권120 세종 30년 5월 9일 癸巳.
5) 위의 책 권120 세종 30년 5월 15일 己亥.

때 그는 여러 학자들과 더불어 편년체를 반대하고 기전체(紀傳體)를 주장하여 임금의 동의를 얻어냈다.6) 그는 기전체《고려사》의 지리지(地理志) 편찬을 담당했는데, 이는 그의 해박한 지리 지식을 존중한 까닭이었고, 또 이를 통해서 그는 우리나라 지리에 대한 지식을 더욱 넓히는 계기를 얻었다.

여기서 양성지와《고려사》의 관계를 좀 더 깊이 있게 이해하기 위해, 조선왕조가 개창된 뒤 고려사가 어떻게 편찬되어 왔는가를 잠깐 살펴볼 필요가 있다.

원래 고려사 편찬이 최초로 이루어진 것은 태조 때로서 정도전과 정총(鄭摠) 등이 편년체《고려국사(高麗國史)》(37권)를 펴낸 바 있었는데, 이 책은 신권(臣權)과 고려 말 혁명파의 위상을 중심에 두고 고려 역사를 정리한 것이 특징이었다.7) 그런데 태종과 세종은 이러한 신권 중심, 혁명파 중심의《고려국사》에 불만을 품고 왕권과 이성계 중심의 고려사를 편찬하고자 했다. 그래서 태종은 하륜(河崙), 이숙번(李叔蕃), 변계량 등에게 명하여《고려국사》를 개찬하도록 했으나 이를 완성하지 못했다. 세종은 이를 계승하여 세종 6년(1424)에 윤회(尹淮)와 유관(柳觀) 등에게 명하여《고려국사》를 개찬한 다음《수교고려사(讎校高麗史)》로 불렀는데, 이 또한 곡필(曲筆)이 문제되어 반포하지 않았다. 그 뒤 세종은《용비어천가》를 편찬한 권제(權踶) 등에게 명하여 다시 수정판을 냈는데, 이를《고려사대전(高麗史大全)》또는《고려사전문(高麗史全文)》또는《홍의초고려사(紅衣草高麗史)》로 부른다. 이 책은 세종 24년에 완성되어 세종 28년(1446)에 인출(印出)까지 했다. 그러나 이 책도 이성계의 업적을 제대로 수록하지 않고 권제가 조상의 비행을 감추었다는 이유로

---

6)《세종실록》권123 세종 31년 2월 5일 丙辰.
7) 한영우,《조선전기 사학사연구》, 서울대학교 출판부, 1981, 참고.

반포하지 않았다.

세종은 다시 재위 31년(1449)에 김종서(金宗瑞)와 정인지(鄭麟趾) 등에게 명하여 세 번째 개찬을 시켰다. 바로 이때 양성지 등이 편년체를 기전체로 바꾸자고 제안하여 왕의 동의를 얻었고, 이때부터 양성지가 편찬에 참여하게 되었던 것이다. 그리고 이 작업은 문종 대에 완성되어 《고려전사(高麗全史)》(139권) 또는 《고려사》로 부르게 되었는데, 바로 뒤이어 김종서 등은 편년체 《고려사절요(高麗史節要)》(35권)를 또 편찬하여 간행했던 것이다. 그런데 《고려사절요》는 정도전이 지은 《고려국사》를 계승한 신권 중심의 역사서로 이해되고 있다.8) 양성지는 이때 《고려사절요》의 편찬에도 참여했다.

양성지는 상반된 시각을 가진 두 종류의 고려사 편찬에 모두 참여한 셈인데, 그의 직분이 낮아 편찬 방향을 주도하는 처지에 있지는 못했고, 다만 실무자의 한 사람으로 주로 지리지와 지리에 관한 내용을 서술하는 데 그쳤다.

그런데 뒷날 성종 대에 양성지는 권제 등이 지은 《홍의초고려사》의 재간행을 주장하고 나섰는데, 이는 자신이 참여한 책은 아니지만 외가 친척인 권제가 편찬을 주도한 사실을 배려한 것이 아닌가 짐작된다.

세종 31년 2월에 양성지는 《고려사》 편찬에 참여하기 시작한 데 뒤이어 국방에 대한 의견을 개진하여 파란을 일으켰다. 이 해 5월 28일에 그는 집현전 부교리로서 북방에 행성(行城; 길게 뻗은 성곽) 건설을 반대하는 상소를 올렸다.9) 압록강 연안에 4군(四郡)을 개척하면서 남방 주민을 강제로 이주시키고, 연안 지역에 천여 리에 이르는 기다란 행성을 쌓기 시작한 것인데, 강원도와 황해도

---

8) 한영우, 《조선전기 사학사연구》, 서울대학교 출판부, 1981, 참고.
9) 《눌재집》 권1 奏議〈請罷行城兼備南方〉.

주민을 동원하고 남방의 곡식을 가져다 소비했다. 이 사업에 대해 양성지는 반대의 뜻을 나타냈다. 그 이유는 이 사업이 수십 년의 세월을 필요로 하여 백성들이 받는 고통이 심할 뿐 아니라, 행성은 대적(大敵)을 막는 데 적합하지 않고, 남쪽의 국방이 소홀해져 왜구가 그 허를 찌를 가능성이 크다는 것이었다.

행성을 반대하는 대안으로 그는 요새지 중심의 방어체제를 주장했다. 예를 들면, 동로(東路)는 강계(江界)를 울타리로, 희천(熙川)의 대령(大嶺; 적유령)을 목구멍으로, 영변(寧邊)을 중진(重鎭)으로 삼아 방어하고, 서로(西路)는 안주(安州) ― 청천강 ― 평양을 잇는 방어선을 구축하자는 것이었다.

양성지의 행성 건설 중지 요청을 우의정이자 도체찰사인 황보인(皇甫仁) 등이 반대하고 나섰으나, 결국은 양성지의 주장이 관철되어 행성 공사는 중지되었다. 그리고 그가 제안한 요충지 중심의 지역방어 개념은 세조 때 진관체제(鎭管體制)로 실현되어 조선조의 기본적인 국방전략으로 자리 잡았던 것이다.

2. 세종 말년 '토목의 변'과 〈비변10책〉

양성지는 세종 32년(1450) 1월 15일에 〈비변10책(備邊十策)〉을 올려 국방 강화를 위한 적극적인 대책을 건의했다.[10] 그의 나이 36세로 이때부터 그는 병략가(兵略家)로서 주목을 받기 시작했다.

양성지가 이 상소를 올린 배경에는 세종 31년(1449) 9월에 명나

---

10) 《세종실록》 권127 세종 32년 1월 15일 辛卯.

라 정통(正統) 황제 영종(英宗; 재위 1435~1449)이 북방의 몽골 유민
인 달단족(韃靼族; 타타르족)의 에센(也先) 부대를 치다가 도리어 대패
하여, 북경 북쪽 100킬로미터 지점인 토목보(土木堡)에서 포로로 잡
힌 사건이 계기가 되었다. 이 사건을 '토목(土木)의 변(變)'이라고 부
른다. 영종 황제는 1년 뒤에 풀려나 북경으로 돌아왔지만, 이 사건
은 명나라뿐만 아니라 조선의 조야에도 큰 충격을 주었다. 그 뒤
달단족은 명나라가 차지하고 있던 황하 남쪽의 오르도스 지방까지
점령하여, 명나라는 이를 막기 위해 만리장성을 다시 수축했던 것
이다. 오늘날의 만리장성은 이때 거의 완성된 것이다.

　달단족의 동향에 대한 조정의 여론은, 대체로 우려를 보이면서
도 만 리(里) 밖의 일에 지나치게 예민할 필요가 없다는 쪽으로 기
울어졌다. 그러나 양성지는 누구보다도 이 문제를 심각하게 받아들
이고 국방 강화를 위한 종합적이고 장기적인 대책을 건의한 것이
다. 10개조에 달하는 〈비변10책〉의 요지는 다음과 같다.

　(1) **정부의 계책을 정하자**[定廟謨] —— 정부의 확고한 정책을 세워야
한다. 명나라의 군사가 막강함에도 달단에게 대패했다면, 군사력이
이만 못한 우리나라는 더욱 위험하다. 달단족이 지금은 중원(中原)에
주력하고 있지만 장차 요동을 거쳐 우리나라에 들어올 것이 분명하
다. 이는 과거 몽고가 취한 태도를 보아 알 수 있다.

　그러면 이에 대한 대응책은 어떻게 세워야 하는가. 우리가 처음부
터 비사후폐(卑辭厚幣; 몸을 낮추고 예물을 많이 바침)로서 평화를 추구
해서는 안 된다. 그들과 수호(修好)를 하는 경우라도 반드시 한 번
크게 대승(大勝)을 거두어 우리의 군사력이 저들과 맞먹는 수준에
있다는 것을 보여준 다음에 해야 한다. 고려시대, 요나라 및 금나라
와의 전쟁에서 승리를 거둔 뒤에 수호를 맺은 사실을 경험 삼아야
한다.

요컨대 중요한 것은 화전(和戰)양면 정책인데, 가장 시급한 대책은 장졸 선발, 양향(糧餉) 비축, 기계(器械) 제조, 성보(城堡) 수축 등이다.

(2) 사졸을 늘리자[選士卒] —— 국방 강화의 첫째 요건은 군대의 수를 늘리는 것이다. 고려시대에는 태조가 정병(精兵) 11만으로 후백제를 정복했고, 정종은 30만의 광군(光軍)으로 거란에 대항했으며, 강조(康兆)는 30만으로 거란을 막아내고, 강감찬(姜邯贊)은 20만으로 거란을 물리쳤으며, 윤관(尹瓘)은 17만으로 여진을 물리치고, 공민왕 시절에 홍건적(紅巾賊)을 물리칠 때도 병력이 20만이었다.

그런데 지금 우리나라의 군대는 외병(外兵)이 겨우 10여 만인데, 이 가운데 선군(船軍; 수군), 연호잡색군(煙戶雜色軍)을 빼면 실제로 동원할 수 있는 군대는 수만 명에 지나지 않는다. 이는 매우 한심한 상황이다. 그러면 어떻게 해야 군대를 늘릴 수 있는가? 그 방법은 호구법(戶口法)과 호패법(號牌法)을 강화하고, 5가작통(五家作統) 또는 10가작통(十家作統)을 실시하면 15만의 정병(精兵)을 확보할 수 있다. 우리나라는 어림잡아도 호(戶)가 70만, 장정(壯丁)이 210만을 헤아리는데, 호구가 분명치 않아 많은 인구가 누락된 데서 군대 수가 적어지게 된 것이다.

다음에 군대를 편제하는 방법은 지방과 서울을 달리해야 하는데, 지방에는 수성위(守城衛)와 수성군(守城軍)을 설치한다. 그 구성원은 다음과 같다.

- 수성위: 수전유음인(受田有蔭人; 과전을 받고 음직을 가진 고관), 전함품관(前衛品官; 전직 관료), 동반 6품 이상, 서반 4품 이상, 문무과 출신, 생원, 진사, 교도(敎導) 등
- 수성군: 향리, 역자(驛子), 진간(津干), 목자(牧子), 품관 자제(品官子弟), 연장생도(年壯生徒), 백정, 양민 등.

이상으로 수성군을 구성하여 지방에는 시위패(侍衛牌; 수령이 관할)가 3만, 진군(鎭軍; 병마사 관할)이 3만으로 합하여 6만 명의 보병(步

兵)을 얻고, 선군(船軍; 만호 관할)이 6만, 기타 잡색군(雜色軍)이 5~6
만 명이 되도록 한다.

다음에 경중(京中), 곧 서울에는 도성위(都城衛)와 도성군(都城軍)을
설치하는데 그 구성원은 다음과 같다.

- 도성위: 문무백관, 수전유음(受田有蔭), 성중애마(成衆愛馬; 왕을
  가까이서 모시는 관직), 전함각품(前銜各品), 생원, 진사 등
- 도성군: 각사 이전(各司 吏典), 제색장인(諸色匠人), 공사천구(公
  私賤口) 등

이 밖에 서울에는 직업적인 군인으로서 기병(騎兵)에 해당하는
300명의 내금위(內禁衛; 궁궐 수비), 6천 명의 별시위(別侍衛; 국왕 호
위), 9천 명의 갑사(甲士; 갑옷 입은 기병)를 두고, 9천 명의 방패(防牌;
칼을 찬 보병), 3천 명의 섭육십(攝六十; 활 부대), 3천 명의 총통위(銃
筒衛; 총포 부대)를 설치하자. 이렇게 되면 서울에도 1만 5천 명의 보
병과 1만 5천 명의 기병이 확보된다. 그리고 이상 경군과 지방군을
모두 합하면 15만 명의 정병을 확보하게 된다.[11]

다음, 군호(軍戶) 편제는 어떻게 하는가? 군대의 종류에 따라 군호
편제를 달리한다. 예컨대 갑사는 4정(丁)을 1호(戶)로 하고, 시위군(侍
衛軍)·진군(鎭軍)·선군은 3정을 1호로, 방패·섭육십·총통위는 2정을
1호로, 그밖에 연호잡색은 3정을 1호로 한다. 이렇게 하면 한 사람
의 장정도 군적(軍籍)에 들지 않는 사람이 없어지고, 한 사람의 군인
도 단정(單丁)으로서 군호를 세우지 않는다.

나아가 부대의 이름도 다음과 같이 바꾼다.

---

11) 양성지가 주장한 군대 편제의 특징은, 양민(良民)뿐 아니라 현직 양반이나 문무과
출신, 생원, 진사, 한량자제(閑良子弟), 연장생도, 향리, 아전, 장인(匠人) 등을 모두
군대로 편제하여 누구에게도 면역(免役)의 특전을 인정하지 않는다는 것과 공사노
비(公私奴婢)에게도 똑같이 군역을 지운다는 점이다. 다만 양민을 제외한 사람들은
15만의 정병에 속하는 것은 아니다.

내금위 → 충용위(忠勇衛)

별시위 → 충무위(忠武衛)

갑 사 → 무녕위(武寧衛)

시위패 → 무평위(武平衛)

진 군 → 진변위(鎭邊衛)

선 군 → 진해군(鎭海軍)

방 패 → 보승군(保勝軍)

섭육십 → 보첩군(保捷軍)

총통위 → 극적군(克敵軍)

근 장 → 공학군(控鶴軍)

(3) **우수한 장수를 뽑자**〔擇將帥〕—— 군대를 지휘하는 장수를 선발할 때 단순히 용감한 사람이나 문인(文人)으로서 무예를 약간 아는 사람을 뽑아서는 안 된다. 고려시대에는 강감찬, 김부식(金富軾), 조충(趙冲), 김득배(金得培) 등 유장(儒將)을 많이 썼는데, 무신이 장수인 경우에는 문신을 부장수(副將帥)로 임명하여 문무를 서로 조화시켰던 것이다. 그러다가 고려 말기에는 추밀원의 관리를 원수(元帥)로 임명하여 왜구의 침략을 불러왔던 것이다.

앞으로는 의정부와 병조에 명하여 동반 6품 이상, 서반 4품 이상, 내금위, 별시위, 갑사의 패두(牌頭), 그리고 외방의 감사와 수령, 수륙 장수, 만호(萬戶), 천호(千戶) 등으로 하여금 장수가 될 만한 사람 수삼 명씩을 천거하게 하고, 이들을 심사하여 대장(大將; 1, 2품) 10인, 편비(偏裨; 3, 4, 5, 6품) 100인을 뽑고, 참외(參外; 6품 이하) 및 성중위사(成衆衛士) 가운데 장차 쓸 만한 인재 300명을 뽑아 장수록(將帥錄)을 만들자.

무과(武科)시험 제도도 바꿀 필요가 있다. 지금은 강경(講經) 비중이 너무 커서 무사(武事)에 밝지 못한 단점이 있다. 앞으로는 사서(四書) 가운데 하나, 오경(五經) 가운데 하나만 강(講)하게 하거나, 또는 무경칠서(武經七書)를 강하도록 하자. 그리고 내금위, 별시위, 갑사 가운데 40세 이하인 사람이 원할 경우 훈련관(訓鍊觀) 입학을 허용하여 근무 이외의 날에는 무경(武經)을 습독하도록 하자.

(4) **군량미를 저축하자**[儲粮餉] ── 군량(軍糧)이 없으면 군대는 유지될 수 없다. 군량미를 확보하는 방안으로서 국가에 곡식을 바치는 납속자(納粟者)에게 5품 이하의 군직(軍職)을 주자. 다만, 공상천예(工商賤隷; 수공업자, 상인, 노비)를 제외한 양인으로서 함흥과 평양 이북의 납속자에게 서반군직(西班軍職)을 주되, 종9품은 100석, 정9품은 200석, 이런 식으로 차등을 두어 종5품은 900석, 정5품은 1,000석으로 정하자. 이미 관직을 가진 자가 납속할 경우에는 100석마다 일자(一資)를 올려주되 5품에서 그치게 한다.

만약 납속자가 내지(內地) 사람일 경우에는 두 배로 정하여 200석마다 일자(一資)를 올려주자. 다만, 이들에게는 녹봉은 주지 않으며, 뒤에 재주를 보아 실직에 등용한다. 그러나 군량미가 군색하지 않을 경우에는 이런 방법은 쓰지 않는다.

(5) **무기를 정비하자**[備器械] ── 기계(器械), 곧 무기가 제대로 갖추어지지 않으면 군졸을 적에게 내어주는 것과 같다. 왜인(倭人)은 지금 돼지가죽으로 갑옷을 만들어 입고 있는데, 가볍고 견고하다고 한다. 우리도 이를 모방하고, 중국처럼 철갑(鐵甲)을 사용하되 채색비단으로 장식하자. 또 종이로 만든 지갑(紙甲)을 사용하되 적색, 황색, 청색을 물들여 입자. 또 오방색(五方色) 무늬가 있는 옷을 입고, 차양이 있는 투구를 쓰고, 말안장도 청색이나 홍색으로 장식하여 적의 눈을 현혹시킬 필요가 있다.

무기로는 성능이 좋은 노시(弩矢)를 만들자. 신라시대에는 1천 보에 이르는 노시가 있었다고 하는데 이를 연구하여 사용하자.

성을 지키는 수성구(守城具)와 더불어 성을 공격하는 공성구(攻城具)도 중요하다. 우리나라는 예부터 수성(守城)을 잘했다고 하나, 운제(雲梯; 높은 사다리)나 아거(鵝車) 등이 역사에는 기록되어 있어도 실물이 없다. 옛날 제도를 참고하고 중국에 물어서 이들을 제조하여 서울과 지방의 성자(城子)에 비치하자.

(6) 성보를 수축하고 관방을 정하자[繕城堡 定關防] —— 전국의 요새지에 성보(城堡)를 건설하고 관방(關防)을 정해야 한다. 지금 국가에서는 오직 변지 방어만 힘쓰고 있는데, 내지(內地)의 방어도 함께 고려되어야 한다. 성보 건설이 가장 시급한 곳과 그 다음으로 긴급한 곳을 구체적으로 들면 아래와 같다.

• 가장 긴급한 곳

함길도: 회령, 종성, 온성, 경원, 경성(이상 두만강변), 이성(마운령), 단천(마천령), 갑산, 함흥(함관령, 함길도의 근본)

평안도: 의주(압록강), 삭주(賊路; 강계강변의 巨鎭), 희천(적유령), 영변(重鎭), 안주(청천강), 평양(대동강, 평안도의 근본)

황해도: 황주(극성), 서흥(절령)

경상도: 김해, 창원(이상 대마도의 요충)

경기도: 경성(京城)

• 그 다음으로 긴급한 곳

함길도: 길주(동량북과 연결), 북청(갑산의 요충), 홍원(대문령), 정평(옛 관문), 영흥(용흥강), 안변(철령)

평안도: 여연(賊의 요충), 박천(박천강), 성천(요충지)

황해도: 곡산(함길도와 연접)

강원도: 회양(철령), 강릉(영동의 大府)

경상도: 상주(영남의 大牧), 안동(요충지), 경주(고려시대의 東京), 진주(남도의 巨邑), 선산(금오산성)

전라도: 전주(남도의 요충지), 남원(운봉의 요충지), 나주(남방의 大牧)

충청도: 충주(조운이 모이는 곳), 공주(금강)

경기도: 개성부(고려의 고도), 양주(서울의 後輔), 광주(남한산성), 수원(남도의 요충), 원평(임진강), 강화(고려의 江都)

(7) 서울 방어를 강화하자[壯根本] —— 나라의 근본인 경사(京師; 서울)

방어를 강화하기 위한 대책을 세워야 한다. 먼저 도성(都城)에 옹성(甕城; 성문을 에워싼 성)과 적대(敵臺; 파수 보는 곳)를 설치하고, 동쪽으로 벌아현(伐兒峴; 버티고개)에서 한강까지 성자를 설치하고, 서쪽으로 장의동(壯義洞; 인왕산 부근) 서쪽 산곡에도 행성(行城)을 설치할 것이며,[12] 한강가에 식량 창고인 용산창성(龍山倉城)을 건설하여 서강창(西江倉)을 합치고, 두모포(豆毛浦; 지금의 경기도 양평군 양수리)에 조운창(漕運倉)을 건설하고 이곳에 성자를 건설하여 보호해야 한다.

(8) **자치를 먼저 하자**[先自治] ─── 국방은 자치(自治)가 중요한데, 자치는 민심을 잃지 않아야 가능하다. 그리고 왜인을 대하는 방법도 강구할 일이다.

(9) **행성을 중지하자**[議行城] ─── 행성도 국방에 있어서 매우 중요하긴 하다. 그래서 지금 서쪽 인산(麟山)에서 동쪽으로 함길도 경흥(慶興)에 이르는 천여 리에 행성을 쌓고 있는데, 수십 년이 걸리는 공사로서 백성들에게 주는 고통이 클 뿐 아니라 소적(小敵)을 막는 데는 효과가 있지만 대적(大敵)을 막는 데는 효과가 없으므로 이를 취소해야 한다. 그 대신 주진(州鎭)의 읍성(邑城)을 건설하는 것이 더욱 급하다.[13]

(10) **왜인을 달래자**[對倭人] ─── 왜인에 대한 대책도 소홀히 하면 안 된다. 특히 대마도 왜인은 식량을 요구하는데, 앞으로는 대마도주에게 식량보다는 관작(官爵)과 녹봉을 주어 달래는 것이 더 좋은 방법이다.

양성지의 상소를 접수한 세종은 한 달 뒤인 2월 17일에 세상을 떠나, 양성지는 그 경륜을 실천할 기회를 잃었다.

---

12) 참고로 양성지가 제기한 장의동 서쪽의 행성은 조선 후기에 이르러 북한산성(北漢山城)과 탕춘대성(蕩春臺城)으로 실현되었다.
13) 양성지의 행성 건설 중지 요청은 황보인(皇甫仁) 등의 반대를 받았으나 왕은 그의 말을 들어 마침내 공사를 중단하기에 이르렀다.

3. 문종 대의 집현전 생활
―― 〈동서양계일체비어〉

문종이 즉위하면서 양성지는 집현전 교리(校理; 정5품)로 승진했다. 나이 36세의 장년이었다. 세종 때에도 세자 문종의 교육을 맡은 문학(文學)의 직책을 겸했는데, 문종이 즉위한 뒤에도 다시 세자 단종의 우문학(右文學)을 겸하여 세자에게 《소학(小學)》을 강의하는 일을 맡았다.[14]

문종 대에도 양성지는 국방에 대한 관심을 풀지 않았다. 이는 명나라와 달단의 긴장 관계가 여전히 계속되고 있었기 때문이다. 우리나라 역대의 전쟁사를 정리한 《동국병감(東國兵鑑)》(2권 2책)이 문종 즉위년에 의정부의 건의에 따라 편찬되기 시작한 이유도 여기에 있었다.

문종 원년(1451) 1월 7일에 양성지는 북방 방위에 대한 자신의 소견을 상소했다. 그것이 〈동서양계일체비어(東西兩界一體備禦)〉이다.[15] 여기서 그는 국가가 평안도 지방 방비에만 힘쓰고 함길도(함경도) 지방을 소홀하게 여기는 것을 비판했다. 평안도는 압록강의 폭이 넓은데다 성곽이 비교적 잘 갖추어져 있으나, 함길도는 비록 험한 고개가 많다고는 하지만 두만강이 좁아 적이 들어오기 쉬운데다, 성곽이 없고 겨우 목책(木柵)만을 세워서 오히려 더 위험했다. 그러나 이번의 상소는 문종이 조정에서 공론에 부치지 않아 별다른 반응을 얻지 못했다.

문종 원년 9월 양성지는 집현전 응교(應敎; 정4품)로 승진했다. 이

---

14) 《문종실록》 권3 문종 즉위년 9월 17일 戊午.
15) 《눌재집》 권1 奏議 〈東西兩界一體備禦〉.

달, 그는 경연에서 종친(宗親)이 강성한 현실을 고려해 종친을 택임
하여 쇠약한 왕실을 보강할 것을 건의하면서, 아울러 양계 방어문
제를 다시금 극론했는데, 문종은 "양성지가 국가의 일을 근심하는
것이 변계량과 같다"고 말했다. 여기서 양성지를 변계량과 비교한
것은, 변계량이 태종의 왕권 강화를 강력하게 주장한 총신(寵臣)이
라는 사실을 염두에 둔 것이다.

세종 때만 해도 양성지는 종친 문제를 거론하지 않았으나 문종
대에 새삼 종친의 정치 참여를 거론한 것은 두 가지 이유가 있는
것으로 보인다. 하나는 수양대군(首陽大君)이나 안평대군(安平大君) 등
왕자들의 세력이 강대한 상황에서 이들의 정치 참여를 현실적으로
막기 어렵다고 본 것이고, 다른 하나는 국방에 지대한 관심을 가
진 수양대군의 지도력을 은근히 기대한 것 같기도 하다. 양성지가
뒷날 수양대군의 왕위 찬탈을 묵인하고, 그의 각별한 사랑을 받게
된 것은 이러한 그의 판단이 작용한 것으로 보인다.

문종 원년 11월 25일에 그는 임금과 윤대(輪對)하는 자리에서 임
금의 사냥터인 강무장(講武場)의 폐단을 논했다.[16] 곧 강원도 일대
에 강무장을 넓혀서 백성들이 짐승을 잡지 못하게 했는데, 이 때
문에 농민들은 짐승의 피해를 심각하게 입고 있다는 것이다. 그래
서 양성지는 강원도 강무장 일대의 주민들에게 공부(貢賦)를 없애줄
것을 요청했다. 문종은 이에 동의를 표했다.

---

16)《문종실록》권10 문종 원년 11월 25일 己未.

4. 단종 대의 집현전 생활
── 지도 제작과 〈논군도〉, 〈황극치평도〉

정치에 의욕을 보였던 문종이 재위 1년 만에 승하하고, 12세의 어린 임금 단종(端宗)이 즉위하면서 양성지는 집현전 직제학(直提學; 정3품)으로 승진했다. 나이 38세에 어린 임금을 섬기게 된 것이다.

단종 원년(1453) 1월 7일에 그는 단종이 지켜야 할 도리를 상소했다. 이것이 〈논군도(論君道)〉로서 임금의 도리를 개진한 첫 번째 상소이기도 하다. 그의 관심이 단순히 국방에 머물지 않고 정치 전반으로 확대되고 있었다는 것을 보여주는 사례이기도 하다. 여기서 그는 임금의 마음가짐에 세 가지가 있고, 나라를 다스리는 요체도 세 가지임을 밝혔다.

첫째, 임금의 마음가짐으로 인(仁), 명(明), 강(剛)의 세 가지 덕목을 강조했다. '인'은 백성을 애양(愛養)하라는 뜻이고, '명'은 선악을 분명히 구분하라는 뜻이며, '강'은 소인(小人)을 멀리하라는 뜻이다.

다음, 나라를 다스리는 요체로서 양성지는 임인(任人), 종간(從諫), 상벌(賞罰)의 세 가지를 주문했다. 이것은 대신에게 권력을 위임하고, 언로를 넓게 열고, 신상필벌을 존중하라는 말로서 군신공치(君臣共治)의 이상을 말한 것이었다.

그러나 단종 원년 10월 17일에 계유정란(癸酉靖亂)이 일어나 김종서, 황보인 등 대신들이 수양대군에게 처형당했다. 이때 수양대군은 영의정이 되어 실질적인 권력을 장악했다.

국방 문제에 비상한 관심을 가졌던 수양대군은 국방과 관련하여 지도 제작에 열의를 보였다. 수양대군이 정인지에게 지도 제작 전문가를 묻자 정인지는 양성지를 추천했다. 양성지가 이미 《고려

사》지리지를 편찬한 경험이 있는 것을 인정한 것이다. 하지만 양
성지의 지리에 대한 지식은 실은 그의 국방에 대한 관심과 밀접하
게 관련된 것이기도 했다.

수양대군이 당시 만들고 싶었던 지도는 〈조선도도(朝鮮都圖)〉 1건,
〈팔도각도(八道各圖)〉 1건, 그리고 〈주부군현각도(州府郡縣各圖)〉 1건으
로서, 이를 만들어 '국가 만세의 보배'로 삼고 싶다는 것이었다. 그
러니까 우리나라 전국도(全國圖)와 도별도(道別圖), 그리고 지방 읍지
도(邑地圖)를 총망라한 지도인 것이다.

수양대군은 지도 제작의 첫 사업으로 우선 〈경성지도(京城地圖)〉
를 만들고 싶어 했다. 그래서 단종 2년(1454) 4월 17일 수양대군은,
직제학 양성지를 비롯하여 예조참판 정척(鄭陟), 직제학으로서 그림
을 잘 그리던 강희안(姜希顔), 그리고 화원(畵員) 안귀생(安貴生), 상지
관(相地官) 안효례(安孝禮), 산사(算士) 박수미(朴壽彌) 등을 데리고 삼
각산(북한산) 보현봉에 올라가 산형(山形)과 수파(水波; 물 흐름)를 직
접 살폈다. 지도 초안은 수양대군 자신이 만들고, 정척으로 하여금
산천 형세를 파악하게 한 뒤, 강희안을 시켜 그리게 했다.

다음에 지방 지도의 제작은 양성지가 맡았다. 그래서 그는 단종
2년 10월에 화원과 상지관을 데리고 우선 경기도로 내려갔는데,
경기도의 농사가 흉년이 든 것을 이유로 사간원이 중지할 것을 요
청하여 다음 해로 미루게 되었다.

단종 3년(1455) 2월에 양성지 등이 다시 지도 제작을 위해 하삼
도(下三道)로 내려갔다는 기사가 눈에 띄는 것으로 보아 지도 제작
사업은 농사철을 피하는 방법으로 꾸준하게 진행된 것으로 보인다.
이렇게 우여곡절을 거치며 지도제작을 시작한지 꼭 10년이 지난
세조 9년(1463) 11월에 가서 〈동국지도(東國地圖)〉가 완성되었다. 참
고로, 이 지도들이 지금 남아 있다면 그야말로 국보적인 가치를

지니고 있을 것이다. 그러나 유감스럽게도 그 원본이 없어지고, 지금은 양성지의 〈전국지도〉를 모사한 것으로 보이는 지도가 국사편찬위원회에 소장되어 있을 뿐이다. 이 지도는 한반도와 만주를 아울러 그린 것이 특징으로서, 그가 우리나라를 만 리(萬里)의 나라로 보려 했던 시각이 잘 나타나 있다.

수양대군은 양성지에게 《경국대전(經國大典)》 편찬도 맡기려 했으나 뒤에 사육신(死六臣)의 하나가 되었던 유성원(柳誠源) 등이 양성지를 모함하여, 양성지는 《경국대전》 일은 그만두고 지도 편찬에만 참여하게 되었다고 한다.

양성지의 국방에 대한 관심은 단종 대에도 그치지 않았다. 그는 단종 원년(1453) 11월 2일 경연 자리에서 압록강변 4군 가운데 여연(閭延), 무창(茂昌), 우예(虞芮) 세 읍을 철폐하자고 주장했다. 그 이유는 이곳 방수군(防戍軍)들이 피곤을 이기지 못하여 재산을 팔고 요동과 심양 지방으로 도망가고 있다는 것이었다. 그러므로 세 읍의 방수(防戍)를 철거하여 백성을 쉽게 하고, 그 대신 자성(慈城)을 경계로 방어하자는 것이었다. 임금은 박종우(朴從愚)를 현지에 보내 사정을 알아본 결과 양성지의 의견이 타당하다고 인정하여 드디어 세 읍의 방수를 철거했다.

양성지는 지리와 지도의 전문가로 활약하면서 동시에 정치 경륜가로서의 관심도 버리지 않았다. 단종 2년(1454) 1월 27일 양성지는 직제학으로서 다시금 임금이 지켜야 할 정치 규범을 쉽게 알도록 하기 위해 〈황극치평도(皇極治平圖)〉를 지어 바쳤다. 이 글은 단종에게 올린 것이지만, 당시 이미 실권은 수양대군이 쥐고 있었고 머지않아 왕위에 오를 것이 예견되었던 터라, 실제로는 수양대군에게 올린 것이나 마찬가지였다.

〈황극치평도〉는 1년 전에 바친 〈논군도〉를 한층 구체화한 것으

로, 통치규범을 19강(綱), 91목(目)으로 분류하여 도표 형식으로 만
든 것이었다. 19강은 황극(皇極), 경천(敬天), 애민(愛民), 봉선(奉先),
사대(事大), 교린(交隣), 비변(備邊), 정심(正心), 수신(修身), 제가(齊家),
치국(治國), 임인(任人), 납간(納諫), 상선(賞善), 벌악(罰惡), 내정백관(內
正百官), 치동도망불흥[治同道罔不興; 요순(堯舜)을 본받으면 흥한다], 외
무팔도(外撫八道), 난동도망불망[亂同道罔不亡; 걸주(桀紂)를 본받으면 망
한다]을 말한다.

〈황극치평도〉에 담긴 뜻은 《대학(大學)》의 정신을 바탕에 깔고,
조종(朝宗)의 경제지법(經濟之法) 곧 조선의 현실에 맞는 통치규범을
일목요연하게 제시한 것이었다. 특히 사대, 교린, 비변 등 대외관
계와 국방에 관한 사항은 양성지 자신이 그동안 밝혀온 주관적 경
륜이 많이 반영되었다. 양성지는 임금이 이 도표를 옥좌의 오른편
에 걸어놓고 아침저녁으로 참고하기를 바란다고 말했다.

여기서 특히 주목되는 것은 임금의 지위를 황극(皇極)으로 표한
것이다. 황극은 임금을 하늘, 곧 태양 또는 북극성에 비유한 것으
로, 대중지정(大中至正)의 자리에서 만민을 평등하게 다스려야 한다
는 뜻이다. 황극은 《서경(書經)》의 홍범조(洪範條)에서 빌려 온 것으
로, 북송 대 성리학자 소옹[邵雍; 호 강절(康節)]은 이를 철학적으로
이론화하여 《황극경세서(皇極經世書)》를 펴냈으며, 우리나라에서는
17세기 초 성리학자 정구[鄭逑; 1543~1620, 호는 한강(寒岡)]가 이를
본받아 《역대기년(歷代紀年)》이라는 역사책을 편찬한 바 있고, 같은
시대의 학자 관료인 신익성(申翊聖; 1588~1644)은 소옹의 《황극경세
서》에 우리나라 역사를 합쳐 《황극경세서보편(皇極經世書補編)》을
편찬한 바 있었다. 그 뒤 18세기에는 영조와 정조가 왕권 강화를
위한 탕평사상의 근원으로 삼기도 했다. 정조 때 《황극편(皇極編)》
을 저술한 이유도 여기에 있었다.

양성지의 황극사상은 성종 때 임금에게 올린 〈친사문묘송(親祀文廟頌)〉에서도 표현되었다. 여기서 그는 임금을 '군사(君師)' 또는 '황성(皇聖)'으로도 표현했다. '군사'라는 표현은 영조와 정조가 즐겨 쓴 표현이다. 여기서 양성지의 조선시대 황극사상과 군사사상의 선구자다운 면과 왕권을 높이려는 의도가 보인다. 이 점에 대해서는 뒤에 다시 설명할 것이다.

단종 때 그는 《문종실록》 편찬에도 참여했다.

5. 세조 원년(1455)의 사업(1)
　── 〈논군도12사〉

단종 3년(1455) 윤 6월에 수양대군은 드디어 왕위에 올랐다. 단종 대에 지도 사업으로 세조의 신임을 얻기 시작하던 양성지는 이제 40대의 장년이 되어 세조가 가장 신임하는 총신으로 자리 잡았다. 세조와 양성지의 각별한 관계는 두 가지 측면에서 생각할 수 있다. 하나는 국방에 대한 비상한 관심이 서로 같다는 점이다. 다른 하나는 왕실과 왕권을 극도로 존중하는 양성지의 정치관이 세조의 마음에 든 것이다.

양성지는 비록 한명회나 권람처럼 직접 행동으로 돕지는 않았지만, 마음속으로는 세조의 집권을 묵인하고 있었으며, 집권 뒤에는 특히 세조의 시정(時政)과 국방정책의 적극적인 조언자이자 이론가를 자임하고 나섰다. 그래서 세조는 양성지를 일러 "나의 제갈공명"이라고까지 칭송했다. 말하자면 그는 세조시대 최고의 경륜가로 활약했다. 그야말로 세조 대는 양성지의 일생 가운데 가장 화려한 전성기라고 할 수 있다.

세조보다 2년 연상인 그는 세조 원년 윤 6월에 집현전 직제학
(정3품)으로서 전정(田政)과 병제(兵制)의 개혁을 요청하는 상소를 올
렸다. 나라를 오래 유지하려면 민심(民心)을 얻는 일이 가장 중요한
데, 민심을 얻으려면 요역(徭役)과 부세(賦稅)를 가볍게 하는 것이
최상이라면서 이를 바로잡는 방안을 대신들이 논의해야 한다고 촉
구했다.

양성지의 시정개혁안은 다음달 7월 5일에 다시 정리되어 〈논군
도12사(論君道十二事)〉로 올려지고, 아울러 단종에게 올린 〈논군도〉
를 필사하여 보기를 세조에게 요청했다.[17] 세조는 세종 때 올린
행성 혁파 상소와 단종 즉위년에 올린 〈논군도〉를 함께 보고는,
"양성지의 두 상소는 모두가 매우 절실하다"고 칭송했다. 세조에게
올린 12조목 군도(君道)의 요지는 다음과 같다.

　(1) **민심을 얻을 것**[得民心] ─ 역사적으로 창업은 제해구민(除害救
民)이 필요하고, 계체(繼體) 곧 수성(守成)은 백성을 애양(愛養)하여
민심을 얻는 것이 가장 중요한데 민심을 얻는 방법은 요역을 가볍
게 하고, 부세를 낮추고, 형벌을 가볍게 하는 것이다. 주(周)나라가
800년 유지되고, 한(漢)나라 400년, 당(唐)나라가 300년, 송(宋)나라가
300년, 고려가 500년 유지된 요체가 여기에 있다.

　(2) **법전을 편찬할 것**[定制度] ─ 주나라의 성왕(成王)과 강왕(康王)
이 예악을 제정하고, 한나라 무제(武帝)가 한가법도(漢家法度)를 세우
고, 당나라는 정관(貞觀; 태종)이 개원(開元) 때 제도를 만들어 일대의
체통을 유지했으며, 고려도 전시과(田柴科)와 부위제도(府衛制度)를
만들었으며, 본조에 들어와서는 태조, 세종 때 《원전(元典; 元六典)》
과 《속전(續典; 續六典)》 그리고 《등록(謄錄; 六典謄錄)》을 만들었으나,

17)《세조실록》권1 세조 원년 7월 5일 戊寅.

전제(田制)·의주(儀注)·병제(兵制)·공법(貢法) 등은 아직 확정되지 않고 있다. 따라서 대신들과 논의하여 만세토록 이어질 수 있는 제도를 만들어야 한다.[18]

(3) **전대를 본받을 것**[法前代] —— 정치의 모범을 당우삼대(唐虞三代; 요, 순, 우)에서 찾되, 나아가 한 문제(漢 文帝), 한 고조(漢 高祖), 후한 광무제(後漢 光武帝), 당 태종(唐 太宗), 송 태조(宋 太祖), 금 세종(金 世宗)의 정치도 겸해서 받아들여야 한다. 한 문제는 양민(養民)의 정치를 잘 했고, 한 고조와 후한 광무제, 그리고 당 태종은 반란을 제압하고 세상을 구제한 공로가 크다. 송 태조는 규모와 기상이 광명정대하여 주자(朱子)가 요순과 같다고 말했다. 금 세종은 대정(大定)의 정치를 하여 역사에서 칭송을 받고 있다.

그런데 중국의 좋은 점만 알고 우리나라의 역사를 모르는 것은 안 된다. 그래서 고려 태조의 구민(救民), 성종의 정제(定制), 현종의 수성(守成), 문종의 양민(養民), 그리고 조선 태조의 용지(勇智), 태종의 영명(英明), 세종의 제례작악(制禮作樂), 문종의 숭문열무(崇文閱武)도 함께 본받아야 한다. 한편 고려 의종(毅宗)의 시주(詩酒), 충렬왕의 사냥, 충혜왕의 연유(宴遊), 공민왕의 신돈(辛旽) 기용 등은 경계를 삼아야 한다.[19]

(4) **대체를 알 것**[知大體] —— 정치의 급무가 무엇인지를 판단하건대, 밖으로는 도탄에 빠진 평안도민들을 소생 회복하는 일과 함길도 6진의 방비, 강원도의 강무장(講武場) 문제, 경기도민의 부역 문제, 하삼도의 공법(貢法) 시행과 대납(代納) 폐단, 충청 이남의 누호(漏戶) 문제, 경상도의 왜인 접대 문제, 전라도의 제주도 수비 문제 등이 긴요하다. 안으로는 이조의 관제(官制), 호조의 전제(田制)와 공부(貢

---

18) 양성지가 강조한 제도의 제정은 곧 《경국대전》의 편찬을 뜻하는 것이다. 그러니까 《경국대전》 편찬의 필요성을 양성지가 가장 적극적으로 주장하고 나선 것이다.
19) 양성지가 모범으로 생각한 역대의 정치 가운데 당우삼대(唐虞三代)만이 아니라 한당송금(漢唐宋金)의 제왕까지 포함시킨 것은 후대의 사림(士林)들과는 다른 점이 있다. 이들 제왕은 공리(功利)를 버리지 못한 임금으로 여겨져 사림들의 비난을 받았던 인물들이기 때문이다.

賦), 예조의 의주(儀注), 병조의 병제(兵制)와 진법(陳法), 형조의 노비 번상법(奴婢番上法), 공조의 여지도적(輿地圖籍)을 정하는 일 등도 긴요하다. 그리고 모의(謀議)는 정부에 맡기고, 출납은 승정원에, 간쟁과 탄핵은 대간에, 논사(論思)는 강관(講官; 경연관)에, 임사(任事; 행정)는 육조에 각각 맡겨야 한다.

(5) 작은 것을 조심할 것〔慮微〕── 진(秦)나라는 형륙(刑戮) 때문에, 전한(前漢)은 외척 때문에, 후한은 환관과 무장(武將) 때문에, 위(魏)나라는 종실 때문에, 진(晋)나라는 강호(羌胡)를 잘못 처치한 때문에, 양(梁)나라는 불교 숭상 때문에, 수(隋)나라는 연유(宴遊)와 고구려 정벌 때문에, 당(唐)나라는 양귀비 총애와 번진(藩鎭) 및 환관 때문에, 후당(後唐)은 창우(倡優) 때문에, 송나라는 왕안석(王安石)의 신법(新法) 때문에, 요(遼)나라는 사냥 때문에, 금(金)나라는 근본의 땅을 포기했기 때문에, 원(元)나라는 오랑캐가 중국의 주인이 되면서 정령(政令)이 무너졌기 때문에, 신라는 여왕의 황음(荒淫) 때문에, 백제는 적을 얕잡아 보았기 때문에, 고구려는 강함을 믿고 전쟁을 좋아했기 때문에, 고려는 무신이 권력을 쥐고 뒤에는 권간(權奸)이 정치를 마음대로 하여 백성을 학대한 데다 왜구가 들어와서 각각 망했다. 이런 전례를 거울삼아 앞으로 오직 천리(天理)를 따라 다스려야 한다.

(6) 시작을 조심할 것〔謹始〕── 임금이 처음에 즉위하면 출세를 꿈꾸는 자들이 변공(邊功)이나 토목, 불신(佛神), 사장(詞章), 성색(聲色), 화리(貨利), 응견(鷹犬; 사냥매나 사냥개), 국얼(麴蘖; 술) 등을 가지고 모여들게 되는데 이를 조심할 것이고, 나아가 거실(巨室; 거가대족)에 죄를 짓지 말아야 하며, 간쟁(諫諍)을 잘 들으면 사대부들이 즐거워할 것이다.

(7) 안정을 숭상할 것〔尙安靜〕── 군주는 수성(守成)의 원칙을 따라서 바로잡을 일이 있으면 점진적으로 바꿔야 한다. 이것이 바로 안정을 숭상한다는 뜻이다. 창업과 수성의 방법은 다르다. 수성은 개혁을 점진적으로 시행하여 민심의 동요를 막는 데 있다.

(8) 강명을 중하게 여길 것〔重剛明〕── 임금은 인후(仁厚)를 존중해

야 하지만, 임금이 굳세고 분명하지 않으면 내알(內謁; 은밀한 청), 소수(小豎; 환관), 척리(戚里; 외척), 권신(權臣), 사신(詞臣; 말 잘하는 신하), 간신(姦臣)들이 발호하여 인후(仁厚)한 정치를 해치게 된다. 그래서 임금은 인후하면서도 굳세고 분명한 태도를 가질 필요가 있다.

(9) 의례는 본속을 따를 것[儀從本俗] ── 우리나라의 풍속을 따라야 할 것이다. 서하(西夏)의 이원호(李元昊)는 "금의옥식(錦衣玉食)이 번성(蕃性)에 맞지 않는다"고 말했고, 금나라 세종은 항상 고향인 상경(上京)의 풍속을 잊지 않았으며, 요나라는 남북부(南北府)를 두었고, 원나라는 몽관(蒙官)과 한관(漢官)을 따로 두고 근본을 중하게 여겼기 때문에, 중원을 잃은 뒤에도 사막 이북은 옛날과 같을 수 있었다. 곧 자신들의 본속(本俗)을 버리지 않았기 때문에 나라를 오래 유지했음을 본받아야 한다.

우리나라는 지리와 풍기(風氣)가 중국과 구별되는 만리(萬里)의 나라로서, 단군 이래로 자주적으로 나라를 다스려 스스로 성교(聲敎; 교화)를 베풀어왔다. 고려의 태조도 〈신서(信書; 훈요십조)〉를 만들어 의관(衣冠)과 언어는 모두 본속(本俗)을 따르라고 가르쳤다. 만약 의관과 언어가 중국과 다르지 않으면 민심이 안정되지 못하고, 마치 제(齊)나라나 노(魯)나라에 간 것처럼 된다. 고려 말에 불순한 무리들이 몽고에 투화(投化)한 이유도 여기에 있다. 따라서 앞으로 조복(朝服)을 제외하고는 중국의 의관을 따르지 말 것이며, 언어는 통사(通事) 이외에 옛 풍속을 바꾸어서는 안 된다. 연등회(燃燈會)나 척석희(擲石戱) 같은 것도 옛것을 따르는 것이 좋다.

(10) 사대는 예로써 할 것[事大以禮] ── 이소사대(以小事大) 곧 작은 것이 큰 것을 섬기는 것은 통상적인 예이다. 강성한 수나라와 당나라도 우리나라를 신하로 만들지 못했고, 요나라는 인국(隣國)의 예로써 고려를 대했으며, 금나라는 고려를 부모의 나라로 불렀고, 송나라는 고려를 빈(賓)으로 대접했으며, 원나라는 고려와 통혼(通婚)했다. 그런데 명나라 황제는 행인(行人; 사신)을 구속하고, 세폐(歲幣)를 증액시키는 압력을 넣다가 우리나라를 번국(藩國; 중국 주변국)으로

봉했다. 그러나 번국은 중국의 기내(畿內)와는 다른 것이므로, 사대의 예를 다해야 하지만 그렇다고 사신을 자주 보내도 안 된다.

(11) 신료를 대하는 데 법도가 있을 것[待臣僚有法] —— 임금의 지위는 높은 것이지만, 신하를 항상 예로써 대하여 간(諫)하는 사람이 이름을 추구한다고 생각하지 말고, 부지런한 사람을 녹을 바란다고 생각하지 말 것이며, 장례나 형옥(刑獄)에서도 예를 갖추어야 한다. 그러면 사대부들도 충후(忠厚)로써 임금에게 보답할 것이다.

(12) 문무를 똑같이 대우할 것[待文武如一] —— 임금이 지나치게 문인만을 대접하면 고려 때의 무신란 같은 것이 일어날 수 있다. 그러므로 무신도 문인과 동등하게 잘 대접해야 나라가 편안하다. 예를 들어 병조와 진무소(鎭撫所)의 사령(使令)과 영사(令史)들이 별시위(別侍衛)와 갑사(甲士)를 가혹하게 대하고, 시위패(侍衛牌)를 마치 노예처럼 보는 것은 부당하다.

〈논군도12사〉는 앞서 단종에게 올린 〈논군도〉의 원론적인 이야기와는 다르다. 구체적인 정책 방향을 제시한 것이다. 이는 양성지의 정치경륜을 집약한 것으로, 실제로 《경국대전》 편찬을 비롯하여 수성기에 지켜야 할 세조의 통치 방향을 정하는 데 큰 지침이 되었으며, 세조를 성공한 수성의 군주로 이끄는 데 이바지했다. 양성지를 빼고 세조의 정치를 이해하기 어려운 이유가 여기에 있다.

6. 세조 원년(1455)의 사업(2)
──〈평안도편의18사〉

양성지가 직제학으로서 12조목의 군도(君道)를 올린 다음 달인 세조 원년(1455) 8월 12일, 세조는 그에게 이미 철폐된 여연(閭延), 무창(茂昌), 우예(虞芮) 등 평안도 세 읍의 지리지와 지도를 편찬하여 바치도록 명했다.[20] 이를 위해 양성지는 경차관(敬差官)으로서 평안도에 갔다. 이해 11월 10일 그는 드디어 세 읍의 지도를 만들어 서울로 와서 세조에게 바쳤다.[21]

아울러 양성지는 경차관으로 가서 느낀 점을 정리하여, 평안도의 안정을 위한 18조목의 대책을 바쳤다. 이를 〈평안도편의18사(平安道便宜十八事)〉라고 부른다. 그 요지를 소개하면 다음과 같다.

　(1) **교도(敎導)를 우대할 것** ── 양계(兩界)의 여러 군현은 국방 임무로 매우 고통스러우므로 이곳에 교도(敎導; 향교에 파견하는 교관)로 부임할 때는 자급(資級)을 한 단계 높여주고, 3년간 무사하게 마친 자는 서울로 돌아오면 청요직(淸要職)을 주자.

　(2) **갑사(甲士)를 우대할 것** ── 양계의 갑사는 직책을 받아도 전에 받은 고신(告身)을 바치기 전에는 대간(臺諫)에서 서경(署經)을 해 주지 않는다. 그래서 벼슬이 참상(參上; 6품 이상)에 이르러도 고신을 받지 못하는 경우가 있다. 따라서 앞으로는 이들에게 벼슬을 줄 때 병조가 감사에게 관문(關文)을 보내고, 감사가 여러 군(郡)에 관문을 보내 전에 받은 계급을 살핀 뒤 간원(諫院)에게 회보하면, 간원은 서경한 뒤 즉시 그 도에 보내도록 하자.

---

20)《세조실록》권2 세조 원년 8월 12일 乙卯.
21) 위의 책 권2 세조 원년 11월 19일 후巳.

(3) **만호(萬戶)를 우대할 것** —— 변경 지방의 만호라는 칭호는 무신들이 부끄럽게 생각한다. 또 지명이 바뀌면 어느 지방의 만호인지도 모르게 된다. 그러므로 앞으로는 어느 주(州) 어느 곳의 만호인지를 밝혀서 자손들이 영예롭게 여기도록 하자.

(4) **만호를 증설할 것** —— 압록강변에 있는 여연, 무창, 우예의 세 읍이 철폐되고, 자성(慈城)만을 요충지로 만들어 방어하고 있다. 만약 여진족이 무창과 죽전(竹田)으로부터 상봉포(上奉浦)로 오고, 두가을헌현(豆加乙獻峴)에서 하봉포(下奉浦)로 오고, 여연의 신로현(新路峴)에서 금창동(金昌洞)으로 오고, 우예의 신로동(新路洞)에서 혼야동(昏夜洞)으로 오고, 소보리(小甫里)에서 허공교(虛空橋)로 온다면 자성의 백성들이 어찌 위태롭지 않겠는가. 지금 상봉포, 하봉포, 금창동, 혼야동에 목책을 설치했으나, 소홀함이 있다. 따라서 앞으로 허공교, 금창동, 상봉포 등지에 만호를 두어 변방 방어를 튼튼히 하자.

(5) **허공교 행성 문제** —— 평안도 자성의 허공교 동쪽 산비탈에 행성을 설치하여 우예와 통하게 했는데, 지금 우예를 철폐했으므로 허공교가 바로 적의 요충이 되고 있다. 그러므로 행성 수십 보를 허물어 적이 넘어오지 못하게 하자.

(6) **자성군의 전염병 문제** —— 자성군에 전염병이 그치지 않는데 여자가 주로 죽는 바람에 남자들이 이웃 고을에 청혼해도 받아주지 않는다. 양의(良醫)를 보내 병을 치료하자.

(7) **강계에 토관(土官)을 설치할 것** —— 강계병마사는 만포진(滿浦鎭)에 나아가 방어하고 있는데, 만약 적들이 만포진을 포위하고 바로 강계읍성으로 온다면 방어할 군사가 없다. 따라서 강계에 함길도의 여러 진(鎭)처럼 토관을 설치하여 남도와 강변 사람들을 교대로 임명하면 연변 사람들이 강계를 벼슬하는 곳으로 생각하게 되어 방어에 유리할 것이다.

(8) **적유령에 봉화를 설치할 것** —— 강계부를 방어하기 위해 강계 남쪽 적유령(狄踰嶺)에 연대(烟臺; 봉화대)를 설치하여 희천 및 영변의 봉화와 연결하도록 하자.

(9) **강계 백성들의 소금 문제** —— 강계에는 군량미가 부족하고, 백성들은 미곡을 가지고 남도에 와서 소금을 구해 가는데 농우(農牛)와 전마(戰馬)가 이 때문에 폐사하고 있다. 앞으로는 안주 등지에서 선군(船軍)들이 구운 소금을 영변부와 강변으로 수송하여, 강계 사람들이 쌀을 강계부에 바치고 영변에 와서 소금을 받아가도록 하자.

(10) **합배인(合排人)을 갑사로 등용할 것** —— 영변 이북과 자성 이남의 합배인(合排人)²²⁾들은 인구도 많고 기력이 강하므로 갑사가 되고자 하는 사람들을 허락하고, 부근의 한민(閑民)들이 그 역을 대신하게 하자.

(11) **구성(龜城)을 목(牧)으로 승격할 것** —— 구성(龜城)은 사통오달의 땅으로서 지금 읍을 설치한 것은 잘한 일이다. 그러나 정주(定州) 노상(路上)의 땅을 구성에 합쳐 목(牧)으로 승격하자.

(12) **운산(雲山)을 정주에 합할 것** —— 운산군은 영변, 가산, 박천 등 세 읍의 경계를 넘어 정주와 맞닿아 있어 월경(越境)이 매우 심하다. 따라서 운산을 정주에 합하자.

(13) **안주성을 개축할 것** —— 안주성은 청천강을 끼고 있어 고구려가 수나라 군대를 대파한 곳이므로 이곳의 낮은 성자(城子)를 다시 쌓자.

(14) **강동(江東)을 삼강군으로 할 것** —— 옛 강동은 적이 들어오는 요충이므로 삼등(三登)의 치소(治所)를 강동으로 옮기고 이름을 삼강군(三江郡)으로 바꾸자.

(15) **평양성을 증축할 것** —— 평양성의 동북과 동남에 성자를 쌓아 대동강변에 연결하고, 고성(古城)을 반드시 증축하여 평양 방위를 강화하자.

(16) **관부(館夫)를 늘릴 것** —— 평안도 관부는 여러 역(役)을 지고 있으므로 그 수를 늘이자.

(17) **토관을 가자(加資)할 것** —— 양계의 토관은 멀리 있는 사람을

---

22) 합배인(合排人)이란 변방 지방이나 깊은 산골에서 우역(郵驛)을 담당하는 사람들을 말한다. 이들은 경작할 땅이 없기 때문에 요역을 면제했다.

회유하는 정책이므로, 전하의 즉위를 기념하여 양계 토관에게도 일자(一資)를 더해주자.

　(18) **황해도의 익(翼) 문제** —— 여러 도에 익을 설치하여 동군(東郡)을 좌익(左翼), 서군(西郡)을 우익(右翼)으로 부르고 있는데, 오직 양계와 황해도만이 동군을 우익, 서군을 좌익으로 부르는 것은 옳지 않다. 다른 도와 같게 불러 중앙이 통제한다는 뜻을 보여주자.

　세조는 〈평안도편의18사〉의 뜻을 모두 받아들여, 평안도 방어가 강화되었다.

　이해 12월 27일 양성지는 세조의 즉위를 도운 공으로 원종공신(原從功臣) 2등으로 봉해져, 자손이 음직(蔭職)을 계승하고, 후세의 죄를 용서해 주는 특전을 받았다.[23] 그리고 이해에도 그는 《문종실록》 편찬에 참여했다.

7. 세조 2년(1456)의 사업
　—— 〈편의24사〉

　세조 2년(1456), 양성지의 나이는 42세였고 세조는 두 살 아래인 40세였다. 이 해부터 양성지는 시독관(侍讀官)으로 경연에 참석하여 세조와 직접 만나 자신의 경륜을 펼 기회가 많아졌다.

　1월 25일 양성지는 경연에 참석한 자리에서 명나라 사신을 접대할 때 증유물(贈遺物)이 너무 많다고 걱정하고, 왜인이나 야인이 내조할 때에는 궁마(弓馬)를 선물로 주지 말 것을 건의했다. 궁마는

---

23) 《세조실록》 권2 세조 원년 12월 27일 戊辰.

무기이므로 적이 배워가는 것을 걱정한 것이다.[24]

2월 20일 경연에서는 언로를 넓게 열 것, 형벌을 신중하게 할 것, 문종 대 편찬한 《고려사》의 반포 등을 건의했는데 세조는 이를 대부분 수용했다.[25]

이해 3월 18일의 경연에서는 4서5경(四書五經)이 너무 방대하여 과거응시생들이 이학(理學)에 밝지 못한 것을 염려하고, 고려시대의 구재학당(九齋學堂)을 본받아 삼관(三館; 성균관, 예문관, 홍문관)의 유생과 과거응시자들에게 분야별로 전문화된 교육을 실시해야 함을 역설했다.[26] 세조는 구체적 방법을 집현전에서 의논하여 보고할 것을 명했는데, 이후로 세조는 학문을 여러 전문 분야로 나누어 발전시키는 방법을 따르게 되었다.

3월 28일에 양성지는 집현전 직제학(정3품 당하관)이자 시독관으로 경연에 참석하여 〈편의24사(便宜二十四事)〉를 글로 써서 바쳤다.[27] 이것은 그동안 자신이 생각해 온 경륜을 집대성한 것으로서 양성지의 정치의식, 문화의식, 역사의식이 총정리되어 있다고도 볼 수 있다. 수성기(守成期)의 국가적 주체성과 자부심이 반영된 이 상소문의 요지는 다음과 같다.

(1) **봄, 가을에 대사례(大射禮)를 행할 것** — 요나라와 금나라는 3월 3일과 9월 9일 두 차례에 걸쳐 하늘에 제사 지내고 활쏘기를 했는데, 이는 번국(藩國)의 성대한 일이다. 우리나라도 이를 본받아 임금이 교외에 가서 대사례를 한다면 무사들의 사기가 올라가고 한 시대의 풍속이 될 수 있을 것이다. 삼국시대와 고려시대에는 교외에서

---

24) 《세조실록》 권3 세조 2년 1월 25일 乙未.
25) 위의 책 권3 세조 2년 2월 20일 乙未.
26) 위의 책 권3 세조 2년 3월 18일 丁亥.
27) 위의 책 권3 세조 2년 3월 28일 丁酉.

제천(祭天)도 행했는데, 지금 그것을 계승하기는 어렵지만 대사례는 하는 것이 좋다.[28]

(2) 5경(五京)을 둘 것 ── 요, 금, 발해는 모두 5경(五京)을 두었고, 고려도 4경(四京)을 두었는데, 조선왕조만은 한성과 개성의 양경(兩京)만을 두고 있다. 원나라 세조도 우리에게 '의종본속(儀從本俗)', 곧 의례는 고려의 풍속을 따르는 것을 허용했고, 명나라 태조 고황제(太祖 高皇帝)도 '자위성교(自爲聲敎)', 곧 '임금이 스스로 자치'할 것을 허용했는데, 이는 우리나라가 중국의 복리(腹裏; 뱃속)와는 다르기 때문이다. 다시 말해 우리나라는 당당한 자주 국가이므로 5경을 두어도 무방하다.

5경은 한성을 상경(上京)으로, 개성을 중경(中京)으로, 경주를 동경(東京)으로, 전주를 남경(南京)으로, 평양을 서경(西京)으로, 함흥을 북경(北京)으로 하자. 그리고 5경에는 각기 토관을 두어 군병을 증강 배치하면 형세가 좋아지고 국방에도 도움을 될 것이다.

(3) 악진해독(嶽鎭海瀆)의 사전(祀典)을 바꿀 것 ── 국토의 산과 강 그리고 바다에 대한 제사는 종묘와 사직 제사의 다음에 해당하는 국가적 규범이다. 조선왕조는 삼국과 고려시대의 제사규범을 계승하고 있으나 이를 크게 개편해야 할 필요가 있다. 그 이유는 개성을 중심으로 설정한 제사 규범이 방위에 어긋나고, 단군 전설이 얽힌 묘향산, 구월산, 장백산(백두산)과 그 이름이 천하에 알려진 금강산, 오대산 등 중요한 지역이 사전(祀典)에서 빠졌기 때문이다. 강의 경우도 마찬가지다. 새로 설정할 악진해독의 제사처(祭祀處)는 다음과 같다.

오악(五嶽):   중악 ── 삼각산
            동악 ── 금강산

---

28) 양성지가 주장한 대사례는 세조 때 시행되지 않았다. 그러나 그 제안은 뒷날 성종이 실행하였다. 성종은 재위 8년에 성균관에 행차하여 먼저 문묘(文廟; 대성전)에 참배하고, 이어 유생들에게 시험을 보여 인재를 선발하고, 사단(射壇)에 나아가 신하들과 활쏘기를 했다. 양성지는 이 행사에 감격하여 〈친사문묘송(親祀文廟頌)〉을 지어 성종에게 바쳤다. 이에 대해서는 뒤에 다시 설명할 것이다.

<pre>
              서악 — 구월산
              북악 — 장백산
              남악 — 지리산
오진(五鎭):   중진 — 백악산
              동진 — 태백산
              서진 — 송악산
              남진 — 금성산
              북진 — 묘향산
사해(四海):   동해 — 강릉
              서해 — 인천
              남해 — 순천
              북해 — 갑산(압록강 상류)
사독(四瀆):   동독 — 용진
              서독 — 대동강
              남독 — 한강
              북독 — 두만강
명산(名山):   목멱산, 감악산, 오관산, 계룡산, 오대산, 치악산,
              의관령, 죽령산
대천(大川):   웅진강, 임진강, 용흥강, 낙동강, 청천강, 박천강,
              보리진강, 섬진강
</pre>

새로운 제사처는 종전에 견주어 옛것을 그대로 계승한 것이 17곳, 바꾼 것이 4곳, 새로 올린 것이 13곳, 영구히 없앤 것이 13곳이다.

(4) 번부악(藩部樂)을 설치할 것 —— 중국에는 아악(雅樂), 속악(俗樂), 여악(女樂), 이악(夷樂) 등이 있는데, 우리나라의 음악에는 헌가(軒架), 고취(鼓吹), 동남(童男), 기녀(妓女), 가면잡희(假面雜戲) 등이 있다. 조선왕조 이후로 아악과 속악을 모두 바르게 만들었으나 번악(藩樂)은 아직 없다. 그런데 세조 이후로 일본, 여진에서 즉위를 축하하러 온 사신들이 수백 명에 이르고, 이들이 대궐 마당에서 머리를 조아리고

있다. 해동 문물의 번성함이 전대에 없던 일인데도 번부악이 없는 것이 이상하다. 따라서 일본 가무(歌舞)를 동부악(東部樂)으로 삼아 삼포(三浦)의 왜인들에게서 익히고, 여진 가무를 북부악(北部樂)으로 삼아 5진(五鎭)의 야인에게서 익히면 될 것이다.

그리하여 일본 사신을 접대할 때에는 북악(北樂)을 겸용하고 동악(東樂)을 쓰지 말며, 여진 사신을 접대할 때는 동악을 겸용하고 북악을 쓰지 않는다. 중국 사신을 접대할 때는 동악과 북악을 겸용한다. 이를 조정에서 사용하고 종묘에서 연주하여 태평의 정치를 아름답게 꾸미고, 우리 조종의 업을 빛나게 하는 것이 좋다.

(5) 관례(冠禮)를 행할 것 ── 옛날에는 남자 20세에 관례를 행하여 성인 의식을 치렀다. 우리나라는 고려 명종 대에 원자(元子)의 관례를 행한 뒤 중단되었다. 앞으로 13세가 되는 종실과 사대부 자제에게 입자(笠子)·두건(頭巾)·사모(紗帽)를 씌우거나, 사모·복두(幞頭)·양관(梁冠)을 사용하는 관례를 행하고, 관례를 하지 않은 사람은 입학과 혼인과 벼슬을 못하게 하자. 그러면 선왕(先王)의 제도를 회복하고, 외국의 비루함을 바꿀 수 있을 것이다.

(6) 복색(服色)을 정할 것 ── 복색은 상하를 구별하고 풍속을 순화하는 방법이다. 우리나라는 조관공복(朝冠公服)이 중국을 모방하고 있으나 일상에는 흰 옷을 입고, 마음대로 잡색 옷을 입는다. 앞으로 당상관(堂上官; 정3품 통정대부 이상)의 복색, 6품 이상의 복색, 유품원(流品員; 7품에서 9품)과 성중관(成衆官; 녹사)과 의관자제(衣冠子弟)의 복색, 제위군사(諸衛軍士)의 복색, 경외 양인(京外 良人)과 이서(吏胥)의 복색, 공사천구(公私賤口)와 공장(工匠)의 복색을 각각 나누어 구별하자. 여복(女服)도 따로 정하자.

(7) 복요(服妖)를 금할 것 ── 복색은 남녀와 귀천을 구별하는 것인데, 지금 여자들이 남자처럼 장의(長衣; 긴 바지)를 입거나 저고리와 치마 사이에 장의를 입어 3층을 이루기도 한다. 앞으로 이러한 요상한 복요(服妖)를 금지하고 그 옷을 몰수하여 동서활인원(東西活人院)의 가난하고 병든 사람들에게 나누어주자.

(8) 앞 시대의 임금과 재상을 제사할 것 ── 명나라는 역대의 임금과 재상들을 제사하고 있는데, 우리나라는 역대 임금을 옛 도읍에서 뿔뿔이 제사하고 있으며, 대신을 배향하지 않은 곳도 있다. 앞으로 해마다 봄가을에 동교(東郊)에서, 전조선왕(前朝鮮王) 단군, 후조선왕 (後朝鮮王) 기자(箕子), 신라 시조 박혁거세와 통일 군주인 태종왕과 문무왕, 고구려 시조 동명왕과 수나라 군대를 대패시킨 영양왕, 백제 시조 온조, 고려의 태조와 성종, 현종, 충렬왕 등 12위의 임금을 합해서 제사하자. 그리고 이곳에 배향될 대신은 신라의 김유신과 김인문, 고구려의 을지문덕, 백제의 흑치상지, 요즘 정한 고려 16명의 배향신(配享臣), 그리고 홍건적을 물리친 한희유(韓希愈)와 나유(羅裕), 왜구를 물리친 최영(崔瑩)과 정지(鄭地) 등이다.

(9) 앞 시대의 능묘(陵墓)를 보호할 것 ── 역대 임금의 공적은 저마다 다르나 한 나라의 인민들이 함께 받든 임금이므로 그들의 능묘 자체는 보호되어야 한다. 앞으로 전조선, 후조선, 삼국, 고려의 도읍이었던 개성, 강화, 경주, 평양, 공주, 부여, 김해, 익산 등지에 있는 능묘를 자세히 조사하여, 공덕이 있는 임금은 수능(守陵) 3호(戶)를 두고 공덕이 별로 없는 임금은 2호를 두며 왕비의 능묘는 1호를 두어, 요역을 면제하고 벌목을 막으며, 소재지의 수령이 봄가을로 보살피고 제사를 하도록 하자.

(10) 문묘(文廟) 배향 인물을 늘릴 것 ── 우리나라는 당나라가 군자지국(君子之國)으로, 송나라가 예의지방(禮義之邦)으로 불러 문헌의 아름다움이 중화에 버금한다. 그럼에도 문묘에 배향되는 인물은 신라의 설총과 최치원, 고려의 안향 등 세 사람뿐이다. 앞으로 과거(科擧)를 시작하여 문풍을 일으킨 쌍기(雙冀), 구재(九齋)를 세워 학생을 가르친 최충(崔冲), 문장과 도덕으로 모범이 된 이제현(李齊賢), 정몽주, 권근 등을 선성(先聖)에 함께 배향해야 한다. 중국에서 배향되는 사람들도 공자, 맹자, 정자, 주자보다 못한 사람들인데, 우리나라 사람들이 반드시 중국인들만 못하다고 할 수 있는가.

(11) 무성묘(武成廟)를 세울 것 ── 문(文)과 무(武)는 하늘이 경(經)이

되고 땅이 위(緯)가 되는 것과 같아서 한쪽으로 기울어져서는 안 된다. 당나라 숙종은 태공(太公)을 높여 무성왕(武成王)이라고 칭하고, 묘(廟)를 세워 제사하면서 공자를 모신 문선왕묘(文宣王廟)와 나란히 했다. 그 뒤로 역대 양장(良將) 64명을 이곳에 배향했다. 우리나라는 국학이나 향교에 무성왕묘가 없고, 오직 독신(纛神; 깃발신) 4위를 제사하고 있을 뿐이다. 앞으로 독소(纛所)를 훈련관(訓鍊觀)에 합치고 여기에 무성묘를 세워 문묘제도와 동격으로 제사하자.

무성묘에 배향될 인물은 신라의 김유신, 고구려의 을지문덕, 고려의 유금필(庾黔弼), 강감찬(姜邯贊), 양규(楊規), 윤관(尹瓘), 조충(趙冲), 김취려(金就礪), 김경손(金慶孫), 박서(朴犀), 김방경(金方慶), 안우(安祐), 김득배(金得培), 이방실(李芳實), 최영, 정지, 그리고 조선왕조의 하경복(河敬復), 최윤덕(崔潤德) 등이다.

(12) **공신(功臣)을 배향할 것** —— 조선왕조는 태조 대의 개국공신(開國功臣), 태종 대의 정사공신(靖社功臣)과 좌명공신(佐命功臣), 세조 대의 정란공신(靖亂功臣) 등 5공신을 제사하고 있는데, 앞으로는 원종공신(原從功臣)도 배향공신으로 부르자. 또 고려시대와 조선왕조의 장상(將相) 가운데 공덕이 있는 자는 그 자손을 조사하여 은명(恩命)을 내리자.

(13) **문익점과 최무선 사당을 세울 것** —— 원나라에서 목면 종자를 가져온 문익점(文益漸)과 화포법(火砲法)을 배워 온 최무선(崔茂宣)의 공로가 매우 크므로, 두 사람의 고향에 사우(祠宇)를 세우고 봄가을로 해당 지방의 수령이 제사를 지내며, 그 자손들을 공신으로 불러 죄를 용서하고 벼슬길을 열어주자.

(14) **시신자손(侍臣子孫)에게 음서를 줄 것** —— 우리나라의 음서법(蔭敍法)은 3품 이상 말고는 대간(臺諫; 사헌부와 사간원)과 정조(政曹; 이조와 병조)를 지낸 자의 아들에 한하고 있다. 앞으로는 관각(館閣; 집현전, 예문관, 춘추관 등)의 4품 이하 6품 이상 시종신(侍從臣)의 아들에게도 음서의 혜택을 주자.

(15) **문과 시험에 역사를 넣고, 무과 시험 과목을 바꿀 것** —— 문과와

진사시험 과목에 문학을 중요시하고 역사가 빠져 있는 것은 옳지 않다. 앞으로는 4서5경(四書五經) 말고도 《좌전(左傳)》, 《사기(史記)》, 《통감(通鑑; 자치통감)》, 《송원절요(宋元節要)》, 《삼국사기》, 《고려사》를 넣자. 또 무과에서 4서5경을 함께 시험 보는 것은 옳지 않다. 앞으로는 무경칠서(武經七書) 말고도 《장감(將鑑)》, 《병감(兵鑑)》, 《병요(兵要)》, 《진설(陳說)》을 시험하자.

(16) **중국에 유학생을 보낼 것** — 자제들을 중국에 보내 입학시키는 것은 여섯 가지 이득이 있다. 어려운 것을 질문하는 것, 현명한 사대부들의 기질을 배우는 것, 풍속과 형세를 아는 것, 문헌과 예악명물(禮樂名物)을 직접 보는 것, 귀중한 서책을 구입하는 것, 중국어를 배워 통역을 정확하게 하는 것 등이다. 지금 중국은 입학을 허락하지 않으므로 그 대신 집현전, 예문관, 교서관, 승문원의 벼슬아치 가운데 학문이 뛰어난 사람을 각각 하나씩 뽑아 사신을 따라 중국에 보내면 견문이 넓어지고 소득이 많을 것이다.

(17) **기인(其人)을 혁파할 것** — 기인제도는 고려가 삼한을 통일한 뒤에 향리의 자손을 '기인(其人)'이라 하여, 차례를 나누어 인질로 올라와 시위(侍衛)하도록 한 것이다. 그 역(役)이 어려워 부상대고(富商大賈)들이 돈을 받고 대역해 주고 있는데, 6개월 동안 45필을 받고 국가에 신목(薪木; 땔나무)을 사서 바치고 있다. 그러나 향리는 지방에서 국가를 위해 복무하고, 3정(丁) 가운데 한 사람에게 이서(吏胥)를 허락하여 과거에도 응시할 자격을 주고 있어, 장상(將相)이 된 이도 적지 않다. 앞으로 기인을 없애고, 선상노자(選上奴子; 각 지방 관아에서 뽑아 서울 중앙관청으로 보내던 노비)를 증액하여 3인의 선상노자가 1인의 기인역(其人役)을 대신하도록 하자.

(18) **분대(分臺)를 없앨 것** — 사헌부의 대신(臺臣)을 지방에 파견하는 것은 수령의 비행을 감찰하고 민생의 휴척(休戚; 평안한가 아닌가)을 살피기 위한 것으로 명분은 아름답다. 그러나 감사(監司)가 전국 334개 군현의 수령을 감찰하고 있는데 여기에 또 대신을 파견하는 것은, 감사의 직책을 가볍게 만들 뿐 아니라 감사가 수령과 짜고 비

행을 덮는 결과를 가져오고 있다. 그러므로 분대 파견을 중지하고 감사의 기능을 높여야 한다.

(19) **주군노비(州郡奴婢)를 골고루 배치하자** ─ 외방 노비가 군현마다 다르다. 예를 들어 서울 향교의 노비는 수백 호에 이르고, 평양 관노는 수천 호에 달한다. 그런데 작은 군현에는 10명도 채우지 못하고 있으나, 세금이나 사신 접대비는 다른 군현과 비슷하다. 앞으로 관노가 많은 지역의 경우, 그 수가 적은 군현에 관노를 보내 주어 균형을 이루도록 할 필요가 있다.

(20) **백정(白丁)에 대한 대책** ─ 백정은 원래 우리나라 사람들이 아닌 자들로서 화척(禾尺)이나 재인(才人) 또는 달단(韃靼)으로 불리고 있었는데, 국가에서 이들을 '백정(白丁)'으로 바꿔 불러 군역을 지우거나 벼슬길을 열어주었다. 그러나 이들은 스스로 모여 살면서 서로 혼인하고, 소를 잡고, 음악으로 구걸하고, 도적이 되기도 한다. 거란이 침략할 때에는 그 앞잡이가 되고, 왜구 모습을 하기도 했다. 이들은 강원도에서 시작하여 경상도에 퍼져 있는데 크고 작은 도적들은 대개 이들이다. 앞으로 이들을 갑사나 시위군이나 진군(鎭軍)의 봉족(奉足)으로 만들어 끼고 살게 하고, 다른 지방으로 왕래하지 못하게 할 필요가 있다. 그러나 3세대 동안 법을 어기지 않으면 백정이라는 칭호를 없애고 일반 편호(編戶)와 똑같이 대우할 필요가 있다.

(21) **주요 지방에 판관(判官)을 설치할 것** ─ 수령이 혼자서 지방 업무를 감당할 수 없으므로 경기도의 수원과 양주, 경상도의 선산, 성주, 김해, 밀양, 전라도의 광주, 남원 등에 판관(判官)을 두어 수령의 업무를 도와줄 필요가 있다.

(22) **진(鎭)에 위(尉)를 설치할 것** ─ 수령이 민사(民事)를 처리하는 업무가 너무 많아 병(兵)을 다스릴 겨를이 없다. 그러므로 각 진(鎭)마다 위(尉)를 설치하자. 다만 모든 진에 설치하기 어려우면 판관이 있는 곳은 문무를 교차하여 판관을 임명하고, 판관이 없는 곳은 위를 두자.

(23) **경도(京都)에 4보(四輔)를 설치할 것** ─ '경도(京都)'란 북한산성

을 말하는데, 삼국시대는 교전지였으나 조선에 이르러 수도가 되어
사방을 제압하는 곳이 되었다. 경도는 군사·경제적으로 하늘이 낸
곳으로 만세의 업(業)이 될 만한 곳이기도 하다. 그런데 경도와 기내
(畿內)에 오직 세 곳의 진(鎭)이 있는 것은 경도를 방어하는 데 문제
가 있다. 따라서 양주를 후보(後輔)로, 수원을 전보(前輔)로, 광주(廣
州)를 좌보(左輔)로, 원평(原平; 파주)을 우보(右輔)로 정하여 4보 체제
를 갖추는 것이 좋을 것이다. 이렇게 되면 전후좌우에 거진(巨鎭)을
갖게 되고, 경사(京師)는 더욱 장엄해질 것이다.[29]

또 서울의 문 10개 가운데 옹성(甕城)이 있는 곳은 동대문밖에 없
는데, 앞으로 다른 문에도 옹성을 만들자. 우리나라는 지정학적으로
성곽의 중요성이 매우 크므로 성곽 건설에 힘을 써야 한다.

(24) 여러 도에 진(鎭)을 설치할 것 ── 지금 지방에 진(鎭)을 설치함
에는 새로 세울 것과 없앨 것과 합칠 것이 있다. 평안도 자성은 여
연, 무창, 우예를 방어하는 곳으로 하나의 진이 되어야 한다. 황해도
의 장연, 풍천, 강령은 옹진과 합쳐서 일진(一鎭)이 되어야 하고, 경
기도의 부평은 진을 둘 필요가 없다. 또한 진을 두어야 할 곳은 평
안도의 희천·박천·삼등, 함길도의 회령, 황해도의 서흥, 경기도의 수
원과 원평, 경상도의 울산 등이다.

양성지는 《팔도지도》를 제작하면서 직접 알아본 지방 사정을
바탕으로, 이상과 같은 의견을 작성한 것임을 밝히고 있다.

양성지가 올린 〈편의24사〉는 그동안 올린 정책 건의문 가운데
가장 포괄적일 뿐 아니라, 그 바탕에 조선왕조의 국가적 권위를
천자국인 중국에 버금하는 수준으로 끌어올리려는 의도가 담겨 있
다는 점에서 매우 의미가 깊다. 이는 그 자신의 마음인 동시에 당
시 조선의 국력과 문물 수준이 그만큼 높았다는 것을 말해준다.

---

29) 참고로, 수원이 보(輔)로 승격한 것은 정조 대로서 화성(華城) 건설이 곧 그것을
    말해준다. 양성지의 의견이 300년 뒤에 실현된 것이다.

양성지의 상소를 세조는 기꺼이 받아들였다.

이해, 그러니까 세조 2년 5월 21일 양성지는 경연 자리에서 임금에게 쓴 소리를 했다. 임금이 훈신(勳臣)과 대신(大臣)의 집을 야밤에 방문하여 술을 마시고, 숙위하는 금병(禁兵)들에게 한꺼번에 술을 내리고, 변방의 군사들에게도 명절에 술을 내리는 일을 금하라고 진언한 것이다.[30] 이는 세조의 신변 안위를 염려한 까닭이었다. 이러한 소식을 들은 집현전 학자 이개(李塏)는 "양공(梁公)은 경제(經濟)의 재사라고 하더니, 참으로 사람들이 말하는 바와 같구나"라고 말했다고 한다. 당시 사육신의 움직임이 심상치 않음을 양성지는 이미 알고 있었으며, 뒷날 사육신의 하나가 된 이개는 양성지의 눈치 빠름을 싫어하여 이런 말을 한 것이다.

양성지는 또 명나라가 조칙을 보내면서 조선왕을 '왕(王)' 또는 '경(卿)'으로 호칭하는 데 항의할 것을 요청했다.

5월 26일의 경연에서 양성지는 여름에 얼음을 나누어줄 때 입직 군사들에게도 나누어줄 것과, 사부학당(四部學堂)의 학생들도 여름에 도회(都會; 유림 모임의 총회)를 열 것을 임금에게 청했다. 또 세종조에 상정(詳定)한 《의주(儀註)》를 책으로 만들도록 청하고, 도성의 마을에 이문(里門)을 설치하여 도적을 막아야 한다고 주장했다. 이에 임금은 하위지에게 《의주》 편찬을 명했다.

그런데 이해 6월에 세조는 집현전을 혁파하는 조치를 내렸다. 이는 그 무렵 집현전의 일부 학사들이 단종 복위운동을 벌이다가 발각되는 이른바 사육신 사건이 터졌기 때문이다. 이때 양성지는 두려운 얼굴을 하고 있었는데, 세조는 "양성지가 나를 따른 지 오래이므로 그런 일을 하지 않았을 것"이라고 말하면서 양성지에게

---

30) 《세조실록》 권4 세조 2년 5월 21일 己卯.

놀라지 말라고 위로했다고 한다.[31)

여기서 양성지가 집현전 학사이면서도 사육신 사건에 관여하지 않은 것은, 그의 정치 생명을 길게 만드는 동시에 훗날 성종 대에 이르러 신진 사림들이 그를 공격하게끔 만드는 근본적인 구실이 되었다. 다시 말해 지조와 절의를 중요시하는 사림들의 눈에는 양성지가 이를 저버린 속물로 비쳐지게 된 것이다. 양성지만이 아니라 신숙주, 정인지, 최항(崔恒) 같은 쟁쟁한 집현전 출신 학자들 역시 훗날 사림의 존경을 받지 못하게 된 이유 또한 바로 여기에 있었던 것이다. 그러나 양성지는 자신의 경륜을 죽을 때까지 임금에게 전하면서 왕조의 문물을 끌어올리는 데 심혈을 기울였다.

8. 세조 3년(1457)의 사업
── 〈편의12사〉, 〈편의4사〉

세조 3년(1457)에 이르러 양성지는 더 이상 집현전 직제학이 아니었다. 집현전이 없어졌기 때문이다. 그러나 양성지에 대한 세조의 신임은 계속되었고, 그 또한 임금을 위해 열과 성을 바쳤다. 이때 나이 43세였다.

세조는 양성지가 전 해에 언급한 고려시대 제천(祭天)에 대해 깊은 관심을 보여, 같은 해 1월 15일 백관들을 데리고 환구단(圜丘壇)에 가서 제천을 행했다.[32) 그동안 명나라의 압력으로 올리지 못했던 제천행사를 당당하게 연 것이다. 이날 세조는 호천상제(昊天上帝;

---

31) 《세조실록》 권4 세조 2년 6월 2일 庚子.
32) 위의 책 권7 세조 3년 1월 14일 己卯 및 1월 15일 庚辰.

하늘의 신)와 황지기(皇地祇; 땅의 신) 그리고 태조(이성계)의 위패에 술잔을 올렸으며, 세자는 대명(大明; 해의 신)과 풍운뇌우(風雲雷雨)의 위패에, 영의정 정인지는 야명(夜明; 달의 신), 성신(星辰), 사해(四海), 악독(嶽瀆) 및 산천(山川)의 위패에 술잔을 올렸다. 제사 의식은 《의주》를 따랐다.

그러면 환구단은 어디에 있었는가? 환구단이 남교(南郊)에 있었다고 하는 것으로 보아, 지금의 용산 미군 부대 안에 있는 남단(南壇)과 같은 자리인 것으로 보인다.[33]

환구단의 규모는 고려 때 편찬한 예서(禮書)인 《상정고금례(詳定古今禮)》를 따랐는데, 네모난 담장이 6장(丈) 3척(尺), 높이가 5척, 계단이 12개, 유(壝; 낮은 담)가 3개로서 한 유의 길이가 25보(步)이다. 담장에는 네 개의 문이 있으며, 신단(神壇)의 남쪽에는 축문(祝文)을 태우는 요단(燎壇)이 있다. 대사(大祀)는 너비가 1장(丈)이고, 높이가 1장 2척이며, 호(戶)는 사방 6척으로 위가 열려 있고 남쪽으로 나온다고 한다.[34]

다만 세조 때의 남단은 《상정고금례》를 따르되, 담장에 네 개의 문은 내지 않았다. 이러한 환구단의 규모는 성종 때 편찬된 《국조오례의》에 실린 남단에 견주어 두 배 정도 크다. 그 이유는 세조 이후로 환구단 제천이 끊어지고, 기우제를 위해 풍운뇌우와 산천 및 성황신(城隍神)을 모시는 제단으로 바뀌면서 규모가 작아진 까닭이다.

---

33) 남단의 공식명칭은 풍운뇌우산천성황단(風雲雷雨山川城隍壇)이다. 옛 기록에는 둔지산(屯之山)에 남단이 있다고 되어 있다. 《국조오례의》에 그 규모가 기록되어 있다. 필자는 2005년에 유홍준 문화재청장과 더불어 이곳을 직접 답사한 바 있는데, 지금 이곳은 남단이 파괴되고 초석(礎石)들이 주변에 널려 있다. 위치는 용산고등학교 바로 남쪽으로서 남산에서 뻗어 나온 능선의 끝자락에 해당한다.
34) 《세조실록》 권5 세조 2년 12월 11일 丙午.

3월 15일에 양성지는 판서운관사(判書雲觀事)의 직함으로 윤대(輪對)에 참석하여, 임금이 이미 환구단에서 상제(上帝)에게 제사를 올리는 등 나라의 성스런 일이 행해지고 있는 것을 칭송하면서 〈편의12사(便宜十二事)〉를 올렸다.[35] 그 요지는 다음과 같다.

(1) 적전(籍田)에서 친경(親耕)할 것 —— 옛날의 천자와 제후는 모두 적전에서 친경을 했는데, 이를 본받아 제천(祭天)과 병행하여 백관들을 이끌고 직접 동교(東郊; 東籍田)에 행차하여 친경을 하면 권농의 효과가 있을 것이다.[36]

(2) 사직단에 환조(桓祖)를 배위(配位)할 것 —— 명나라 태조는 사직을 제사하면서 아버지 인조를 배향했고, 송 태조도 아버지 희조를 배향했다. 우리도 사직단에 태조의 아버지 환조(桓祖)를 배향하는 것이 좋을 것이다.[37]

(3) 태조에게 높은 시호를 다시 올릴 것 —— 중국의 주나라 주공(周公)이 문왕(文王)을 명당에서 제사하고 왕대왕(王大王)으로 추존하여 달효(達孝)를 다했듯이, 전하께서도 남교(환구단)에서 제천을 하면서 태조의 위패를 이곳에 함께 모셔 제사했는데, 이는 주공의 달효에 견줄 만하다. 이왕 이렇게 한 바에 종묘에서 제사할 때에도 태조에게 높은 시호를 더 올려서 효성을 넓히는 것이 좋을 것이다.[38]

(4) 임금의 생일을 절일(節日)로 부를 것 —— 옛날의 제왕들은 모두 생일을 절일(節日)로 불렀다. 고려도 성종 때 생일을 천추절(千秋節)

---

35) 《세조실록》 권7 세조 3년 3월 15일 戊寅.
36) 친경은 《주례(周禮)》에 보이는 중국의 제도로서, 양성지는 《주례》를 직접 언급하지는 않았으나, 그것을 이미 알고 있었던 것이다. 그런데 무슨 이유인지 세조는 "옛날의 성대한 예(禮)를 반드시 다 거행할 수는 없다"고 하면서 친경을 행하지 않았다. 아마 신변의 안위를 염려한 것인지도 모른다. 친경은 주변에서 백성들이 지켜보는 가운데 임금이 직접 소와 쟁기를 끌고 도우미의 도움을 받으면서 밭을 가는 행사이기 때문에 경호에 상당한 어려움이 있었던 것이다. 친경은 나중에 성종에 의해서 실행되었다.
37) 세조는 양성지의 이 건의에 대해 의정부에 지시를 내리겠다고 약속했다.
38) 세조는 이 건의도 받아들여 의정부에 지시를 내리겠다고 약속했다.

로 불렀고 충렬왕도 수원절(壽元節)이라 했다. 그런데 지금은 탄일(誕
日)이라고만 부르는 것은 불가하다. 앞으로 절일로 부르자. 우리나라
는 요(堯) 임금과 같은 시기에 나라를 세우고, 나라의 폭이 1만 리이
며, 인구와 군대도 많고, 백관제도의 아름다움이 연호(年號)를 따로
세울 정도는 아니지만, 고려의 절일을 계승할 만하다.[39]

(5) **경연을 다시 열 것** —— 임금은 경연에 나아가서 학문을 해야 정
치가 바르게 되므로 폐지된 경연을 부활해야 한다. 경연을 금방 부
활하기가 어렵다면 세자를 가르치는 서연관(書筵官)으로 하여금 교
대로 진강케 하면 좋을 것이다.[40]

(6) **서적을 잘 보존할 것** —— 지금 나라의 서적을 충주, 전주, 성주
등 세 사고(史庫)에 소장하고 있는데, 그 가운데에는 잡서(雜書)도 많
다. 앞으로 《선원록(璿源錄; 왕실족보)》, 《승정원일기》, 《의정부등록》,
육조, 사헌부, 사간원, 예문관, 춘추관의 문서를 3건씩 만들고, 우리
나라에서 편찬한 서적들과 문집들, 주군(州郡)의 도적(圖籍)들을 모두
사들이고, 《송사(宋史)》나 《원사(元史)》와 같은 1건의 책들은 모두
전사(傳寫)하여 세 사고에 보관하자.[41]

---

39) 세조는 이 건의에 대해 "불가하다"고 거부했다.

40) 세조는 이에 대해 '임금이 경사(經史)에 마음을 두는 것은 진실로 좋은 일이지만,
다섯 가지 이유로 하기 어렵다'고 말했다. '첫째, 여가가 없다. 둘째, 수찬(修撰)의
일이 많다. 셋째, 실록과 육전(六典) 등을 직접 챙기고 있다. 넷째, 나이가 이미 불
혹에 이르러 서생(書生)과 다르다. 다섯째, 진법(陣法)과 무예 등을 익히는 것도 잘
안 되는데 경연을 하면 더욱 인약(仁弱)에 빠질 것이다.'

41) 세조는 양성지의 건의에 대해 유사(有司; 해당 관청)에게 독려하겠다고 약속했다.
참고로, 양성지가 지방 주군의 서적들을 사들여 보관하자는 건의가 있은 지 두 달
뒤인 5월에, 세조는 8도 관찰사들에게 하유(下諭)하여 개인이나 사찰에 소장된 고기
류(古記類)들을 국가에 진상하라고 하면서 그 목록을 제시했다. 그 책들은 다음과
같다《세조실록》 권7 세조 3년 5월 26일 戊子).
　《고조선비사(古朝鮮秘詞)》, 《대변설(大辯說)》, 《조대기(朝代記)》, 《주남일사기(周南逸
士記)》, 《지공기(誌公記)》, 《표훈삼성밀기(表訓三聖密記)》, 《안함노원동중삼성기(安含老
元董仲三聖記)》, 《도증기지리성모(道證記智異聖母)》, 문태산(文泰山)·왕거인(王居仁)·설
업(薛業) 등의 《삼인기록(三人記錄)》, 《수찬기소(修撰企所)》 100여 권, 《동천록(動天
錄)》, 《마슬록(磨蝨錄)》, 《통천록(通天錄)》, 《호중록(壺中錄)》, 《지화록(地華錄)》, 《도선
한도참기(道詵漢都讖記)》 등.
　이상의 책들은 확실한 내용을 알 수 없으나 고조선에 관련된 것들이 많은 것으

(7) **풍속을 두터이 할 것** ─ 풍속의 핵심은 삼강(三綱)이다. 그런데 지금 백성들의 상소가 지나쳐 긴요하지 않은 잡사를 가지고 호소하여, 아랫사람이 윗사람을 능멸하는 나쁜 습속이 일어나고 있다. 앞으로 긴요하지 않은 상소는 사헌부에서 접수하지 말고, 만약 무고가 있으면 도리어 죄를 주어야 한다. 또 노비와 주인의 관계는 신하와 임금의 관계와 같다. 노비가 주인을 위기에서 구해주면 관청에 고하여 양인(良人)으로 풀어주고, 주인이 죽은 뒤 3년 동안 여묘(廬墓)하는 노비도 또한 그 역을 면제시키자. 그리고 양가부녀(良家婦女)로서 남편을 위기에서 구해주었다든지, 20세에 과부가 되어 10년 동안 수절한 경우에는 정려(旌閭)를 세워주고, 그 집의 정역(丁役)을 영구히 면제해 주자.[42]

(8) **오례(五禮)를 정할 것** ─ 예(禮)에는 3,300여 가지가 있다고 하지만 그 요목은 길례(吉禮), 흉례(凶禮), 군례(軍禮), 빈례(賓禮), 가례(嘉禮) 등 다섯 가지에 지나지 않는다. 길례는 조정의 예이고, 흉례는 상장(喪葬)이며, 군례는 병진(兵陣)의 예이며, 빈례는 교린과 사대의 예이며, 가례는 혼인이다. 앞으로 세종조에 새로 편찬한 《의주》를 짐작하고 고정(考定)하여 일대의 법전을 만들자.[43]

(9) **호적을 밝게 할 것** ─ 우리나라는 호구법(戶口法)이 밝지 못하여 강원도, 평안도, 황해도에서는 1정(丁)이 1호(戶)가 된 경우가 많다. 경상도, 전라도, 그리고 함길도 6진에서는 수십 명이 1호로 되어 있다. 경기도와 충청도는 그다지 심하지 않으나 황해도와 강원도의

로 보인다. 《삼성기(三聖記)》는 환인, 환웅, 단군을 가리키는 것으로 보이기도 한다. 왜 이런 책들을 국가에서 수집하려고 했는지는 알 수 없으나, 다음 해 9월에 《동국통감》을 찬진하라는 명령이 내려지는 것과 관련시켜 보면 아마도 《동국통감》 편찬을 위한 자료 수집이 목적인 것으로 짐작된다.

　　그렇다면 양성지가 지방의 서적들을 수집하자고 제안한 것도 《동국통감》 편찬을 의식하고 한 말일지도 모르겠다. 세조가 《동국통감》 편찬의 주 책임을 그에게 맡긴 것도 의미심장하다.

42) 세조는 이 건의를 받아들여 의정부에 지시를 내리겠다고 약속했다.

43) 세조는 이 건의도 받아들여 예조에 내리겠다고 약속했다. 참고로, 양성지의 건의에 따라 이루어진 것이 성종 대에 완성된 《국조오례의》이다.

산군(山郡) 사람들은 딴 곳으로 유망(流亡)하여 1호가 여러 호의 역을 감당하고 있다. 경상도와 전라도의 연해지방에서는, 힘세고 교활한 사람들이 밖에는 문 하나를 만들고 안에는 여러 집을 만들어 살고 있으면서, 부자는 역을 면하고 가난한 자가 역을 지고 있다. 앞으로 사족이 거느리고 사는 노비나, 평민으로 부모와 함께 사는 자를 빼고는 3정을 1호로 편성하고, 3년마다 호적을 작성하자. 만약 정(丁)을 빠뜨리는 경우에는, 감고(監考)와 관령(管領)을 모두 북방으로 강제 이주시키고 수령을 벌주자. 이렇게 하면 단 한 사람의 백성도 호적에서 빠지지 않으며, 단 한 사람의 군인도 단정(單丁)으로 입역하는 일이 없어질 것이다. 그래야 양인(良人)이 늘어나 군액이 충족되고, 공천(公賤)이 늘어나 관청이 풍족해지고, 사천(私賤)이 늘어나 사대부가 풍족해진다.[44]

(10) **의창(義倉)을 충실하게 할 것** —— 근래 흉년이 들어 의창에서 대여한 곡식을 세 차례나 삭감시켜 주었기 때문에 저축이 줄어들었다. 그래서 군자곡(軍資穀)을 빌려 대여하고 있는데, 이는 국가의 예비 재정을 축내는 것이다. 앞으로 의창곡을 시급히 보충해야 한다.[45]

(11) **용관(冗官)을 없앨 것** —— 지금 《경국대전》을 편찬하여 관제를 정하는 마당에 불필요한 용관을 찾아내어 혁파한다면, 관제도 정비되고 용관도 없어질 것이다.[46]

(12) **작은 현(縣)을 합병할 것** —— 우리나라의 군현은 대략 300여 개에 이르는데 이는 자연 형세를 따른 것으로, 크게 늘리거나 줄이기 어렵다. 그리고 군현은 너무 커도 좋지 않고 너무 작아도 좋지 않다. 따라서 무리하게 큰 군현을 둘로 쪼개거나, 작은 현을 큰 현에 합치는 것은 옳지 못하다. 경성과 팔도의 지도와 지리지를 편찬하면서 얻은 결론은, 월경지(越境地)[47]와 견아상입지(犬牙相入地)[48]를 없

---

44) 세조는 이 건의를 병조(兵曹)에 내리겠다고 말했다.
45) 세조는 이 건의에 대해 "해당 관청에 독촉하여 물어보겠다"고 말했다.
46) 세조는 용관 혁파 주장에 대해 "꼭 내 마음에 부합한다"고 말했다.
47) 월경지(越境地)란 한 군현의 땅이 다른 군현에 속해 있는 경우를 말한다.

애야 한다는 것이다.

〈편의12사〉에 대해 세조는 하나하나 비답을 내렸다. 이 가운데 친경, 경연의 부활, 이문(里門) 설치, 그리고 임금의 생일을 '절일'로 하는 것을 빼고는 모두 받아들여 해당 관청에서 검토하도록 명했다. 그리고 총괄적으로 말하기를 "위의 조목을 나의 정사에 천천히 살피겠다"고 약속했다.

한편, 6월 28일에 양성지는 〈용비어천도(龍飛御天圖)〉를 편찬하여 바쳤다.[49] 이 책은 양성지가 세자 교육을 위한 서연(書筵)이 있을 때 세자가 《용비어천가》를 내놓고 구결(口訣)을 정하여 읽기에 편하도록 만들라고 해서 편찬한 것으로, 말하자면 《용비어천가》의 요지를 도표 형식으로 설명한 것이다. 구체적으로 말하면 325장의 방대한 내용을 일곱 개의 강(綱)으로 묶어 요약 정리한 것이다. 세조는 이 책을 보고 그림이 매우 잘 되었다고 칭찬하고 동궁에 보내라고 명했다. 이때의 동궁이 뒷날 보위에 오르는 예종이다.

8월에 양성지는 판서운관사(判書雲觀事)에서 훈련관사(訓鍊觀事)로 직책을 옮기고, 수문전(修文殿)의 직학(直學)과 지제교(知製敎)를 겸했다. 훈련관사를 맡은 것은 문무를 겸비한 그의 해박한 지식을 평가한 것으로 보이는데, 이 무렵 세조가 여진족을 적극적으로 회유하면서 군사 훈련을 강화한 사실과 관련하여 대중국 정책에 모종의 변화가 있다는 것을 보여준다. 그것은 요동정벌운동이었다.

10월 22일에 양성지는 임금과 윤대(輪對)하면서, 임금이 행차할 때 성균관과 사부학당의 유생들이 길 옆에 시립하는 것을 그만두

---

48) 견아상입지(犬牙相入地)란 군현의 경계선이 개 이빨처럼 들쭉날쭉한 모습을 가진 것을 말한다.
49)《세조실록》 권8 세조 3년 6월 28일 庚申.

기를 건의했다. 교관이나 동몽(童蒙; 어린이)들은 가르치고 배우는 데만 전념해야 하므로 길가에 시립하는 것은 옳지 않다는 것이다. 세조는 그 말을 따랐다.[50]

같은 날 임금이 경회루 아래에서 대신들과 더불어 식사를 하면서 활쏘기를 구경하고 있을 때, 양성지는 훈련관사로서 〈편의4사 (便宜四事)〉를 올렸는데 주로 군사에 관한 것이었다.[51] 〈편의4사〉의 요지를 소개하면 다음과 같다.

(1) 둔전(屯田)을 크게 시행할 것 —— 정치의 목표는 공자가 말한 대로 족식(足食)과 족병(足兵)인데, 민생을 안정시키고 군자(軍資)를 확보할 수 있는 방법으로 둔전이 중요하다. 둔전은 전국의 한광지(閑曠地)를 대상으로 하거나, 하삼도의 부자들이 차지하고 있는 진황지 (陳荒地)나 대인전작지(代人佃作地; 병작지)를 빌려서 경영한다. 그리하여 관에서 씨앗을 지급하고, 백성들이 우구(牛具)를 낸다. 둔전에서는 1일 경작, 1일 파종, 3일 제초, 1일 수확, 1일 타취로 끝나므로 1년에 7일 동안 백성의 힘을 빌리면 된다. 땅을 내놓은 백성에게는 잡역을 면제하거나 산관(散官)을 준다. 이렇게 하여 5년 기한으로 둔전을 경영하면 백성들의 이득은 크게 늘어날 것이다.[52]

(2) 의창에서도 이식을 받을 것 —— 의창곡의 부족을 메우기 위해 군자(軍資)에서 빌려 쓰는 것을 막아야 하므로, 내년부터 의창에서도 개인 장리(長利)의 예를 따라 이자를 받아 5년을 기한으로 끝내자.

(3) 검교(檢校)와 봉조청(奉朝請)을 없앨 것 —— 검교와 봉조청은 노인을 우대하기 위한 용관(冗官)으로서 이를 없애는 것이 좋다.

(4) 총통위(銃筒衛), 번상군(番上軍), 습장(習杖)과 습방패(習防牌) —— 총

---

50) 《세조실록》 권9 세조 3년 10월 22일 壬子.
51) 위와 같음.
52) 양성지가 5년을 기한으로 둔전을 시행하자고 주장한 것도 전쟁에 필요한 군자를 확보하기 위한 방법이었던 것이다.

통위는 보병 가운데 가장 강한 부대인데 이를 없앤 것은 옳지 못하다. 이들을 부활하기 어렵다면 희망에 따라 기보병(騎步兵)에 나누어 소속시키는 것이 좋을 것이다. 궁궐 수비가 허술하니 번상하는 갑사를 늘리고, 녹봉이 어렵다면 3개월마다 교대로 월봉(月俸)을 주는 것이 좋다. 한편 병사들은 평소에 장(杖)과 방패(防牌)를 익히도록 해야 한다.

〈편의4사〉에 대하여 세조는 "말이 맞는 것도 있고, 맞지 않는 것도 있다. 그대는 마음을 민사(民事)에 두고 있으면서 아는 것은 말하지 않음이 없으니 매우 가상하다. 그대는 비상한 사람이다"라고 칭찬했다.

이로부터 닷새 뒤인 10월 27일, 양성지는 첨지중추원사(僉知中樞院事; 정3품 당상관)로 임명되었다. 이 자리는 정3품 당상관이지만 특별한 소임은 없는 자리였다.

9. 세조 4년(1458)의 사업
—— 통진 별서 낙성

세조 4년(1458)에 이르러 44세의 양성지는 별다른 정책 건의를 올리지 않았다. 이 해에도 세조는 궁궐 후원과 서울 근교에서 자주 신하들과 군사 훈련을 실시했는데, 양성지는 행상호군(行上護軍; 정3품 당하관)이라는 오위(五衛)의 군직을 가지고 임금을 옆에서 모시고 활을 쏘는 일이 많았으며 우상대장(右廂大將)으로 임명되기도 했다. 이런 가운데 9월 26일에 그는 오위의 깃발 색깔을 정비할

것을 건의했다.[53]

그런데 이렇게 군사 훈련이 강화되는 판에 세조는 9월 12일 문신들에게 명하여 《동국통감》을 찬진하라고 명했다. 세조는 그 이유를 들며 "본국의 역사책은 빠진 것이 많으므로 《삼국사》와 《고려사》를 합하여 편년체 역사책을 만들되, 여러 책에서 자료를 채집하여 축년(逐年) 아래에 써서 집어넣으라"고 명했다.[54] 여기서 세조가, 우리나라 역사책은 자료의 탈락이 많다고 지적하고 《삼국사》와 《고려사》를 참고하여 편년체 역사책을 만들되, 편년 사이사이에 여러 책에서 자료를 뽑아 편집해 넣으라고 말한 것이 의미심장하다.

세조가 찬입(纂入)하기를 바란 자료는 무엇이었을까? 그것은 한 해 전인 1457년에 고기류(古記類)들을 수집한 사실과 관련시켜 보면, 고조선에 관한 내용을 보충하려던 것으로 추측된다.

그러면 《동국통감》 편찬과 군사 훈련은 어떤 관련이 있는가? 군사 훈련의 목표가 만주 쪽에 있다면, 《동국통감》은 바로 만주에서 펼쳐진 고조선과 고구려 역사를 자랑스럽게 서술함으로써, 고토수복(故土收復)에 대한 역사의식을 고취하는 데 목적을 두고 있다고 추리해도 큰 무리가 아닐 듯하다.[55]

이렇게 세조의 심복으로서 웅대한 꿈을 실천해 가고 있던 상황에서 양성지는 이해 가을 경기도 통진 대포곡(大浦谷)에 별서(別墅; 별장)를 짓고 낙성식을 가졌다. 낙성식에는 양성지의 문생인 서거정이 참석하여 〈낙성기〉를 지었다.[56] 양성지와 서거정은 좌주(座主)와 문생(門生)의 관계를 맺고 있었다.

53) 《세조실록》 권14 세조 4년 9월 26일 庚戌.
54) 위의 책 권14 세조 4년 9월 12일 丙申.
55) 한영우, 《조선전기 사학사연구》, 서울대학교 출판부, 1981, 참고.
56) 《눌재집》 권6 〈通津縣大浦谷別墅落成記〉(徐居正 撰).

영모재(문양공 종가). 양성지의 별서가 있던 자리로 지금의 수안사 입구에 있다.

〈낙성기〉에 따르면, 별서는 서울에서 70리 떨어진 통진의 속현(屬縣)인 수안(守安)에 있었다.[57] 현의 동남쪽 일식(一息) 정도의 거리에 차유현(車踰峴)이 있고, 북으로 꺾여 구파리(仇坡里)가 있으며, 또 한 번 꺾여 대포곡이 있다. 별서에는 셋째 아들 찬(瓚)이 살고 있으며, 별서 오른쪽에는 이사(里社; 곡식 창고)가 있고, 이사 서쪽에는 작은 봉우리가 있는데 첫째 아들 원(瑗)이 살고 있었다. 둘째 아들 수(琇)는 고개 너머에 살고, 넷째 아들 호(琥)는 동네 왼편에 살고 있었다.

양성지의 네 아들은 모두 벼슬아치로서 큰 아들 원은 뒤에 양지 현감, 둘째 아들 수는 횡성군수와 정선군수, 셋째 아들 찬은 동부승지, 넷째 아들 호도 뒤에 현감을 지냈다. 이 밖에 양성지의 큰 조카 양감(梁瑊)도 이곳에서 살고 있었다.

---

57) 수안(守安)은 지금의 경기도 김포시 양촌면 대포리 산32번지에 해당한다.

수안사 근처에 있는 양성지의 묘소.

서거정의 〈낙성기〉를 보면, 양성지는 수백 경(頃, 結)의 땅을 가지고 있는데, 1년에 거두는 곡식이 천백 곡(斛)에 이른다고 한다. 조운선(漕運船)과 상선(商船)이 문밖에 정박해 있고, 물고기와 게를 잡기 위한 등불이 못과 못 사이에 반짝이고 있어 경치가 무궁하고 즐거움이 또한 무궁하다며 서거정은 부러워했다.

또 별서에는 여러 건물이 있었는데, 하나는 눌재헌(訥齋軒)이고, 하나는 지족당(止足堂)이며, 또 하나는 목안정(木雁亭)이다. 별서 낙성식 잔치에는 양성지의 네 아들이 처자와 어머니를 모시고 왔는데, 자손들이 거의 천여 명에 이르렀다고 한다. 이 밖에 주변의 사녀(士女)들이 모두 모여들어 그 잔치의 성대함이 이 마을에서는 천고(千古)에 없었다 한다.

여기서 양성지가 수백 경의 땅을 가지고 있으며 1년에 천백 석 이상을 수확한다는 기록은 그가 큰 재력을 모았다는 것을 말한다.

그러나 양성지가 가지고 있다는 수백 경의 땅은 별서 부근에 있었던 것은 아닌 듯하다. 왜냐하면 이곳은 주변이 모두 바다와 산으로 둘러싸여 있어서 넓은 농지가 없기 때문이다.[58] 따라서 그의 농지는 다른 지역에 있었을 것으로 보인다.

그러면 그는 무슨 방법으로 이렇게 큰 토지를 갖게 되었을까? 성종 대 사림 언관(言官)들은 양성지가 탐오하고 뇌물을 많이 받아 큰 농장을 갖게 되었다고 비판했는데, 구체적인 탐오와 뇌물의 증거는 제시하지 못했다. 아마 수백 경의 땅이 있다고 한 것은 양성지 개인의 땅이 아니라 양성지 부자(父子)의 땅을 모두 합쳐서 말한 것으로 봄이 옳을 것이다. 그리고 그 땅들이 모두 통진에 있었던 것이 아니라 여러 곳에 흩어져 있었던 것으로 보인다. 필자는 별서를 직접 답사한 결과 수백 경의 땅이 들어갈 공간이 없음을 알았다.

하지만, 그가 세상 사람들이 부러워하는 부귀(富貴)와 다남(多男)을 모두 가지고 있었던 것은 사실이고, 이 때문에 신진 사림들이 그를 곱지 않은 눈으로 보지 않았나 느껴진다.

---

58) 필자는 2007년 9월 29일 양성지의 별서가 있었던 김포시 양촌면 대포리를 직접 답사했다. 이곳은 나지막한 야산으로 양성지의 무덤(사진 참조)이 있고, 그 옆에 2001년에 중건한 수안사(守安祠), 2003년에 건설한 대포서원(大浦書院)이 있다. 그리고 양성지가 살던 눌재헌(訥齋軒)은 수안사 바로 아래에 있는데, 그 자리에 양성지 후손이 양옥을 짓고 살고 있다(사진 참조). 한편, 이곳에서 2킬로미터 쯤 떨어진 야산 꼭대기에 목안정(木雁亭)이 있었다고 후손들이 증언했다. 별서가 있는 야산 남쪽은 지금 넓은 농지가 조성되어 있는데, 원래 바다였던 것을 후세에 메워 농지로 만든 것이다. 이 농지에 지금은 김포산업단지가 들어서고 있다.

10. 세조 5년(1459)의 사업
—《잠서》, 《의방유취》

그러면 다음해인 세조 5년(1459)에는 어떤 일이 있었는가? 이 해 8월 20일에 세조는 45세의 행상호군(行上護軍) 양성지에게 양잠에 관한 책인 《잠서(蠶書)》의 고교(考校)를 맡겼다.[59] 《잠서》가 너무 방대하고 이해하기 어려워 이를 간결하게 개편하려 한 것이다. 양성지는 이 해 10월 1일에 신찬 《잠서》를 임금에게 바쳤다.[60]

같은 해 11월 30일에 세조는 다시 그에게 세종 27년에 편찬된 한방백과사전인 《의방유취(醫方類聚)》를 교정하라고 명했다.[61] 이 책은 양성지를 비롯하여 김예몽(金禮夢) 등 많은 유신들이 참여하여 만든 것인데, 이를 다시 교정하는 일을 맡게 된 것이다.

11. 세조 6년(1460)의 사업
—《손자주해》, 명나라 사행

세조 6년(1460) 2월 12일, 세조는 46세가 된 행대호군(行大護軍; 종3품) 양성지를 비롯하여 송처관(宋處寬), 홍응(洪應), 이문환(李文煥), 윤자영(尹子濚) 등을 불러 《손자주해(孫子註解)》를 교정하라고 명했다. 역시 전쟁과 관련된 편찬 사업이었다.

---

59) 《세조실록》권17 세조 5년 8월 20일 己巳.
60) 위의 책 권18 세조 5년 10월 1일 己酉.
61) 위의 책 권18 세조 5년 11월 30일 戊申.

3월 10일에 명나라에서 영종 황제의 칙서를 가지고 온 장녕(張
寧) 등이 서울을 떠났는데, 이에 대응하여 조선에서도 호조참판 김
순(金淳)을 정사로, 경창부윤(慶昌府尹; 중궁전에 소속된 관청인 경창부의
직책) 양성지를 부사로 삼아 명나라에 주문사(奏聞使)로 보냈다.

명나라에서 사신이 온 것은, 모련위도독첨사(毛憐衛都督僉事) 낭발
아한(浪孛兒罕)을 비롯한 16명의 여진족을 조선에서 유혹하여, 관직
을 주고 상을 주다가 뒤에 모두 죽인 사건에 대해 명나라가 항의
하기 위함이었다. 조선은 명나라가 이에 대해 오해하고 있다고 해
명하고자 주문사를 보낸 것이었다. 양성지 일행은 이해 6월 9일
귀국했는데, 별다른 문제를 일으키지 않고 끝났지만 이 일은 여진
족을 사이에 두고 조선과 명나라 사이에 기묘한 긴장관계가 조성
되고 있었음을 말해준다.

명나라에서 돌아온 양성지는 왕명으로 두 가지 임무를 새롭게
위임받았다. 하나는 국가에서 소장하고 있는 모든 서책을 정리한
뒤 목록을 작성하여 탈락된 글자를 고교(考校)하는 일이었다. 다른
하나는 성임(成任)과 더불어 악학도감(樂學都監) 제조가 되어, 세종이
만든 〈정대업(定大業)〉, 〈보태평(保太平)〉, 〈상봉래의(祥鳳來儀)〉 등 음
악을 다시 정리하고 이를 교습하도록 한 것이었다.

12. 세조 7~8년(1461~1462)의 사업
—《명황계감》 번역, 예문관 서적 정리

47세 되던 세조 7년(1461) 7월 2일에 양성지는 실록 편찬을 담
당한 동지춘추관사(同知春秋館事; 종2품)로서 가정대부(嘉靖大夫; 종2품)

동지중추원사(同知中樞院事; 종2품)로 승진했다. 그다지 실권은 없지만 2품직에 올라간 것이다.[62]

이어 같은 해 7월에는 서책의 출판을 담당하는 교서관(校書館) 제조를 겸했다.[63] 그리고 8월에는 세조가 양성지, 송처관, 김예몽, 서거정, 임원준(任元濬) 등에게 언문으로 《명황계감(明皇誡鑑)》을 번역하라고 명했다. 이 책은 세종이 집현전 학자들에게 명하여 명나라 황제의 정치적 선악을 경계하는 내용을 담고 있었다.

세조 8년(1462) 1월 1일에 양성지는 창덕궁 인정전에서 열린 연회에 참석하여 세조와 재미있는 대화를 나누었다.[64] 양성지의 박식함과 곧은 성품을 엿보게 하는 대화이다.

　　임금이 양성지에게 "《태평광기(太平廣記)》[65]를 아는가?"라고 물었다. 양성지는 이렇게 답했다.

　　"옛날 당나라 재상 소회(蘇瓌)와 이교(李嶠)의 두 아들이 모두 어린 나이였는데, 중종(中宗)이 불러서 좋은 물건을 나누어주면서 '너희들이 읽은 글 가운데 어떤 일이 가장 좋더냐' 하고 물으니 소회의 아들 소정(蘇頲)이 말하기를 '서경(書經)에 재목은 먹줄을 따르면 곧아지고, 임금은 신하들의 간(諫)을 따르면 성군이 된다는 것이었습니다'라고 말했습니다. 한편 이교의 아들은 말하기를 '서경에 아침에 물 건너는 사람의 정강이를 자르고, 어진 사람의 심장을 쪼갠다는 것이었습니다'라고 하니, 중종이 말하기를 '소회는 아들이 있으나, 이교는 아들이 없구나'라고 했습니다."

세조는 양성지의 말을 듣고 웃으면서 "경은 옛일을 가지고 임금

---

62) 《세조실록》 권25 세조 7년 7월 2일 庚子.
63) 위의 책 권25 세조 7년 7월 18일 丙辰.
64) 위의 책 권27 세조 8년 1월 1일 丙申.
65) 《태평광기》는 중국 송나라 때 역대의 설화(說話)를 모은 책이다.

을 권계(勸戒)하는 사람이라고 할 만하구나"라고 말했다.

이해 8월 6일 세조는 양성지, 최항, 김국광(金國光), 서거정, 한계희(韓繼禧) 등에게 병서(兵書)를 강론하게 했다. 세조의 관심은 여전히 병법(兵法)을 떠나지 않고 있었다.

이해 양성지는 여러 문신들과 함께 예문관에 소장되어 있는 서적들을 정리하여 목록을 작성하고, 나아가 그 고열(考閱)을 담당하는 책임자(제조)의 일을 계속하고 있었다. 이 일을 통해 그는 당시 정부가 소장하고 있던 역대 서적들에 대한 자세한 정보를 얻을 수 있었으며, 이를 토대로 다음해 규장각의 설치를 세조에게 건의하게 된 것이다.

13. 세조 9년(1463)의 사업
── 규장각 건의,《동국통감》편찬 시작,〈동국지도〉완성

양성지는 49세가 된 세조 9년(1463) 5월 30일, 경복궁 사정전(思政殿)의 상참(常參)하는 자리에서 세조와 서적 보관에 관한 문제를 논의했다. 세조가 먼저 "예문관에 소장하고 있는 서책의 고교(考校)가 어떻게 되어가는가" 하고 묻자 양성지는 "이미 끝났다"고 대답했다.

이날 양성지는 고려시대에 서적을 어떻게 관리했는가를 자세하게 설명하고, 이어 송나라에서 황제의 어제(御製)를 별도의 공간에 보관해 온 사례를 설명했다. 그러면서 우리도 임금의 어제시문(御製詩文)은 인지당(麟趾堂) 동쪽에 별실을 만들어 봉안한 뒤 그 이름을 '규장각'으로 부르고, 그 밖의 여러 서적들을 보관하는 집을 '비서

각(秘書閣)'으로 일컫자고 제안했다. 임금의 어제는 마치 하늘의 운한(雲漢; 은하수)과 같고, 규벽(奎璧; 옥)과 같이 귀한 존재이기 때문에 따로 봉안하는 것이 옳다는 것이었다.[66) 양성지는 그저 각(閣)을 세우는 일만이 중요한 것이 아니라, 서적을 관리하는 관원으로 대제학, 제학, 직제학, 직전(直殿) 등의 관리를 두되 당상(堂上)은 다른 관료가 겸하게 하고, 낭청(郎廳)은 예문관의 녹관(祿官)을 겸차(兼差)하여 출납을 관장하는 것이 좋겠다고 말했다.

양성지의 건의에 따라 11월 17일 서적을 보관하는 내각을 설치했는데, 그 이름을 '홍문관(弘文館)'이라 지었다.[67) 비서각을 홍문관이란 이름으로 바꾼 것이다. 그리고 양성지는 홍문관 제학(兼提學; 종2품)을 겸임했다.

그리고 양성지의 건의에 따라 어제시문을 보관하는 집으로 인지당 옆에 별실을 지었는데, 이를 관리하는 직제(職制)는 따로 두지 않았다. 양성지의 규장각 설치 제의는 300여 년이 지난 정조 때에 이르러 실현되기에 이르렀다.

양성지가 비서각(홍문관)과 규장각의 설치를 건의하던 날, 신숙주가 양성지를 칭찬하여 말하기를 "양성지는 어려서부터 지리를 잘 기억하고 있었는데, 집현전에 있을 때 근무가 끝나면 생각하는 글자를 손바닥에 써서 집에 가 여러 책을 참고하여 보았다"고 했다. 이 말을 들은 세조는 "양성지의 행동은 참으로 좋다. 사람이 학문을 하지 않는다면 그만이지만, 하려면 반드시 이와 같이 해야 한다. 나 또한 글자를 써서 유추하는 경우가 많다. 양성지가 손바닥에 글자를 새기는 것이 어찌 우연한 일이겠느냐"고 말했다.[68) 이

---

66)《세조실록》권30 세조 9년 5월 30일 戊午.
67) 위의 책 권31 세조 9년 11월 17일 辛未.
68) 위의 책 권31 세조 9년 11월 17일 辛未.

에피소드에서 양성지의 학문하는 태도가 어떠했는가를 짐작할 수
있다.

이해 9월에 세조는 중대한 사업을 신하들에게 제안했다. 《동국
통감》 편찬이 그것이다. 《동국통감》 편찬을 처음으로 명한 것은
이미 세조 4년 9월의 일이었음은 앞에서 언급한 바와 같다. 그런
데 그로부터 5년이 지난 때에 또다시 《동국통감》 편찬을 제안한
것이다.

9월 5일 임금은 서현정(序賢亭)에 나아가 최항(우참찬), 송처관(행
상호군), 이파(李坡), 김수녕(金壽寧; 동부승지), 양성지(동지중추원사)에
게 이렇게 명했다.

> 우리나라 역사책은 어지럽고 계통이 서있지 않다[錯亂無統]. 그러
> 므로 나는 역사책을 만들어 고열(考閱)하는 데 편하도록 하고 싶다.
> 경들은 내 뜻을 받들어 《동국사략(東國史略)》(권근 엮음), 《삼국사》
> (《삼국사기》를 이름), 《고려사》 등을 참작하고 덧붙이고 빼서 한 책
> 을 만들되 《동국통감》으로 이름 짓도록 하라. 이를 무궁토록 전하
> 여 보여주고 싶다.[69]

그런데 《동국통감》 이야기를 꺼낸 장소가, 세조가 자주 습진(習
陣) 곧 군사 훈련을 하던 서현정이라는 것을 음미할 필요가 있다.
그만큼 세조는 군사 훈련과 역사 편찬의 깊은 인과관계를 인식하
고 있었던 것이다.

그러면 누가 《동국통감》 편찬의 주역을 맡았는가? 이해 9월 27
일 세조는 "양성지가 여러 궐내 유생들을 데리고 편찬하고, 신숙주
와 권람이 이를 감수하며 이파가 출납을 맡으라"고 지시했다. 그러

---

69) 《세조실록》 권31 세조 9년 9월 5일 후酉.

나 이렇게 시작된 《동국통감》 편찬은 결과적으로 세조 대에 완결을 보지 못하고 말았다. 편찬의 주도권을 양성지가 아닌 세조 자신이 장악하면서, 실무자들과 세조 사이에 상당한 의견 차이가 드러나 편찬 사업이 난항을 거듭했기 때문이다.

세조와 유신들 사이의 견해 차이는 아마도 자료 선택과 고대사 서술에 있었던 것으로 보인다. 세조는 신화나 고기류(古記類)들을 이용하여 만주에서 펼쳐졌던 고조선의 역사를 자랑스럽게 쓰고 싶었던 것이며, 신하들은 이런 자료들을 불신하고 있었던 것이다. 세조는 고조선의 영토였던 만주로의 진출을 꿈꾸고 있었던 것으로 보이는데, 이와 관련하여 고조선의 역사를 자랑스럽게 쓰려고 했던 것 같다.

그러나 세조 때 어느 정도 틀이 잡힌 《동국통감》은 성종 대에 이르러 노사신(盧思愼) 등이 다시 정리하여 《삼국사절요(三國史節要)》라는 이름으로 출간하고, 이어 서거정과 사림들이 《삼국사절요》와 《고려사절요》를 합쳐 수정된 《동국통감》을 완간하기에 이른 것이다.[70] 이 책이 지금 전하는 《동국통감》이다.

양성지는 이 해 11월 12일에 10년 전에 정척(鄭陟)과 더불어 착수했던 〈동국지도(東國地圖)〉를 완성하여 임금에게 바쳤다.[71] 이 지도가 지금 남아 있지 않아 그 모습을 알기는 어려우나, 양성지가 평소 우리나라를 '폭원(幅圓)이 만 리(萬里)가 되는 나라'라고 주장한 점으로 보아 한반도와 만주를 함께 그렸을 것으로 추정된다. 그리고 〈동국지도〉는 단순히 〈전국도〉만이 아니라 원래 의도했던 대로 〈팔도도〉와 〈군현지도〉까지 함께 완성된 것으로 보인다.

---

70) 《동국통감》의 자세한 편찬 과정에 대해서는 한영우, 《조선전기 사학사연구》(서울대학교 출판부, 1981) 참고.
71) 《세조실록》 권31 세조 9년 11월 12일 丙寅.

또 〈동국지도〉를 완성해서 바친 사흘 뒤인 11월 15일에는 세조가 악학제조(樂學提調) 양성지와 성임(成任) 등을 불러 악공인(樂工人)을 데리고 경복궁 사정전에 헌가(軒架)를 진설했는데, 세종 때 만든 〈정대업〉과 〈보태평〉 두 악곡을 연주하고 악생(樂生)으로 하여금 춤을 추게 했다.[72] 이보다 앞서 10월에 세조는 양성지, 신숙주, 최항, 성임 등에게 세종 때 만든 〈정대업〉과 〈보태평〉의 두 가지 춤을 다시 자세히 연구하여 정하라고 명령했다. 그리하여 이 두 가지 음악과 춤은, 다음해 1월 세조가 두 번째로 환구단에 가서 하늘에 제사하고 종묘에 제사지낼 때 실제로 연출되었다.[73] 이로써 양성지는 환구단 제사에 관련된 음악과 춤까지도 정리하는 업적을 남겼다.

그 이틀 뒤인 11월 17일에 홍문관이 설치되자 세조는 양성지에게 제학(종2품)의 직책을 겸하게 했다.[74] 그러니까 양성지는 당시 동지중추원사, 악학제조, 홍문관 제학을 겸하고, 《동국통감》 편찬 책임까지 맡고 있었던 셈이다.

14. 세조 10년(1464)의 사업
— 방납 개혁, 유생들의 역사 교육, 〈군정10책〉

세조 10년(1464)에 양성지는 50세가 되었으며, 계속해서 동지중추원사(종2품) 자리에 있었다. 그에 대한 세조의 신임은 옛날과 같

---

72) 《세조실록》 권31 세조 9년 11월 15일 己巳.
73) 위의 책 악보 후서(樂譜 後序).
74) 위의 책 권31 세조 9년 11월 17일 辛未.

았다.

이 해 2월 17일 왕은 목욕을 하기 위해 온양으로 행차를 떠나면서 정창손(鄭昌孫), 예조판서 박원형(朴元亨), 우참찬 최항, 이조판서 김담(金淡), 공조판서 김수온, 그리고 양성지를 서울을 지키는 수상(守相)으로 삼았다.[75] 임금이 서울을 비운 사이에 수도를 지키는 책임을 맡은 것이다.

이 해 4월 26일에는 상참에서 홍문관의 서적을 정리하는 사목(事目)을 임금에게 바쳤는데, 세조는 이것을 보고 "양성지가 힘을 다해 공사(公事)에 봉사하는 마음이 취할 만하다"고 칭찬했다.[76] 이 자리에서 좌의정 구치관(具致寬)은 양성지의 아들 찬(璨)이 궁마(弓馬)를 잘하여 선전관(宣傳官)이 되기를 바란다고 말하자, 세조는 5월 1일에 그를 불러 활쏘기를 시험하고 선전관 대신 그만 못한 겸사복(兼史僕)에 임명했다. 그리하여 양찬은 무과를 거치지 않고 무직(武職)을 얻는 특혜를 입게 되었다.

같은 해 5월 28일에 양성지는 방납(防納)의 폐단을 지적하고 이를 철폐할 것을 요청했다. 그 요지는 이렇다.[77]

농민이 바치는 세금의 10분의 4가 잡세(雜稅)인데, 그 잡세가 곧 공물(貢物)이다. 그런데 공물은 서울과 개성의 부상(富商)들이 대납하여 국가 재부(財富)의 절반이 부상들의 손으로 넘어가고 있다. 이에 대한 대안으로 국가에 삼사(三司)를 두고, 삼사를 좌우로 나누어 좌사(左司)는 경중(京中)의 부상(富商)을 관리하는데, 대납자와 그 대납하는 물건을 모두 기록한다. 그리고 경상도와 황해도의 공물 대납을 좌사에 속하게 한다. 우사(右司)는 개성부의 부상을 관리하고, 전라

75) 《세조실록》 권32 세조 10년 2월 17일 庚子.
76) 위의 책 권33 세조 10년 4월 26일 戊申.
77) 위의 책 권33 세조 10년 5월 28일 庚辰.

도와 충청도를 속하게 한다. 그리하여 가령 면포 3필을 가지고 황금 1전을 대납하는 자는 9필의 급가(給價)를 주되 6필은 스스로 쓰고, 3필은 관(官)에 바치게 한다. 마침내 주군(州郡)에서 스스로 거두어 황금 1전을 주어 백성들로 하여금 취련(吹鍊)하게 하면 그 비용은 무려 수백 필이 될 것이다. 좌사는 10년을 기한으로 각도의 의창(義倉)을 보충하고, 10년 이후에는 경창(京倉)의 군수(軍需)에 보충한다. 우사는 거둔 것의 7분을 간경(刊經)하는 비용으로 쓰고, 1분은 전교서(典校署; 출판 담당 관청)에서, 1분은 귀후소(歸厚所; 장례 일을 보던 관청)에서 쓰며, 1분은 군기감(軍器監)에 소속시켜 평안도 강변 군사로서 옷이 없는 자에게 준다. 한 가지 물건이나 한 가마의 수입이라도 모두 삼사를 통해서 해야 하며, 만약 삼사를 거치지 않으면 서울과 지방의 관리, 그리고 대납자를 모두 법으로 다스리고, 대납자의 재산을 몰수하여 고발한 사람에게 반을 준다.

양성지의 방납 개혁에 대한 건의는 대신들과 상의한 결과 불편한 점이 있다고 채택되지 않았다.[78] 이 문제는 결국 조선 후기에 이르러 대동법(大同法)이 시행되면서 해결되었다. 양성지는 말하자면 방납 개혁의 선구자라고 할 수 있다.

6월 29일 양성지는 임금에게 상서하여 유생들에게 경학과 사학을 함께 가르칠 것을 요청했다. "경(經)은 도(道)를 담고, 사(史)는 이를 기록한 것으로, 경이 아니면 정치의 근원을 맑게 할 수 없으며, 사가 아니면 정치를 잘하고 못한 흔적을 고찰할 수 없다. 그러므로 일경(一經)과 일사(一史)는 어느 한 쪽에 치우쳐서는 안 된다"[79]는 것이 그 이유였다. 세조는 그 말에 동의를 표하고 성균관 유생들에게 경사(經史)를 함께 가르칠 것을 명했다. 나아가 예문관의 겸

---

78)《세조실록》권33 세조 10년 5월 28일 庚辰.
79) 위의 책 권33 세조 10년 6월 29일 辛亥.

관 20명을 뽑아 이학(理學)과 사학(史學)의 두 패로 나누고, 이를 다시 5명씩 배정하여 전문적으로 가르치게 했다. 다섯 명씩에게 배당된 과목은 다음과 같다.

> 5인: 주역(周易), 역학계몽(易學啓蒙), 성리대전(性理大全) —— 이학
> 5인: 호전춘추(胡傳春秋), 좌전춘추(左傳春秋), 사기(史記), 전한서(前漢書) —— 이학과 사학
> 5인: 통감강목(通鑑綱目), 통감속편(通鑑續編), 송원절요(宋元節要) —— 중국 역사
> 5인: 삼국사기, 동국사략, 고려전사 —— 우리나라 역사

이를 다시 정리하면, 이학 서적은 《주역》·《춘추》·《성리대전》이고, 역사 서적은 중국책으로 《사기》·《전한서》·《통감강목》·《통감속편》·《송원절요》, 그리고 우리나라 사서로서 《삼국사기》(김부식 등)·《동국사략》(권근 등)·《고려전사》(정인지 등)가 과목으로 들어갔다. 세조는 양성지의 상소에 따라 성균관 유생들에게 이렇게 가르치라고 명했다. 아마 유생들에게 우리나라 역사를 정식으로 가르친 것은 이것이 처음일 터이다.

7월 27일에 세조는 경회루에서 양성지에게 말하기를 "사람들은 경을 보고 우활하다고 한다. 그러나 사람이 서로 사랑하는 것은 네 가지 이유가 있다. 혹은 재주를, 혹은 색(色; 외모)을, 혹은 마음을, 혹은 재화를 사랑한다. 나와 경은 마음으로 서로 사랑할 뿐이다"[80]라고 했다. 여기서 세조가 양성지를 마음 깊이 신뢰했다는 것을 알 수 있다.

세조는 이어 양성지와 임원준 등에게 명해서 학문을 천문(天文),

---

80) 《세조실록》 권33 세조 10년 7월 27일 戊寅.

풍수(風水), 율려(律呂; 음악), 의학(醫學), 음양(陰陽), 사학(史學), 시학(詩學) 등 7개 분야로 나누고, 각 분야마다 6인씩 나이 어린 문신들을 배정하라고 명했다. 이 가운데 사학과 시학을 뺀 나머지 다섯 가지는 이른바 잡학(雜學)에 속하는 기술학이다. 세조가 기술학을 얼마나 존중했는지 알 수 있는데, 이러한 기술학을 강조한 이가 바로 양성지이기도 했다. 우리는 흔히 기술학은 중인(中人)들의 전업으로 생각하지만, 적어도 세조 당시에는 오히려 기술학이 국가적으로 권장되고, 일반 유학자들이 이를 배우고 있었음을 알 수 있다.

　참고로 이들 학문 분야에 소속된 인물들을 보면 다음과 같다.

　　천문문(天文門): 이형원(李亨元), 정효상(鄭孝常), 하숙산(河叔山), 김초(金
　　　　　　　　軺), 김경례(金敬禮), 김승경(金升卿)
　　풍수문(風水門): 최팔준(崔八俊), 배맹후(裵孟厚), 김염(金磏), 김제신(金
　　　　　　　　悌臣), 김준(金峻), 신숙정(申叔楨)
　　율려문(律呂門): 성준(成俊), 안집(安緝), 원보륜(元甫崙), 박양(朴良), 어
　　　　　　　　세공(魚世恭), 최한량(崔漢良)
　　의학문(醫學門): 이수남(李壽男), 손소(孫昭), 이길보(李吉甫), 김의강(金
　　　　　　　　義綱), 이익배(李益培), 유문통(柳文通)
　　음양문(陰陽門): 유지(柳輊), 홍귀달(洪貴達), 이경동(李瓊소), 박희손(朴
　　　　　　　　喜孫), 손비장(孫比長), 유윤겸(柳允謙)
　　사학문(史學問): 김계창(金季昌), 김종련(金宗蓮), 최숙정(崔叔精), 유휴
　　　　　　　　복(柳休復), 김양전(金良㙉), 김종직(金宗直)
　　시학문(詩學門): 최경지(崔敬止), 민수(閔粹), 유순(柳洵), 김극검(金克
　　　　　　　　儉), 성현(成俔), 이칙(李則)

　이해 8월 1일 임금은 양성지 등에게 명하여, 성균관 유생과《무재록(武才錄)》에 속한 사람들에게 경서(經書)와 무경(武經)을 가르치

게 했다. 유생들에게 무경을 가르친 것도 전에 없던 일로서 세조가 무학을 얼마나 존중하고 있었는가를 알 수 있다.[81] 바로 이날 양성지는 〈군정10책(軍政十策)〉을 세조에게 올려 세조의 가납을 받았다. 그동안 올린 군정 가운데 가장 내용이 자세한 10책의 내용을 요약하면 다음과 같다. 먼저 서언(序言)의 요지는 이러하다.

> 우리나라는 역대로 외적의 침략을 물리쳐 크게 이긴 사례가 많습니다. 고구려는 수나라와 당나라를, 강감찬은 거란을, 윤관은 여진을 물리쳤습니다. 성상께서 즉위한 뒤로 상신(相臣)들이 계책을 올리니 날마다 진법을 연습하고, 활쏘기와 강무(講武)를 실시하고, 장수들을 유시(諭示)하는 등 하루도 무비(武備)를 닦지 않는 날이 없으며, 병요(兵要), 병서(兵書), 병법(兵法), 병정(兵政)을 한 사람도 모르는 사람이 없습니다. 그러나 만리의 큰 나라가 조그만 도적을 막는데 변장(邊將)들의 군사 행동이 뜻과 같지 않으니, 분한 마음이 생겨 고금의 용병(用兵)의 길을 살펴 말씀드리고자 합니다.
>
> 가장 급한 것은 군법을 엄하게 하고, 군호(軍戶)를 구휼하고, 군정(軍情)을 살피고, 군액(軍額)을 채우고, 군령(軍令)을 간단하게 하는 일 등 다섯 가지며, 다음으로 중요한 일은 군제(軍制)를 정하고, 군기(軍器)를 정비하고, 군문(軍門)을 방비하고, 군정(軍丁)을 보호하고, 군사(軍士)를 사열하는 것입니다.

이어 양성지는 열 가지 각론을 제시했다.

(1) **군법을 엄하게 할 것** ── 군사는 철저하게 장수의 지휘에 따라 진퇴를 해야 하는데, 지금 부령(富寧)과 의주(義州)에서 장수의 말을 듣지 않아 사고가 생겼다. 군법으로 다스려야 한다.

---

81) 《세조실록》 권34 세조 10년 8월 1일 壬午.

(2) **군호를 구휼할 것**── 신라는 전쟁에서 죽은 사람의 가족을 높은 벼슬에 올리고, 부모와 처자를 한평생 먹여 살렸기 때문에 승리를 거두었다. 지금도 그렇게 해야 군사들의 사기가 올라갈 것이다.

(3) **군대의 사기를 살필 것**──《삼국사기》를 보면 우리나라는 중국과 싸우면 열 번 싸워 일곱 번 이기고, 왜인과 싸우면 열 번 싸워 세 번 이겼으며, 야인과 싸우면 열 번 싸워 다섯 번 이겼다. 야인은 활을 잘 쓰지만 우리의 장기(長技)이기도 하다. 그런데 요즘 갑산(甲山)과 의주에서 실패한 것은 저들이 강하고 커서 그런 것이 아니라 우리의 사기가 떨어졌기 때문이다. 군법을 엄히 하고 죽은 이를 구휼하여 사기를 높여주어야 한다.

(4) **군대 수를 채울 것**── 지금 호구(戶口)가 전보다 두 배로 늘었으나, 강하고 부유한 자를 봉족(奉足)으로, 약한 자를 호수(戶首)로, 말이 있는 사람을 보군(步軍)으로, 말이 없는 사람을 기병(騎兵)으로 만드는 등 혼란이 심하여 군대가 정예화되어 있지 않다. 앞으로 노비가 있는 사람을 빼고 15세 이상 60세 이하까지 3정(丁)을 1호(戶)로 만들자. 갑사나 별시위 같은 기병은 3호를 1병(兵)으로 하고, 평로위(平虜衛)·정병(正兵)·진군(鎭軍)은 2호를 1병으로 하고, 선군(船軍)과 같은 보병은 2호를 1병으로 하자. 그 밖에 연호잡색군(煙戶雜色軍)은 1호를 1병으로 삼되 재주와 힘이 있는 자는 호수(戶首)로 삼고, 자산이 있는 자는 봉족을 만들어 강약과 빈부가 서로 협동하도록 하자. 그래야 정병(精兵)이 된다. 정병은 10만, 대중(大衆)은 100만을 만들자.

(5) **군령을 간략히 할 것**── 오위의 군대는 깃발과 북으로 지휘하는데, 기고(旗鼓)를 사용하는 방법을 바꾸어야 한다.

(6) **군제를 다시 정할 것**── 친병(親兵)은 내금위와 겸사복으로 부르되 전자는 궐내의 동남방에 입직하고, 후자는 궐내의 서북쪽에 입직한다. 위병(衛兵)은 갑사와 별시위로 부르자. 훈위(勳位)는 충의위(忠義衛)와 충찬위(忠贊衛)로, 숙위(宿衛)는 봉충위(奉忠衛)와 공신위(拱辰衛), 번상기병(番上騎兵)은 정병(正兵)과 평로위(平虜衛)로, 보군(步軍)

은 파적위(破敵衛), 공역군(工役軍)은 방패(防牌), 사령군(使令軍)은 섭육십(攝六十)으로, 공학군(控鶴軍)은 근장(近仗), 노군(奴軍)은 장용대(壯勇隊)로, 군기감은 별군(別軍)으로, 의금부는 도부외(都府外)로, 진수군(鎭守軍)은 진군(鎭軍)·선군(船軍)·수성군(守城軍)·연호잡색군(煙戶雜色軍)으로 부르자. 한편 양계의 갑사는 5,000명을 만들어 10번으로 나누고 녹봉을 주자.

(7) **무기를 정비할 것** —— 우리의 장기인 편전(片箭; 활)을 더욱 강화하고, 화포를 강화하고, 수성(守城)과 공성(攻城) 도구를 중국에서 배워오고, 진을 칠 때 팽배(彭排)를 맨 앞에 세운 다음에 장창(長槍)과 총통(銃筒) 순으로 배치하여 적의 기병이 돌진하지 못하게 하자.

(8) **군문을 방비할 것** —— 강계(江界) 방위를 위한 대책을 세우고, 의주의 산성(山城)을 가리기 위해 압록강 동쪽 언덕에 긴 제방을 쌓고 버드나무를 심자.

(9) **군정을 보호할 것** —— 평안도 지방은 사신을 접대하고 영송하는 일로 도망자가 잇따르고 있어, 요동 인구 가운데 10분의 3이 조선 사람이다. 이 일을 맡은 정병(正兵)과 평로위 사람들에게 자급을 올려주고 포백(布帛)을 하사하고, 공물을 감해주고, 산관직을 주고, 연강 주민들에게 소금을 지급하는 등의 혜택을 주어야 한다.

(10) **군사를 사열할 것** —— 서울에서 한 달에 두 번씩 습진(習陣)하는 것은 좋다. 그러나 외방 작은 군현의 군인들을 달마다 두 번씩 습진하는 것은 좋지 않다. 앞으로 1년에 봄가을로 주진(主鎭)에 모여 3일 동안 습진하자. 양계와 경상하도 군인들이 서울에 와서 사열하는 것은 빼고, 경기·강원·황해도 군인은 해마다 가을에 와서 사열하고, 충청·전라도와 경상도는 3년 마다 한 번씩 가을에 와서 사열하자. 사열 때는 궁검(弓劍)과 마필(馬匹)을 점검한다. 그리고 수전진법(水戰陣法)도 병행하자.

세조는 양성지의 〈군정10책〉을 받아들였다.

양성지는 이렇듯 병정(兵政)에는 밝았으나 실제로 무예를 지닌 인물은 아니었다. 세조는 이해 8월 8일 신하들을 세 패로 나누어 사냥을 겸한 강무를 했는데, 양성지를 위장(衛將)으로 삼았다.[82] 그러나 동작이 느려 사람들의 놀림을 받았다고 한다. 물론 나이 탓도 있었을 것이다.

9월 8일에 양성지는 동지중추원사에서 이조판서(吏曹判書; 정2품)로 임명되었다.[83] 지금까지 맡은 직책 가운데 가장 높고 중요한 자리였다. 같은 해 10월 2일 세조는 신하들을 거느리고 풍양(豊壤; 지금의 남양주시 진전읍 내각리)에 가서 강무를 했는데, 양성지를 사대장(射隊長)으로 삼았다.[84]

15. 세조 11년(1465)의 사업
── 〈권농4사〉, 《오륜록》, 대사헌, 〈군국편의10사〉

51세 되던 세조 11년(1465)에도 양성지의 활약은 왕성하게 펼쳐졌다. 3월 9일에 양성지는 이조판서를 그만두고 지중추원사(知中樞院事; 정2품)에 임명되었다. 이조판서 자리가 여섯 달 만에 끝난 것이다. 그런데 이조판서 시절에 인사 청탁으로 뇌물을 받았다 하여 뒷날 성종 때 사림들의 호된 비판을 받았는데, 증거 자료가 없어서 무죄가 인정되었다. 이에 대해서는 뒤에 다시 설명할 것이다.

5월 15일에 그는 세자궁인 경복궁 비현합(丕顯閤)에 입시하여 여

---

82) 《세조실록》 권34 세조 10년 8월 8일 己丑.
83) 위의 책 권34 세조 10년 9월 8일 戊午.
84) 위의 책 권34 세조 10년 10월 2일 壬午.

러 신하들과 함께 임금이 직접 지은 병법을 설명했다. 이어 5월
21일 세조는 신하들에게 《육전(六典)》을 수교하라고 명했는데, 양
성지는 형전(刑典)을 맡았다.[85] 이 사업은 《경국대전》 편찬 사업의
일부로 이루어진 것이다.

6월 1일 양성지는 〈권농4사(勸農四事)〉를 글로 써서 올렸다.[86] 그
요지는 다음과 같다.

(1) **해택(海澤), 제언(堤堰), 색포(塞浦), 방천(防川)을 수리할 것** —— 백
성을 기르기 위해서는 무농(務農)이 가장 중요하고, 무농은 지력(地
力)을 다하는 것이 중요하고, 지력을 높이기 위해 수리시설의 개선
이 매우 중요하다. 수령은 품관(品官)과 권농관(勸農官)을 데리고 직
접 경내의 제언(堤堰), 해택(海澤), 방천(防川), 색포(塞浦) 등을 살피고
수리할 곳과 신축할 곳을 조사할 것이다. 큰 공사는 관찰사가, 작은
공사는 수령이 주관하여 일을 잘 한 권농관에게는 산관직을 주고,
일을 잘못한 자는 수군(水軍)으로 보내고 수령을 파출시키자.

(2) **유수민(遊手民)을 추쇄할 것** —— 서울에서 놀고먹는 유수민(遊手
民)이 매우 많다. 이들을 모두 추쇄(推刷)하여 농토로 보내고, 농한기
에는 군사 훈련을 시키자.

(3) **살우(殺牛)를 금할 것** —— 농우(農牛)를 확보하기 위해서는 살우
(殺牛)를 금해야 한다. 지금 서울에서는 하루에 수십 마리의 소가 매
매되고 있는데 모두 닭 잡듯이 죽여서 이득을 취하고 있다. 앞으로
소를 잡는 이는 주인과 종을 구별하지 말고 군법으로 다스려 양반
에게는 벼슬을 영원히 주지 말고, 상인(常人)은 곤장 100대를 치자.

(4) **종자를 비축할 것** —— 종자곡이 부족하여 실농(失農)하는 경우가
많다. 앞으로 100호의 현에는 1천 석, 1천 호의 군에는 1만 석의 의
창곡(義倉穀)을 비축하자. 이를 위해 연호(煙戶)마다 인구비율로 조

---

85) 《세조실록》 권36 세조 11년 5월 21일 丁卯.
86) 위의 책 권36 세조 11년 6월 1일 丁丑.

(祖)를 받자.

7월 25일에 임금은 양성지에게 《오륜록(五倫錄)》을 편찬하라고 명했다. 사람이 사람인 것은 충효(忠孝)가 있기 때문인데, 충효의 길은 《논어(論語)》와 《소학(小學)》 그리고 《효행록(孝行錄)》에 모두 갖추어져 있다. 그러나 경전은 너무 방대하므로 그 요점을 추려서 보는 것이 좋다. 따라서 《삼강행실도(三綱行實圖)》와 여러 역사책에서 오륜과 관계되는 내용을 추려서 바치라는 것이었다.[87] 여기서 《오륜록》은 실제로는 충효와 관련되는 내용 곧 삼강과 오륜을 합친 책이라는 것을 알 수 있다.

《오륜록》 편찬을 명한 지 이틀 뒤인 7월 27일에 양성지는 사헌부 대사헌(종2품)에 임명되었다.[88] 품계는 한 단계 떨어졌으나 언관의 최고위직에 오른 것이다.

8월 2일에 세조는 한강가 희우정(喜雨亭)에서 수전(水戰)을 관람하다가 양성지를 불러 사헌부의 직책에 관해 토론했다. 임금은 "사헌부는 나라의 이목(耳目)으로서 하루라도 태만하면 백관이 해이해진다. 그대는 풍문(風聞), 명문(名聞), 허문(虛聞), 실문(實聞), 실견(實見), 허견(虛見), 실지(實知), 허지(虛知)를 잘 유념하되, '허'를 버리고 '실'을 취하여 진심으로 봉공(奉公)하라"고 말했다. 이에 양성지는 답하기를 "관리는 풍문(風聞)을 겸용하지 않으면 악(惡)을 징계할 수 없습니다. 다만, 작은 일은 먼저 조사한 뒤에 임금께 아뢰고, 중대한 일은 먼저 임금께 아뢴 다음에 교지를 받아 탄핵하겠습니다"라고 하니 임금이 "그리 하라"고 말했다.[89]

---

87) 《세조실록》 권36 세조 11년 7월 25일 庚午.
88) 위의 책 권36 세조 11년 7월 27일 壬申.
89) 위의 책 권36 세조 11년 8월 2일 丁丑.

11월 15일에 양성지는 대사헌으로서 〈군국편의10사(軍國便宜十事)〉를 올렸다.[90] 세조는 이를 가납했다. 그 내용의 요지는 다음과 같다.

(1) 순장(巡將)을 두 사람으로 늘릴 것 ── 밤에 순시하는 순장(巡將)을 무장 한 사람만 보내는 것은 옳지 않다. 문관과 무관 두 사람을 보내자.

(2) 종친을 대읍(大邑)에 보낼 것 ── 당나라와 송나라의 제도를 모방하여 종친 가운데 직급이 낮은 이를 경주, 전주, 평양, 영흥, 개성부의 영전(影殿; 태조의 초상화를 모신 곳)에 보내 제사를 지내게 하고, 함흥 본궁(本宮; 이성계의 사저)에도 종실을 보내 3년마다 한 번씩 교대로 제사를 지내게 하자.

(3) 직례(直隸)를 설치할 것 ── 명나라는 남직례(南直隸)를 두어 14부(府), 15주(州)를 소속시키고, 북직례(北直隸)는 8부, 18주를 거느리고 있다. 이곳은 황제의 직속 지역으로 포정사(布政司; 명나라 때의 지방관청)가 없다. 우리도 경상도의 안동과 진주, 전라도의 남원과 광주, 충청도의 공주와 홍주, 경기도의 파주와 수원, 강원도의 춘천과 양양, 황해도의 연안과 평산, 함길도의 영흥·북청·경원, 평안도의 의주·정주·성천을 한성부의 직례로 편입하여, 공문을 보내는 것 등의 일은 옛날대로 하되 수령의 전최(殿最)와 포폄(褒貶)은 감사에게 맡기지 말고 이조(吏曹)에서 주관하도록 하자.

(4) 양계(兩界)와 제주(濟州) 자제들을 등용할 것 ── 평안도와 함길도는 다른 나라와 국경이 맞닿아 있어서 방어가 매우 괴로운 곳이다. 이들을 위무하기 위해 평안도 평양 자제를 동반에, 강변 6군의 자제를 사복시(司僕寺; 가마, 마필, 목장을 관리하는 관청)에, 영변·안주·의주·인산·구성·정주·성천의 자제들을 서반에, 함길도 함흥의 자제를 동반에, 6진과 삼수·갑산의 자제를 사복시에, 경성·길주·단천·북청·

90)《세조실록》권37 세조 11년 11월 15일 己未.

영홍의 자제들을 서반에 임용하자. 그리고 제주 자제 4인, 정의(旌義)와 대정(大靜) 자제를 각각 2명씩 서반에 임용하자. 다만 동반은 3년마다, 서반과 사복시는 1년마다 교체하자.

(5) 3정(丁) 1보(保)로 할 것 —— 역대의 제도를 보면, 인구 30만이면 호(戶)가 10만이고, 호가 10만이면 병(兵)이 3~4만이다. 이는 3정을 1호로 하고, 3호가 1병을 먹이는 것을 말한다. 그런데 지금은 2정을 1보(保)로 하는데 보가 곧 호이다. 그리하여 1호가 부역(賦役)을 바치고, 동시에 군정(軍丁)을 내는 것은 매우 무리하다. 그러므로 앞으로는 3정을 1보로 하자.

다음에 보병(步兵)으로서 가벼운 자와 아전(衙前), 공장(工匠), 연호잡색(煙戶雜色)은 스스로 1보를 만들면 3인이 1병이 된다. 보병으로서 무거운 자와 기병으로서 가벼운 자는 1보를 거느리게 하면 6인이 1병이 된다. 기병으로서 무거운 자는 2보를 거느리게 하면 9인이 1병이 된다. 이렇게 되면 재주가 있고 부유한 자는 가난하고 재주가 없는 자를 조정(助丁)으로 만들고, 재주가 있으나 가난한 자는 부자이면서 재주가 없는 자를 조정으로 삼는다. 이렇게 해야 군대는 모두 정예가 되고, 말 타고 재주 있는 사람이 정병(正兵)이 되며, 가난한 사람과 부자가 모두 제자리를 찾고 백성이 편안해진다.

(6) 승지 1인을 승정원에 남길 것 —— 임금이 상참에 나가거나 활쏘기를 관람할 때 6인의 승지가 모두 어전에 나가는 것은 옳지 못하다. 앞으로 1명의 승지는 승정원에 남아 공적인 일을 아뢰도록 해야 한다.

(7) 두모포에 군자창을 세울 것 —— 군자곡은 한 곳에 두면 안 된다. 두모포(豆毛浦)에 큰 창고를 세워 상류에서 조운으로 들어오는 곡식을 저축하고, 하류에서 들어오는 조운곡은 서강(西江)에서 작은 배로 옮겨 실어 한강으로 가져오자.

(8) 여악(女樂)과 잡기(雜技)를 사용할 것 —— 예조에서 왜인과 야인을 접대할 때 남악(男樂)을 쓰기 때문에 가무(歌舞)와 의관(衣冠)이 볼썽사납다. 지금 중국은 이웃나라 사신을 접대할 때 잡기(雜技)를 사용

하고, 우리나라는 명나라 사신을 접대할 때 여악(女樂)을 쓴다. 앞으로는 왜인이나 야인을 접대할 때 무동(舞童)을 제외하고 여악을 사용하고, 중국 사신을 접대할 때에는 잡기(雜技)를 잘 하는 자를 택하여 겸용하도록 하자.

(9) **공물대납가(貢物代納價)를 징수하는 방법** —— 요즘 공물의 대납가를 징수하는 자가 수령을 능멸하고, 마음대로 뇌물을 받으며, 백성을 침어(侵漁)하고 있는데, 앞으로 공물을 스스로 바치지 못하는 자는 호조에 알려 부상(富商)으로 하여금 대납하게 하자. 다만 대납문안(代納文案) 1건을 감사에게 보내고, 1건을 대납자에게 보내자. 수령은 《경국대전》에 따라 백성에게서 공물가(貢物價)를 받고, 대납자는 문빙(文憑)을 가지고 주창(州倉)에 가서 받게 한다. 이렇게 하면 수령의 폐단이 10분의 7이 줄고, 백성의 폐해는 10분의 5가 줄 것이다.

(10) **양인(良人)과 공사천구(公私賤口)를 숨기는 폐단** —— 지금 양인을 숨겨 노비로 만드는 자는 장(杖) 100대에 모든 가족을 변방으로 이주시키고, 범인의 노비 3명을 고발자에게 상으로 주고 있다. 이는 좋은 법이다. 앞으로는 양인 1정을 숨기면 장 100대에 모든 가족을 변방으로 보내고, 공사노비(公私奴婢)를 한 명이라도 숨기는 자는 장 100대에 전 가족을 변방으로 보내자. 이렇게 하여 양민이 모두 나타나면 군액(軍額)이 충실해지고, 공천(公賤)이 모두 드러나면 관청이 풍족해지며, 사천(私賤)이 모두 나오면 사대부가 풍족해질 것이다. 또 이렇게 하면 일반 백성을 추쇄하지 않더라도 변방을 충실하게 할 수 있고, 변방의 주군이 풍족해질 것이다.

〈군국편의10사〉는 크게 보아 국방을 강화하는 방안이자 민생을 안정시키면서 국가 수입을 늘리는 방안이라고 할 수 있다. 특히 방납 폐단에 대한 대책이 눈길을 끈다.

이해 11월 28일, 봉현(蜂峴)에 호랑이가 나타나자 세조는 직접 나

서서 사냥을 하려고 했다. 양성지가 위험한 일을 하지 말라고 만류하자 세조는 그의 말을 따랐다.[91]

16. 세조 12년(1466)의 사업
── 대사헌,《유선서》, 유서 편찬,〈군국편의10사〉,〈서적10사〉

세조 12년(1466)에도 양성지는 대사헌의 자리를 그대로 지켰다. 하지만 그는 언관의 기능만을 수행한 것이 아니라 여전히 문한관 (文翰官)의 기능도 발휘하여, 여러 가지 서적 편찬과 서적 보존 사업에 관여했다.

1월 3일에 그는 송사(訟事)를 잘못 처리한 일로 사헌부 집의(執義), 장령(掌令), 지평(持平) 등과 더불어 의금부에 하옥되었다가 풀려났다.[92] 사건의 전말은 이렇다. 김득부와 장유경 두 사람이 재화(財貨)를 합쳐서 식화(殖貨)를 하여 이득을 반씩 나누었다. 그 뒤 김득부가 다른 사람에게 식화하여 이득을 얻었는데, 반을 나누지 않았다고 장유경이 소송을 낸 것이다. 그러나 김득부는 이번의 식화는 자신의 재산으로 한 것이므로 반을 나눌 필요가 없다고 주장하면서 계권(契券)을 보여주었다. 처음에 사헌부는 장유경의 편을 들었다가 뒤에 잘못 판단한 것이 드러난 사건이었다.

3월 5일에 세조는 성균관에 행차하여《주역구결(周易口訣)》을 반포했는데 양성지는 대사헌으로서 이 자리에 참여했다.[93]

---

91)《세조실록》권37 세조 11년 11월 28일 壬申.

92) 위의 책 권38 세조 12년 1월 3일 丙午.

93) 위의 책 권38 세조 12년 3월 5일 丙午.

이어 윤 3월 29일에 세조는 양성지에게, 세자 교육을 위해 경사 (經史)와 《조선왕조실록》 가운데 본받을 만한 일과 경계해야 할 일을 두루 살펴 자료를 뽑아서 책을 편찬하라고 일렀다. 양성지가 자료를 뽑아 올리자 세조는 책 이름을 《유선서(諭善書)》라 부르고 서연(書筵)에서 교재로 쓰도록 명했다.94) 양성지는 비록 대사헌 자리에 있었지만 실제로는 세조의 교육, 문화 정책에서 핵심적인 일을 맡고 있었음을 알 수 있다.

같은 날 세조는 양성지를 비롯하여 최항·김국광·한계희·노사신·임원준·서거정·이파 등 신하들에게 《동국통감》의 편찬을 명했다. 이미 세조 9년에 시작된 이 책의 편찬이 아직도 완성되지 못하고 있다가 다시금 세조가 독촉하고 나선 것이다. 그러나 이 책은 끝내 완성을 보지 못한 가운데 세조가 세상을 떠나고 말았다. 그만큼 이 사업을 두고 세조와 편찬자들 사이에 의견 차이가 많았기 때문이었다. 신화적(神話的) 서술을 거부하고 유교적 편찬 원칙에 충실하려는 편찬자들과 신화를 존중하면서 상고시대 제왕의 권위를 높이려는 세조의 견해 차이가 갈등의 원인이었다.95)

이해 4월 15일 양성지의 곧은 성품을 보여주는 일이 있었다.96) 세조가 유학자로서 공조판서이기도 한 구종직(丘從直)에게 "맹자는 어떤 사람인가?" 하고 묻자, 구종직은 "현자(賢者)가 아닙니다"라고 답했다. 구종직은 언젠가 세조가 농담으로 '맹자에게는 미진한 점이 있다'고 말한 것을 듣고서는 그렇게 말한 것이었다. 이 말을 들은 양성지는 세조 앞에 나아가 말하기를 "구종직은 소견이 없이 매사에 아첨을 합니다"고 직언했다. 이에 구종직은 자신은 아첨을

---

94) 《세조실록》 권38 세조 12년 윤3월 29일 庚子.
95) 《동국통감》 편찬을 둘러싼 세조와 유신들과의 갈등에 대해서는 한영우, 앞의 책에서 자세히 다룸.
96) 《세조실록》 권38 세조 12년 4월 15일 乙卯.

한 것이 아니라며 사뭇 진지하게 해명을 했다. 농담에서 말미암은 일이 자못 심각한 분위기로까지 발전한 셈이다. 농담조차도 통하지 않는 양성지의 곧은 성품이 엿보이는 일이었다.

5월 14일 세조는 신료들에게 발영시(拔英試)를 베풀었는데, 양성지는 김수온에 이어 2등으로 뽑혔다.[97] 그의 학문에 대한 열정이 식을 줄 모르고 있었음을 알 수 있다.

7월 1일 세조는 양성지에게 또 서적에 관한 일을 맡겼다. 세조는 궁궐에 내장하고 있던 《대명강해율(大明講解律)》, 《율학해이(律學解頤)》 그리고 《율해변의(律解辯疑)》 등의 책을 내놓고 양성지에게 교정하게 한 뒤 《대명강해율》은 경상도에, 《율학해이》는 전라도에, 《율해변의》는 충청도에 나누어 보내고, 각각 500건을 발간하여 중앙과 지방에 널리 반포하라고 명했다.[98] 이 책들은 모두 명나라 형법에 관한 책으로서 《경국대전》 형전(刑典) 편찬에 크게 참고가 되었다.

이해 8월 6일에 양성지는, 대사헌으로서 평안도 병마절도사였던 양정(楊汀)의 처를 노비로 삼으라고 요청하는 상소를 올렸다. 같은 해 6월 8일에 세조는 오랫동안 변방에 있던 양정을 궁궐로 불러 위로잔치를 베풀었는데, 이 자리에서 양정은 세조에게 왕위에서 물러나라고 요청하여 세조의 분노를 샀다.[99] '민심이 떠났다'는 것이 이유였다. 결국 신하들의 빗발치는 상소로 양정은 6월 12일 참수되었고 그 아들들도 화를 입었는데, 이제 그 처를 관비(官婢)로 삼아야 한다는 것이 양성지의 주장이었다.

8월 13일 양성지는 대사헌으로서 사간원의 서경봉박권(署經封駁

---

97) 《세조실록》 권39 세조 12년 5월 14일 甲申.
98) 위의 책 권39 세조 12년 7월 1일 庚子.
99) 위의 책 권39 세조 12년 6월 8일 丁未.

權)¹⁰⁰⁾을 되살릴 것을 주장했다.¹⁰¹⁾ 이는 세조가 관리를 임명한 뒤 5일 내에 직첩(職牒)을 주고 사간원이 뒤에 살펴보라는 지(旨)를 내린 것에 대한 반론이었다.

10월 2일에 세조는 신숙주, 최항, 양성지 등 대신들에게 여러 서적들을 역학(易學)·천문(天文)·지리(地理)·의학(醫學)·복서(卜筮; 점술)·시문(詩文)·서법(書法)·율려(律呂)·농상(農桑)·목축(牧畜)·역어(譯語)·산법(算法) 등으로 분류하여 정리하고, 간선(揀選; 초록)하라고 명했다.¹⁰²⁾ 이어 10월 24일에도 임금은 똑같은 명령을 내렸다.¹⁰³⁾ 이에 대해 양성지는 11월 4일 새로운 제안을 했는데, 이 제안은 뒤에서 다시 다루겠다.

11월 2일에 양성지는 대사헌으로서 〈군국편의10사〉를 또 올렸다.¹⁰⁴⁾ 한 해 전 11월 15일에 올린 〈군국편의10사〉와는 약간 다른 내용이었다. 세조는 이것을 보고 양계(兩界)의 감사가 가족을 거느리고 부임하지 말도록 명했다. 그 요지는 다음과 같다.

　서론: 공자(孔子)가 말한 족식(足食), 족병(足兵), 민신지(民信之)가 정치의 요체임을 전제로 하여, 백성의 경제를 안정시키고 군대를 튼튼히 하고 백성의 믿음을 얻기 위한 방책으로 10가지 정책을 건의한다.
　(1) 방납 폐단 시정 ── 민생을 어렵게 만드는 가장 큰 폐단인 공물 방납 문제에 대해서는 지난해에도 그 대안을 제의한 바 있다. 공물의 종류에 따라 백성들이 스스로 바칠 수 있는 것과 대납해야 할 것, 관청이 스스로 사들여야 할 것들을 구별하자.

---

100) 임금의 관료 임명에 대해 사간원에서 승인을 거부하고 되돌려 보내는 권한.
101)《세조실록》권39 세조 12년 8월 6일 乙巳.
102) 위의 책 권40 세조 12년 10월 2일 庚子.
103) 위의 책 권40 세조 12년 10월 24일 壬戌.
104) 위의 책 권40 세조 12년 11월 2일 庚午.

예컨대 지둔(紙芚; 종이와 돗자리)이나 유밀(油蜜; 기름과 꿀), 백저(白楮; 닥나무) 같은 것은 백성들이 스스로 바치게 하고, 표피(豹皮)는 관청이 스스로 사들이며, 죽목(竹木)은 바다로 수송하고, 공포(貢布; 포목)는 강으로 수송하며, 정철(正鐵)은 황해도에서 바치고, 선척(船隻)·탄소목(炭燒木; 숯과 땔나무)·토목(吐木; 기와구이용 땔나무)·부등방목(不等方木; 건축용 재목)은 물이 있는 산군(山郡)에서 바치게 하자. 그리고 강제로 대납시키는 수령이나 스스로 대납하는 관리는 장 100대에 수군(水軍)으로 보내고, 영구히 벼슬길을 막으며, 이득을 취하는 부상대고(富商大賈)나 색리(色吏)는 강도율(強盜律)로 다스리고 재산을 몰수하여 고발한 자에게 상으로 주자.

(2) **직전에서 과전으로** —— 과전(科田)은 사대부를 기르기 위한 것인데, 앞으로 현직 관리에게만 토지를 주는 직전(職田)을 시행한다고 한다. 그러나 조사(朝士)들은 녹봉과 직전을 함께 받는데, 벼슬을 그만둔 사람과 공경대부의 자손들이 1결의 땅도 먹지 못한다면 세록(世祿)의 뜻이 없어진다. 그렇게 되면 사대부가 녹봉도 없고 조세도 받지 못하여 일반 평민과 차이가 없게 되므로 나라에 세신(世臣)이 없어지게 될 것이다. 이는 염려되는 일이다.

(3) **고알(告訐)을 금지할 것** —— 임금과 공경대부와 사서인(士庶人)은 상하 계층이 엄연히 구별되어 있는데, 관청마다 사송(詞訟)이 많고, 격고법(擊鼓法; 북을 쳐서 고발)까지 있어서 아랫사람의 정이 위로 통하고 있다. 그러나 요즘 궁궐 북쪽에서 깃발을 휘두르고, 궁궐 옆에서 울부짖는 일이 많다. 이는 아랫사람이 윗사람을 능욕하는 것으로 풍속을 해칠 염려가 있으므로 이러한 고발 풍습을 금지해야 한다.

(4) **개주위(開州衛) 설치에 대한 대책** —— 중국이 개주(開州) 등 지역에 군사 방어처인 위(衛)를 세우려 하는데, 이곳은 우리나라의 문 앞뜰에 해당할 뿐 아니라 많은 평안도 사람들이 사신 영접의 고통을 이기지 못하여 이곳으로 도망가고 있어 걱정이 된다. 중국에 보내는 사행의 횟수를 3분의 1로 줄여 평안도민의 고통을 덜어주고, 초서피(貂鼠皮; 족제비 가죽)와 인삼을 뺀 다른 공물을 없애자. 또 위원(渭原)

과 만포(滿浦)의 백성을 합치고, 이산(理山)을 입석(立石)으로 옮기고, 벽동(碧潼)을 성간(城干)으로 옮기고, 창성(昌城)을 삭주(朔州)에 합하여 토병(土兵)이 지키게 하고, 남쪽 백성을 보내지 말자. 그렇게 하면 강계·삭주·의주 등 세 진(鎭)의 형세가 튼튼해질 것이며, 여연·무창도 강역에 들어올 것이다.

(5) 양계의 감사(監司)와 병사(兵使)로 임명된 자는 가족을 데리고 부임하지 말 것 ─ 평안도와 함길도는 국경 지역으로서 위험이 높으므로 감사와 병사가 가족을 데리고 부임하지 말 것이며, 함흥과 안주 이북의 수령도 가족을 데리고 가지 말아야 한다.

(6) 야인에게 관작을 줄 것 ─ 여진족 곧 야인은 군사적으로 토벌하기가 매우 어렵다. 투화인(投化人; 귀순한 야인)에게 비(婢)와 양부(良夫) 사이에 태어난 사람과 살도록 했는데 이는 야인을 너무 천대하는 것이다. 앞으로 투화인을 3등급으로 나누어 1등은 사대부가(士大夫家)를 만들고, 2등은 잡직사대부가(雜職士大夫家)를 만들며, 3등은 평민과 통혼하게 하자.

(7) 병(兵)은 모두 재주를 시험하여 뽑을 것 ─ 우리나라 인구는 무려 100만 호인데 그 가운데 공현군(控弦軍; 활 쏘는 군인)이 20만 명, 정병(精兵)이 10만 명, 용사(勇士)가 3만 명이다. 내금위와 겸사복은 200보 활쏘기를 시험하고, 갑사와 별시위는 150보, 파적군·대졸(隊卒)·정병(正兵)·기선군(騎船軍)은 100보, 잡색기보(雜色騎步)는 100보를 시험하자. 이렇게 재주를 시험한 자는 주호(主戶)가 되고, 재주가 없는 자는 협호(挾戶)를 만들자.

(8) 3정 1보로 할 것 ─ 지금 군적(軍籍)은 2정을 1보로 하고, 4보를 1기병(騎兵)으로 하고 있는데, 이렇게 되면 여정(餘丁)이 없어져서 부담이 너무 크다. 앞으로 3정을 1보로 하면 1정은 호주(戶主)가 되어 치병(治兵)하고, 1정은 솔정(率丁)이 되어 치농(治農)하며, 1정은 여정이 되어 여러 가지 일을 할 수 있어서 1호가 충실해질 수 있다. 또 보(保)를 만들 때는 인정(人丁)만을 대상으로 하고, 역(役)을 지울 때는 전지(田地)만을 계산해야 한다.

(9) 종친에게 북방을 맡길 것 —— 함길도는 나라를 일으킨 곳으로 세종 때 5진(五鎭)을 설치하고 다섯 대군(大君)에게 향(鄕)으로 주었는데 이는 잘한 일이다. 앞으로 함흥 이북의 여러 군(郡)은 당상관 이상의 종친에게 나누어주어 향을 삼게 하고, 각각 노자(奴子) 1호(戶)를 두어 근본을 든든하게 만들자.

(10) 평안도 주군을 공신들에게 식읍으로 주자 —— 평안도는 모두 남방에서 이주한 사람들이 살고 있으며 토성(土姓)이 없다. 또 요즘 강제로 땅을 개간시키고 있으나 좋아하지 않는다. 앞으로 친공신(親功臣)과 원종공신 2품 이상에게 이곳을 나누어주어 식읍(食邑)을 삼게 하자. 예를 들어 3공(三公; 정승)은 평양부 1천 호를 식읍으로, 정1품은 안주목 700호를, 종1품은 성천부 500호를, 정2품은 가산군 300호를, 종2품은 영유현 100호를 식읍으로 주자. 다만 조세는 받지 않고, 세시(歲時)마다 연락하고, 노자(奴子) 1호를 두어 주군의 일을 함께 처리하자. 이렇게 하면 중앙과 지방이 서로 연결되고, 체통이 서로 만들어질 것이다.

이 〈군국편의10사〉는 지난해 올린 것을 다시 거론한 것도 있고 새로운 것도 있었다. 방납 문제와 '3정 1보' 주장은 양성지가 종전부터 해오던 것이고, 직전 반대와 과전 부활, 함길도를 종친들에게 향(鄕)으로 나누어주는 일, 공신들에게 평안도 땅을 식읍으로 나누어 주자는 주장은 새로운 것이다. 다만 양성지가 말한 향이나 식읍은 조세를 거두거나 그 밖의 특권을 부여한 것이 아니므로 삼국시대의 향이나 식읍과는 성격이 다르다.

열 가지 건의사항 가운데 세조가 받아들인 것은 감사와 병사가 가족을 데리고 양계에 부임하지 못하게 하자는 주장이었다.

이틀 뒤인 11월 4일에 양성지는 또 임금에게 소를 올렸다. 지난 10월 2일과 24일에 여러 책을 분류하라고 명한 것에 대한 건의사항이다. 양성지는 세조의 명령에 감격하는 동시에, 병서(兵書), 역사, 지도와 관련된 서적의 분류가 빠진 것을 아쉬워하면서, 이 책들이 정치에 매우 중요한 것임을 역설하고 있다. 특히 분류에서 빠진 역사책 가운데 중국사와 함께 《동국사략》과 《고려사》 등 우리나라 역사책의 중요성을 들면서, 이를 경연의 교재로 진강(進講)해야 한다고 주장했다.105)

양성지의 상소에 대해 세조는 답하기를, "병법과 사기와 지도는 초록하기가 매우 어렵다"면서 "양성지가 편찬하는 《동국도경(東國圖經)》을 내가 판각하여 보겠다"고 말했다. 여기서 양성지가 만들고 있던 《동국도경》이 어떤 책인지는 자세히 알 수 없으나 아마 세조의 명에 따라 편찬된 도서 목록이 아닌가 한다.

이해 11월 17일, 양성지는 또 〈서적10사(書籍十事)〉를 상소했다. 서적 편찬에 관한 열 가지 일을 건의한 것이다. 임금은 상소를 보고 "그렇게 하라"고 답했다. 상소의 요지는 다음과 같다.106)

(1) 《세종실록》과 《문종실록》을 3건씩 더 인출할 것 —— 《태조실록》과 《태종실록》은 4건을 인출하여 춘추관과 지방 사고(史庫) 세 곳에 1건씩 봉안하고 있으나, 《세종실록》과 《문종실록》은 다만 1건만 인출하여 춘추관에 보관하고 있는데 이는 매우 부족하다. 따라서 새로 주조한 소활자로 전교서(典校署)에서 3건씩을 더 인출하여 지방의 세 사고에 소장하자.

(2) 무거운 책과 가벼운 책을 함께 인출할 것 —— 《실록》처럼 중요하고 공경스러운 서책이나 《군안(軍案)》처럼 긴급한 책은 으레 쇠와 주석으로 책의 등을 두르고, 비단으로 옷(표지)을 장식한다. 이는 도둑의 눈에 들 뿐 아니라 갑자기 큰 일이 생기더라도 손을 쓸 수 없

---

105) 《세조실록》 권40 세조 12년 11월 4일 壬申.
106) 위의 책 권40 세조 12년 11월 17일 乙酉.

게 만든 것이니 걱정스럽다. 그러니 1건은 크고 무겁게 만들어 작은 도둑이 훔치는 것을 막고, 1건은 작고 가볍게 만들어 갑작스런 변고에 대비해야 한다. 《세종실록》과 《문종실록》 1건을 이미 크고 무겁게 만들었으므로, 이번에 작은 활자로 새로 인출하는 3건은 쇠나 주석, 비단을 쓰지 않고 보관하면 크고 작은 변고에 대비할 수 있고 만들기도 쉽다. 또 《태조실록》과 《태종실록》도 1건을 작은 활자로 인출하여 보관하자.

(3) 《시정기》를 편찬할 것 ─ 각 관청의 업무일지를 모아 춘추관에서 편찬하는 《시정기(時政記)》의 편찬은 매우 긴급하다. 문종 2년부터 세조 12년에 이르는 의정부, 육조, 대간, 승정원의 문서들을 춘추관에 모아 예문관 녹관(祿官)이 《시정기》를 편찬하도록 하자. 그리고 춘추관 당상이 고찰(考察)하는 것을 일과로 하자.

(4) **지방 사고를 산속으로 옮길 것** ─ 지방의 세 사고(史庫)는 화재가 걱정이 되고 외적이 들어오는 것도 염려된다. 따라서 전주사고를 남원 지리산으로, 성주사고를 선산 금오산(金烏山)으로, 충주사고를 청풍 월악산(月岳山)으로 옮기고, 모두 사찰에 맡겨 위전(位田)을 지급하고, 부근 민호로 하여금 지키게 하는 것이 좋다.[107]

(5) 우리나라 서적을 10건씩 만들어 보관할 것 ─ 중국 책은 없어지더라도 구할 수 있으나, 우리나라 책은 한 번 잃으면 구할 수 없다. 앞으로 우리나라 책은 새로 인출하거나 필사하거나 구입하여 10건을 만들어 홍문관, 춘추관 및 지방 세 사고에 2건씩 비치하자. 한편 춘추관과 세 사고, 그리고 궁궐의 문무루(文武樓)에 소장되어 있는 책들 가운데 긴요하지 않은 것은 예문관, 성균관, 전교서에 나누어 보관하자.

(6) 《원사(元史)》와 《송사(宋史)》를 3건 필사할 것 ─ 홍문관과 춘추

---

107) 임진왜란 때 성주, 충주, 전주의 사고가 모두 전란 중에 타버리고 없어지면서 왜란 뒤에는 양성지가 건의한 대로 사고를 깊은 산속으로 옮기게 되었다. 다만, 양성지가 제시한 지리산, 금오산, 월악산 대신 태백산, 오대산, 적상산에 사고를 둔 점이 다르다. 어쨌든 양성지가 선견지명을 가진 인물임을 보여주는 사례라 할 것이다.

관에 소장하고 있는 《원사》, 《송사》와 같은 1건의 서책은 이전(吏典)들이나 하삼도에서 필사하게 하여 3건을 만들어 보관하자.

(7) **지방의 목판(木板)을 잘 관리할 것** —— 서울의 목판은 전교서(典校署)에서 관리하고 있으나 지방은 목판을 관리하고 인출하는 제도가 만들어져 있지 않다. 앞으로 승정원이 8도에 글을 보내 지방의 목판이 몇 장이며 보관 상태가 어떤지를 기록하고, 닥나무종이로 한 건씩 인출하여 서울로 보내오도록 하자.

(8) **《총통등록(銃筒謄錄)》을 한글로 필사할 것** —— 세종 때 편찬한 《총통등록》은 국가의 기밀문서인데 현재 춘추관에 1건, 문무루에 21건, 내전(內殿)에 1건, 군기감에 몇 건이 있다. 만약 간첩이 이를 훔쳐 가면 나라에 큰 해가 된다. 앞으로 이를 외국인이 읽지 못하도록 언문(諺文)으로 필사하여 내외 사고에 3건씩 보관하고, 홍문관에 있는 3건과 군기감의 1건은 굳게 봉하고, 나머지 한자로 된 책은 모두 불살라 버리자.108)

(9) **환지(還紙)를 막을 것** —— 책을 종이로 환원해서 사용하는 '환지'를 하면 이득이 있어서 지장(紙匠)들이 《승정원일기》나 사찰의 경문(經文)을 훔쳐 간다. 이렇게 되면 우리나라 문적(文籍)은 장차 하나도 남지 않을 것이다. 앞으로 환지하는 사람을 기훼제서율(棄毁制書律)로 다스려 장 100대에 모든 가족을 변방으로 이주시키고 재산을 고발자에게 상으로 주자. 관리는 수군(水軍)으로 충정시키고 영구히 벼슬길을 막자.

(10) **전교서(典校署) 인출도서를 10건씩 보관할 것** —— 전교서에서 새로 인출하는 서적 가운데 오래 전해야 할 책은 홍문관에 2건, 춘추관, 세 사고, 전교서, 문무루, 예문관, 성균관에 각각 1건씩 보관하여 모두 10건을 보관하자.

---

108) 《총통등록》은 세종 30년(1448)에 편찬된 것으로 화포와 화약사용법에 대한 기능과 모습을 설명한 책인데, 현재 전하는 책이 없다. 아마 양성지의 건의로 한자본을 없앤 것으로 보인다. 그러나 성종 때 편찬한 《국조오례의》 서례(序例)에 총통 등 각종 무기에 대한 기능과 모습이 그림으로 설명되어 있어서 《총통등록》의 내용을 짐작할 수 있다.

서적 정리와 보관에 관한 양성지의 건의는 당장 실현되지 않았으나, 조선 후기에 이르러 실천에 옮겨진 것이 적지 않다. 특히 지방 세 곳의 사고를 깊은 산속으로 옮기자는 주장은 임진왜란 뒤에 그대로 실현되었다. 또 춘추관에서 《시정기》를 편찬하자는 주장도 실현되어 이 책이 실록 편찬 때 중요한 자료가 되었고, 지방의 목판을 조사하여 목록을 만들자는 주장도 정조 때 실현되었는데 그것이 바로 《누판고(鏤板考)》이다.

17. 세조 13년(1467)의 사업
— 대사헌, 《해동성씨록》, 3차에 걸친 〈북방비어책〉

세조 13년(1467)에도 53세의 대사헌 양성지의 언론 활동과 정책 건의는 쉴 새 없이 이어졌다.

1월 4일에 양성지는 농우(農牛) 도살 금지에 대한 정책을 한층 강화할 것을 건의했다.[109] 이 문제는 전에도 건의한 바 있으나 다시 한 번 이를 촉구하고 나선 것이다. '서울에서 하루에 수십 마리의 소가 도살되고 있으며, 백정(白丁)이나 화척(禾尺)뿐만 아니라 일반 양민들도 소를 잡고 있고, 옛날에는 연연(筵宴; 잔치)에 쓰기 위해 소를 잡았으나, 지금은 시중 판매를 위해 잡고 있다. 또 옛날에는 남의 소를 훔쳐서 잡았으나 지금은 시장에서 소를 사서 잡는다. 이런 추세가 계속되면 소의 씨가 마를 것이다. 따라서 앞으로 금법을 더욱 강화하여 군법(軍法)으로 다스려 도살자를 사형시키고,

---

109) 《세조실록》 권41 세조 13년 1월 4일 후末.

처자를 변방에 이주시켜야 한다'고 주장한다.

이어 1월 25일, 양성지는 《해동성씨록(海東姓氏錄)》을 편찬하여 임금에게 바쳤다.[110] 이 책은 지금 남아 있지 않아 자세한 내용을 알 수 없으나, 제목으로 보아 우리나라 여러 성씨의 내력을 적은 것으로 보인다. 그렇다면 이 책은 우리나라 최초로 성씨의 내력을 적은 기록이 될 것이다.

이해 5월 10일 함길도에서 대규모 반란이 일어났다. 이른바 '이시애(李施愛)의 난'이 그것이다. 함길도 길주 지방의 토호인 이시애가 주동이 되어 일으킨 이 반란은, 북방 지역의 수령을 남도 사람으로 임명하는 것에 대한 반발 때문에 일어났는데, 이를 계기로 북방 주민들이 크게 동요했다. 그 대책으로 5월 28일 양성지는 북방을 방어하는 15가지 대책을 내놓았다. 이를 〈북방비어초소15책(北方備禦初疏十五策)〉으로 부른다.[111] 상소문의 요지는 다음과 같다.

(1) 북방인으로 서울에 있는 자 수십 명을 선발하여 평안도, 황해도, 강원도에 유서(諭書)를 주어 보내 방(榜)을 붙이고 효유(曉諭)하자.

(2) 도적의 괴수를 잡는 자에게 당상관의 직책을 주는 등의 포상을 하자.

(3) 적지(賊地)에 동서반의 관직을 적은 공명공신(空名空身) 수백 통을 토관, 향리, 여수(旅帥), 대정(隊正) 등에게 보내 공을 세우면 그 직책을 주자.

(4) 적 가운데 도망 나온 자와 조정의 지휘를 받아 적중(賊中)으로 들어간 자에게 상을 주자.

(5) 군대 3천 명을 강원도 회양부로, 다음에 5천 명을 김화현으로, 그 다음에 7천 명을 양주부에 파견하자.

---

110) 《세조실록》 권 41 세조 13년 1월 25일 壬辰.
111) 위의 책 권42 세조 13년 5월 28일 壬辰.

(6) 파견 군대를 다섯으로 나누어 5분의 1은 남겨놓고, 5분의 1은 농사짓게 하고, 나머지 5분의 3은 세 차례에 걸쳐 나누어 보내자.

(7) 징병할 때 봉족(奉足)을 주어 군장, 마필, 식량을 조달하게 하자.

(8) 군인 가운데 군장이 없는 자는 갑옷과 활을 관청에서 지급하자.

(9) 징병할 때 1천 명을 징발하면 1만 명을 징발한다고 말하고, 1만 명을 징발하면 10만 명을 징발한다고 떠들어 사기를 돋우고 적을 교란시키자.

(10) 평안도, 황해도, 강원도를 5~6개의 길로 나누어 공격하되, 강원도 영동 지방의 군대를 흡곡현(歙谷縣; 지금의 통천 지역)으로 가서 지키게 하자.

(11) 장수는 반드시 명망이 있고 노성한 이를 택하여 먼저 장부를 만들어 즉시 보내고, 다음에 여러 장수를 보내자.

(12) 강원도의 곡식이 부족하므로 경기도와 충청도의 곡식을 급히 보내자.

(13) 참역(站驛)과 진도(津渡)를 더 설치하여 군대를 도와주고, 사절(使節)이 통하게 하여 간세(姦細; 첩자)를 살피자.

(14) 용병(用兵)할 때 지도를 살피고, 그 지역의 토착인들을 써서 길잡이로 삼을 것.

(15) 의주, 강계 등 지역의 방비를 더욱 강화하고, 삼포의 왜인들이 북방 사건을 알지 못하게 할 것.

상소를 본 세조는 양성지를 불러 그 대책을 조목조목 묻고 나서 말하기를 "그대가 말한 것은 모두 우활하여 쓸 수가 없다"고 하면서 술을 내주라고 명했다.

그러나 며칠 뒤인 6월 3일에 세조는 모화관(慕華館)에 가서 열병(閱兵)을 하면서 양성지에게 "경이 전에 올린 상소가 어찌 모두 무용(無用)한 것이겠는가. 군사 전략은 부득이한 점이 있다"고 말하면서 그 상소문을 불사르게 했다. 세조는 또 양성지를 불러 술을 주면서 말하기를 "국가가 이와 같을 때 그대가 감언(敢言)으로 극간하니 내가 매우 가상하게 여긴다. 마땅히 상을 주어 충직함을 장려하겠다"고 했다. 이어 비단 한 필을 주면서 "경이 능히 직언하여 상을 주는 것이다"라고 했다.112)

이시애 사건은 그 뒤 조정의 대신들에게까지 그 여파가 미쳐, 신숙주와 한명회가 이시애와 내통했다는 소문이 나돌았다. 6월 4일부터 11일까지 이 문제로 조정이 시끄러웠는데, 세조는 두 사람을 옥에 가두었다가 6월 6일에 혐의가 풀려 풀어주었다. 그러나 그들이 풀려난 뒤에도 대사헌 양성지 등 언관들은, 한명회와 신숙주가 공신임을 믿고 함부로 행동한 사실을 들어 처벌을 주장하고 나섰다.113)

6월 9일 세조가 경복궁 강녕전에서 대신들과 식사를 했는데, 이때 대간(臺諫)들이 신숙주와 한명회를 처벌할 것을 요청하는 상소를 올렸다. 이에 세조는 대사헌 양성지를 불러 술을 내리면서 말하기를 "그대는 두 사람의 죄를 면전(面前)에서 자세히 말하라"고 명했다. 양성지가 신숙주의 과오를 하나하나 말하자 신숙주가 머리를 조아리며 용서를 구했다. 세조는 양성지에게 "지금 대신들과 즐거움을 나누고 있는데 그대는 왜 이런 말을 하느냐? 하지만 국가가 이와 같은 때에 그대가 감히 극간(極諫)하여 말하니 매우 기쁘다. 마땅히 상을 내려 충직을 권장하겠다"고 했다.114)

신숙주 등이 자리에서 나오자 양성지는 무릎을 꿇고 사과하면서 "공(公)의 일을 임금이 직접 물어서 숨길 수가 없었습니다. 지나친 말을 하여 황공합니다"라고 말했다.115) 신숙주는 나이는 양성지보

---

112) 《세조실록》 권42 세조 13년 6월 3일 丙申.
113) 위의 책 권42 세조 13년 6월 4일 丁酉 및 9일 壬寅.
114) 위의 책 권42 세조 13년 6월 9일 壬寅.
115) 위의 책 권42 세조 13년 6월 9일 壬寅.

다 두 살 아래였지만 직급은 더 높았으므로 개인적으로 미안함을 보인 것이다. 다음 날 세조는 양성지에게 비단 한 필을 주었다. 결국 이 사건은 세조가 두 사람을 용서하고, 나아가 양성지를 포상함으로써 막을 내렸다.

7월에 들어서 세조가 직접 군대를 이끌고 난을 평정하기 위해 삭방(朔方; 북방)으로 가려 하자, 양성지는 7월 8일에 소를 올려 "임금이 직접 삭방으로 친정(親征)하는 것은 위험하다"고 하면서 그만두게 했다.[116] 우선 날씨가 무더워 옥체를 보전하기 어려우니 먼저 대장을 보내 만전을 기한 다음, 가을에 가서 부로(父老)들을 위로하라는 것이었다. 이때의 상소를 〈북방비어2소3책(北方備禦二疏三策)〉이라고 부른다.

7월 26일에 세조는 대사헌 양성지와 수성도정(壽城都正) 이창(李昌) 등에게 《성제공수도(聖制攻守圖)》를 고열(考閱)하고, 병기 만드는 법을 자세히 연구하라고 일렀다.[117] 양성지의 조언을 들어가면서 이시애의 난을 진정시키기 위한 준비를 계속하고 있었던 것이다. 거의 석 달 동안 계속된 이시애의 난은 8월 4일 이시애가 체포되어 처형됨으로써 끝났다.

이시애가 처형될 무렵인 8월 6일에 양성지는 다시 북방 방어를 위한 네 가지 방책을 건의했다.[118] 이를 〈북방비어3소4책(北方備禦三疏四策)〉이라고 부르는데 그 요지는 다음과 같다.

(1) **노비를 군대에 쓰지 말 것** ── 군대는 많은 것이 중요한 것이 아니라 정(精)한 것이 중요하다. 요즘 천예(賤隷)들을 재주도 시험하지

---

116) 《세조실록》 권43 세조 13년 7월 8일 辛未.
117) 위의 책 권43 세조 13년 7월 26일 己丑.
118) 위의 책 권43 세조 13년 8월 6일 己亥.

않고 군대에 응모하여 전쟁터로 보내고 있는데 이는 군량을 허비하고 행진을 문란하게 할 뿐이다. 더욱이 노비는 대가세족(大家世族)이 예의와 염치를 기르고 기력과 명망을 유지하는 수단이 되고 있으므로, 대가세족을 보호해야 한다. 함길도 반란도 이곳에 대가세족이 없기 때문에 일어난 것이다. 또 노비들은 주인을 위해 싸우지도 않을 것이다. 따라서 재주를 시험하여 장용대(壯勇隊)에 들어간 자 말고는 공사천구(公私賤口)를 너무 자주 종량(從良)시키지 않는 것이 좋다.

(2) **군제를 평시에 정비할 것** —— 병사(兵事)는 평상시에 정비해야 하는데, 3정을 1보로, 3보를 1기병으로, 2보를 1보병으로, 1보를 잡색으로 군적(軍籍)을 정하는 것이 중요하다. 그리고 반드시 군사의 재주를 시험하여 재주가 있는 사람은 호수(戶首)로, 재주가 없는 사람은 조정(助丁)으로 만들어 30만 명의 공현군, 3만 명의 정병을 갖추면 된다. 다음에는 이들을 번(番)을 나누어 일정한 기간 번상(番上)하여 장비를 검사하고, 마필을 점검해야 한다. 그리고 군적을 읍, 감사, 병조, 궁궐에 각각 1건씩 보관하고 있다가 필요할 때 소집하고, 첫날은 병조가 점검하고 다음날에는 장수가 훈련시키고, 그 다음날에는 행진하게 한다. 이렇게 하면 구태여 노비들을 동원할 필요도 없고, 도적들을 소탕하는 것도 어렵지 않다.

(3) **유구국(琉球國)에 지나친 선물을 주지 말 것** —— 유구국 사신에게 목면 1만 필, 면주 5천 필을 주려 하는데 20가지 불가한 이유가 있으므로 이를 중지해야 한다. 목면 1천 필, 면주 500필로 줄여서 주고 그쪽에서 반대하면 그만두는 것이 좋다. 지금 나라에서 비축하고 있는 면포는 20만여 필, 면주는 2천여 필에 지나지 않는다. 유구는 작고 먼 나라로서 이들과 사귀어도 우리에게 도움 될 것이 없고, 사이가 나빠도 해가 될 것이 별로 없다. 그들이 갖다주는 물건도 나라에 별로 도움이 되지 않는 것들이고, 일본이나 중국이 이 사실을 알면 뒷감당이 힘들다. 그들도 비슷한 수량의 선물을 요구할 것이다. 또 군사들의 의복 지급이 급하고 북방인들을 다독거리는 일이 더욱 급하다는 것 등도 반대 이유다.

(4) 이시애 일당이 중국과 통하는 것을 막을 것 ── 고려 때 조위총(趙位寵), 최탄(崔坦), 조휘(趙暉), 탁청(卓靑) 등이 금나라와 원나라에 내부(來附)한 사실로 볼 때 이시애 일당도 중국에 내부할 염려가 있으므로 이를 사전에 예방할 필요가 있다. 그러기 위해 중국에 성절사를 보낼 때, 환관들에게 줄 토물(土物)을 많이 가지고 가서 요동과 예부 관리들에게 주고 적들의 계략을 사전에 봉쇄할 필요가 있다.

이시애의 난이 평정된 9월에 들어서 세조는 내치에 다시 관심을 두었다. 9월 6일 양성지는 이시애의 난을 평정한 일을 칭송하는 〈평삭방송(平朔方頌)〉을 지어 세조에게 바쳤다.[119]

그런데 이보다 이틀 앞선 9월 4일에 세조는 대사헌 양성지 등을 불러 저마다 품고 있는 생각을 말하라고 이르고, 양성지에게 말하기를 "요즘 재상들이 산과 연못을 넓게 점유하여 땔나무를 취하고 물고기를 잡는 땅으로 이용하고 있어서 백성들이 매우 괴로워한다. 경은 능히 이를 하나하나 추핵(推劾)할 수 있겠는가?" 하니, 양성지는 "감히 어찌 진심을 다하지 않겠습니까"라고 대답했다.[120] 대사헌 양성지의 언론에 힘입어 재상들의 탐욕을 막으려는 세조의 의지가 엿보이는 대목이다.

9월 26일에 세조는 양성지를 비롯하여 최항, 정인지 등에게 명하여 《경국대전》 형전(刑典)을 수교(讎校)하라고 했다. 이틀 뒤인 9월 28일에 양성지는 사간원과 더불어 합동으로 유자광(柳子光)의 병조정랑(兵曹正郞) 임명을 반대하는 소를 올렸다. 그 이유는 그가 첩의 자식 곧 얼자(孼子)라는 것이었다. 신분제도에 관한 한 양성지는 세조보다도 더 보수적인 생각을 지니고 있었음을 알 수 있다

---

119) 《세조실록》 권43 세조 13년 9월 6일 戊辰.
120) 위의 책 권43 세조 13년 9월 4일 丙寅.

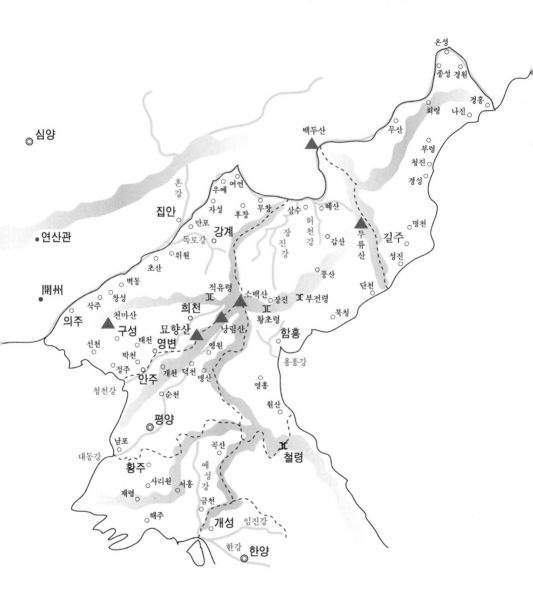

조선 초기 북방 지역 지도

세조는 이에 대해 자신의 인사정책이 "입현무방(立賢無方)" 곧 "어진 사람을 등용할 때 조건을 따지지 않음"에 있음을 강조하고, 유자광이 현명하여 벼슬길을 터주려는 것이라고 하면서 귀천을 따지지 않겠다고 말했다. 결국 유자광은 병조정랑에 임명되었다.

이해 12월 1일에 임금은 대사헌 양성지 등에게 《시구결(詩口訣)》을 교정하라고 명하고, 정창손 등에게 《서구결(書口訣)》을 교정하라고 명했다.[121] 이로써 《시경》과 《서경》에 대한 구결(口訣)이 이루어진 것이다. 12월 18일에 양성지는 권감(權瑊)과 그의 질녀부(姪女夫)인 한계순(韓繼純)이 도승지와 동부승지로 임명된 것에 대해 상피(相避)를 이유로 반대했다.[122] 하지만 세조는 자신이 권력을 쥐고 있다는 것과 "용현무방(用賢無方)"을 이유로 이를 받아들이지 않았다. 인사정책에 관한 한 세조와 양성지는 서로 생각이 달랐음을 알 수 있다.

18. 세조 14년(1468)의 사업
── 대사헌, 〈응지상시폐6사〉

세조 14년(1468) 9월 8일, 세조가 병으로 세상을 떠났다. 향년 52세. 그때 양성지는 54세였다. 세조가 붕어할 때까지 양성지는 여전히 대사헌으로 있으면서 때로는 정책을 건의하고, 때로는 세조의 명에 따라 서적을 편찬하는 일을 수행했다.

이해 6월 18일에 양성지는 임금의 구언교지(求言敎旨)에 따라 여

---

121) 《세조실록》 권44 세조 13년 12월 1일 癸巳.
122) 위의 책 권44 세조 13년 12월 18일 庚戌.

섯 가지 시폐(時弊)를 논하는 상소를 했다.[123] 내시가 벼락에 맞아 죽는 일이 발생하자, 임금은 자신이 정치를 잘못하여 하늘이 벌을 내린 것으로 여겨, 신민의 억울한 일을 듣고자 신하들에게 말을 구하는 교지를 내린 것이었다. 양성지가 올린 시폐 개혁의 요지는 다음과 같다. 이 글이 바로 〈응지상시폐6사(應旨上時弊六事)〉이다.

(1) **공물 대납을 없앨 것** ── 공물 대납은 법적으로는 아름답다. 그러나 현실은 그렇지 않다. 예를 들면, 미두(米豆)나 초목(草木)은 대납이 필요 없고, 백성들이 스스로 바칠 수 있는 토산품인데도 수령이 억지로 대납하게 하고, 그 수가(酬價)를 거둘 때는 관에서 받지 않고 대납인이 촌락을 돌아다니면서 마음대로 거두고 채찍을 휘두르기도 한다. 본인이 내지 않으면 친척과 이웃에게 물리기도 한다. 이 때문에 부익부 빈익빈이 촉진되고 있으며 권세가와 부상대고, 수령이 이익을 좇고 있다. 따라서 대납법은 영구히 폐지되어야 한다.

(2) **사창(社倉)을 버리고 의창(義倉)을 부활시킬 것** ── 지금 빈민구제책으로 의창을 시행하고 있으며, 사창은 이따금씩 시행되고 있다. 그런데 사창법이 문제다. 사창은 관곡(官穀)을 가지고 사장(社長)이 주관하고 있는데 친소(親疎)나 은원(恩怨)에 따라 대여가 좌우되고 있어서 환과고독(鰥寡孤獨; 홀아비, 과부, 고아, 독자)은 이를 얻지 못하는 경우가 있다. 그 밖에 대여곡을 환수할 때에도 제대로 되지 않고, 도둑질, 방화 등으로 원곡(元穀)이 없어지고 있다. 이에 견주어 의창은 만세불변의 좋은 제도이므로 이를 다시 실시해야 한다.[124]

(3) **형벌을 신중히 할 것** ── 형벌은 신중히 하라는 것이 경전(經典)의 정신일 뿐 아니라 전하께서도 남형(濫刑)을 금하라고 명하셨는데도 관리들이 사적인 감정으로 형벌을 남용하여 민원(民怨)이 커지고

---

123) 《세조실록》 권46 세조 14년 6월 18일 丙午.
124) 양성지는 세종 때에도 지대구군사 이보흠이 사창법을 주장하자 이를 반대하고 의창을 지지한 일이 있음을 앞에서 이미 설명한 바 있다.

있다.

(4) **풍속을 아름답게 할 것** ── 상하와 높고 낮음을 명확하게 하여 아랫사람이 윗사람을 받들고, 윗사람이 아랫사람을 부리는 것이 풍속을 유지하는 데 중요하다. 그런데 요즘 노비가 주인을 고소하고, 부인이 남편을 고소하며, 아비가 자식을 믿지 않고, 형이 아우를 믿지 않는 등 풍속이 무너지고 있다. 관리가 백성을 괴롭히는 일은 당연히 고소할 일이지만, 다른 사람이 남의 일을 고소하고 고발하는 일은 되도록이면 없도록 할 필요가 있다.

(5) **노비계권(奴婢契券)을 만들 것** ── 노비는 선비의 수족으로서 사대부가 노비에 의지해서 산다. 그런데 토지는 계권(契券; 소유증명서)이 있어서 쟁송이 적으나 노비는 계권이 없어서 소유권 분쟁이 일어나고 있다. 강자와 약자가 서로 소송하면 강자가 얻고, 귀천이 서로 싸우면 귀한 자가 이기는 법이다. 어떻게 약자가 강자를 누르고 억울한 일을 없앨 수 있겠는가. 그러므로 앞으로 노비의 계권도 관을 통해서 발행하여 분쟁을 없애야 할 것이다.

(6) **병기(兵器) 공납을 중지할 것** ── 병기는 매우 중요하지만 백성들에게 활을 만들어 바치게 하는 것은 매우 고통스런 일이다. 짐승의 힘줄과 뿔이 있어야 하는데 이것은 구하기 매우 힘들다. 백성들이 조세와 공물을 바치면서 여기에 활까지 부담시키는 것은 중지되어야 한다.

이 상소는 당시의 절실한 민폐를 반영한 것으로, 그가 민생에 깊은 관심을 가지고 있었음을 알 수 있다.

세조는 7월과 8월에 건강이 아주 나쁜 상태에서도 신하들과 성리설(性理說)에 대한 논쟁을 여러 차례 벌였다. 그때마다 의견이 맞지 않아 신하들에게 벌을 내리는 일이 많았다. 양성지는 성리학 전문가는 아니었으므로 직접 논쟁에 가담하지는 않았으나 임금의 뜻만을 좇아 성리설을 비판하려는 구종직(丘從直)의 태도를 옳지 않다고 비난했다.

세상을 떠나기 약 한 달 전인 8월 10일에 세조는 양성지에게 《실록》과 《일기》 등에서 조종(祖宗) 여러 임금의 어제(御製)를 수집하여 보고하라고 명했다.[125] 양성지가 이 작업을 예조에 명하여 시행하시라고 아뢰니 세조가 그대로 따랐다. 드디어 나흘 뒤인 8월 14일에 세조는 수집된 《어제시(御製詩)》를 내놓고 양성지에게 "그대가 직접 빠진 것을 조사하여 초록하라"고 부탁했다. 그리고 신숙주에게 말하기를 "조종의 시를 내가 장차 간행하려고 하는데, 내가 지은 시는 희어(戱語; 장난글)가 많다. 그대가 뺄 것은 빼고 수정하여 목판으로 인쇄하여 볼 수 있도록 하라"고 명했다.

세조가 양성지에게 부탁한 일은 이것이 마지막으로, 이해 9월 8일 마침내 숨을 거두고, 14년에 걸친 세조와 양성지의 인연은 끝을 맺게 되었다.

이제 세조의 둘째아들 해양대군(海陽大君)이 19세의 나이로 왕위에 오르니, 바로 예종(睿宗) 임금이다.

19. 예종 원년(1469)의 사업
　　── 대사헌, 공조판서, 사초 사건, 〈편의28사〉

예종 대에 들어가서도 양성지에 대한 임금의 신임은 그대로 이어졌다. 양성지의 해박한 지식이 국가 정책에 큰 도움을 주었기 때문이다. 예종 대에 그는 여전히 대사헌의 자리에 있었는데, 예종 원년(1469) 2월 6일에는 원칙 없는 관직제수를 비판하는 소를 올렸

125) 《세조실록》 권47 세조 14년 8월 10일 丁酉.

다. 이 상소를 〈논실직초계미편소(論實職超階未便疏)〉라고도 부른다.126) 이를 본 예종은 "상소 가운데에는 시폐(時弊)에 절실한 것이 있다. 내가 마땅히 짐작하여 시행할 것이다"라고 했다.

이 상소의 요지는, 세조의 국장을 치르고 나서 국장도감(國葬都監), 빈전도감(殯殿都監), 산릉도감(山陵都監)에서 일한 낭관(郎官; 5~6품)들을 갑자기 정3품 당상관으로 진급시킨 일을 비롯하여 많은 사람들에게 당상관을 제수한 결과, 현재 실직 당상관이 389명이나 되는 것을 문제 삼은 것이다.127)

또 양성지는 이 상소에서, 자급(資級)을 더 이상 줄 수 없는 자궁자(資窮者)의 자급을 친척에게 넘겨주는, 이른바 대가(代加)에 대해서도 비판하고, 이를 혁파할 것을 주장했다. 이 모든 것이 정상적인 관직 운영을 무너뜨리는 것이라고 보았던 것이다.

다음달인 윤 2월 10일에 예종은 대사헌 양성지를 공조판서(정2품)로 임명했다.128) 그가 이때 판서직을 맡은 것은 이조판서에 이어 두 번째이다. 사실 양성지의 관력이나 55세의 나이로 본다면 의정부 정승으로 올라갈 조건을 갖추고 있었지만, 요직이 아닌 공조판서에 임명된 것은 그의 어눌한 신체적 조건 때문이었을지도 모르겠다.

그런데 이해 4월에 양성지는 춘추관에서 한명회·신숙주·최항 등 여러 대신들과 더불어 《세조실록》을 편찬하게 되었는데, 뜻하지 않게 여러 대신들과 관련된 '사초(史草) 사건'이 일어났다. 실록을 편찬하려고 사관(史官)들이 쓴 사초를 거두어들였는데, 사관을 지냈던 민수(閔粹)가 한명회, 양성지, 홍윤성(洪允成) 등 대신들에 대해

126) 《예종실록》 권3 예종 원년 2월 6일 辛卯 및 《눌재집》 속편 권1 〈論實職超階未便疏〉.
127) 《예종실록》 권3 예종 원년 2월 6일 辛卯.
128) 위의 책 권4 예종 원년 윤2월 10일 乙丑.

좋지 않게 쓴 글귀 일부를 자신이 쓴 사초에서 삭제하거나 바꾼 사실이 드러난 것이다. 처음에 민수는 사초를 무기명으로 바치는 줄 알았다가 기명(記名)으로 방침을 세우자 겁을 먹고 이런 일을 하게 되었다.

민수는 사초의 내용 가운데 양성지를 가리켜 '구용(苟容)'이라고 한 부분을 삭제했다. '구용'이란 '구차스럽게 남의 비위를 맞춤'이라는 뜻이다. 곧 양성지가 대사헌으로 있을 때 사헌부 관원들이 송사(訟事)를 잘못 처리하여 모두 좌천된 사건을 기술하면서, "오직 양성지만 '구용'하여 그 일에 관여하지 않아 그대로 재직하게 되었다"고 썼던 것이다. 그리고 나서 겁을 먹은 민수는 춘추관 기사관(記事官) 강치성(康致誠)에게 부탁하여 춘추관에 있던 사초를 빼내 '구용'이란 두 글자를 지워버린 것이다. 이때 민수가 사초를 고쳐 쓰는 것을 본 다른 기사관들은 함께 처벌받을 것이 두려워 수찬관(修撰官) 이영은(李永垠)에게 밀고했고, 마침내 사건이 터진 것이었다. 이 사건으로 많은 수사관(修史官)들이 의금부에 하옥되었다.

이에 양성지는 '《실록》 편찬에 참여할 자격이 없으니 자리를 그만두겠다'고 임금에게 요청했으나, 임금은 이를 받아들이지 않았다. 그래서 양성지는 아무 탈 없이 《실록》 수찬을 마치게 되었지만, 양성지를 바라보는 일부 후진들의 시각이 비판적이었음을 보여준다는 점에서 이 사건의 의미를 찾을 수 있다.

6월 29일에 양성지는 공조판서로서 〈편의28사(便宜二十八事)〉라는 28조의 기나긴 개혁안을 임금에게 올렸다.[129] 새로 임금이 된 예종에게 전반적인 국정 방향을 제시한 것으로, 과거에 단종, 문종, 세조의 즉위 직후에 올린 상소와 맥을 같이하는 것이다. 그 요지는

---

129) 《예종실록》 권6 예종 원년 6월 29일 후巳.

다음과 같다.

(1) **중국의 장장(長墻)에 대한 대책** —— 우리나라는 폭원(幅員)이 1만 리가 되고, 호수(戶數)가 100만, 군대가 100만이요, 요(堯)와 더불어 나란히 나라가 세워지고, 주(周)나라가 신하로 만들지 못했으며, 원위(元魏)와 통호(通好)하고, 풍연(馮燕)이 정성을 바치고, 수나라 육사(六師)가 대패하고, 당나라가 빈(賓)으로 대접하고, 요나라는 한 척의 수레도 되돌아가지 못하고, 송나라가 섬기고, 금나라가 '부모의 고향'으로 부르고, 원나라와는 사위와 장인의 나라가 되었으며, 명나라 고황제(태조)도 우리를 '삼한(三韓)'으로 부르고 하국(下國)으로 내려다보지 않았다. 그래서 요동의 동쪽 180리에 있는 연산(連山)을 경계로 하여 파절(把截; 국경)로 삼았다. 명나라가 이처럼 수백 리 땅을 비워놓은 것은, 동교(東郊)의 땅을 삼한(三韓)이 대대로 지키고 있었기 때문에 강역을 분명히 하여 두 나라 사이에 갈등이 생기지 않게 하기 위함이었다.

그런데 최근 중국이 요하의 동팔참(東八站)에서 평안도 벽동(碧潼)에 이르는 지역에 긴 담장을 쌓으려 하는데, 이는 우리의 이해와 밀접한 관련이 있어 매우 염려스럽다. 우리나라 사람들이 요동으로 들어가서 취락을 이루고 사는 이들이 수만 명에 이르고 있는데, 중국이 이곳에 성을 쌓으면 중국 땅이 되어버려 더 많은 우리나라 사람들이 그리로 속해 들어갈 것이며, 만약 성을 쌓지 않는다면 여진족이 들어올 것이다. 그러므로 중국에 사신을 보내 요하에서 압록강까지 성을 쌓도록 요청하고, 요청이 받아들여지지 않으면 자치(自治) 곧 국방을 더욱 강화해야 한다.

국방 대책으로는 전에 말한 것처럼 남쪽 병사들을 데려다가 강변을 지키게 하지 말고, 몇 개의 큰 요새지(중진)를 만들어 지역방어로 나가고, 중국에 가는 사신의 수를 줄여 민폐를 줄이고, 나아가 평양을 서경(西京)으로 만들어 한성부, 함흥, 경주, 전주, 개성과 더불어

6경(六京) 체제를 갖추어 대동(大東)의 형세를 장엄하게 만들어야 한다. 또 8도를 전위(前衛; 평안도와 함길도), 중위(中衛; 경기도와 충청도), 후위(後衛; 경상도와 전라도), 우위(右衛; 강원도), 좌위(左衛; 황해도)로 나누고, 함길도를 종친에게 향관(鄕貫)으로 나누어주고, 평안도를 공신들에게 식읍으로 나누어주자. 이렇게 하면 중앙과 지방이 긴밀하게 연결되고 양계 지방이 충실해질 것이다.

(2) **성학에 힘쓸 것** ── 임금은 성학(聖學; 유학)에 힘써서 정치의 근원을 맑게 하고, 사전(史傳; 역사)을 공부하여 정치를 잘 한 것과 못한 것의 자취를 알아야 한다. 따라서 앞으로 경연에 납시어 《통감(자치통감)》, 《대학연의》, 《자경편(自警編)》, 《정관정요(貞觀政要)》, 《송원절요》, 《대명군감(大明君鑑)》, 《동국사략》, 《고려사절요》, 《국조보감》, 《논어》, 《상서(尙書)》를 공부하는 것이 좋다.[130]

(3) **《고려사》를 반포할 것** ── 고려의 역사를 공부하여 정치를 잘하고 못한 것의 자취를 알아야 하는데, 고려시대에 참칭(僭稱)한 사실이 있는 것을 혐의로 생각할 필요가 없다. 예를 들어 고려 태조는 삼한을 통일한 뒤 연호(年號)를 세웠고, 금나라는 고려왕을 황제로 떠받들었으며, 명나라 고황제는 '자위성교(自爲聲敎)'를 허락했다. 이렇게 고려와 조선이 독자적인 모습을 가진 것은 우리가 이른바 중국의 '번국(藩國)'이라고 하지만, 중국 기내(畿內)의 제후가 아니기 때문인 것이다. 우리는 《동국사략》을 우리나라뿐 아니라 중국이나 일본에도 전해줄 필요가 있다. 그리고 《고려전사(高麗全史)》는 옛날대로 후세에 전하기를 바란다.

(4) **의창을 충실히 할 것** ── 백성을 기르는 방법으로서 의창(義倉)

---

130) 양성지가 당 태종의 《정관정요》를 임금에게 추천하고 있는데, 당 태종은 패도(霸道)를 숭상한 임금이기 때문에 성리학자들이 별로 좋아하지 않는 역사책이다. 한편, 고려 역사책으로는 평소 《고려전사(고려사)》를 추천해 오던 양성지가 이번에는 《고려사절요》를 언급한 점이 특이하다. 《고려사》가 군주 중심의 역사의식을 반영한다면, 《고려사절요》는 신권 중심의 역사의식을 반영하는 책이라는 점에서 양성지의 역사의식이 예종의 즉위를 계기로 왕권 중심에서 서서히 신권 중심으로 바뀌고 있다는 것을 느낄 수 있다.

은 매우 중요하다. 따라서 앞으로 100호의 현에는 의창곡 500석과 군량미 500석을 준비하고, 1,000호의 군에는 의창과 군량미를 각각 5,000석씩 준비하여 10년 동안 채워주자. 이렇게 하면 민생과 군국 (軍國)에 모두 도움이 될 것이다.

(5) **군자(軍資) 모미(耗米)를 거둘 것** —— 지방에서 거두어들이고 있는 군자곡을 쥐가 먹어 점점 줄어들고 있으므로, 앞으로 군자미(軍資米) 도 백성들에게 빌려주고 받아들일 때 1석마다 2두씩 이자를 붙여 손실된 양을 채우자.

(6) **직전에서 납초(納草)하는 것을 중지할 것** —— 경기도의 직전(職田) 에서 여름에는 청초(靑草)를, 겨울에는 곡초(穀草)를 관청과 직전 받 은 자에게 바치고 있어 경기도민이 고통을 겪고 있다. 한 다발의 풀 이 쌀 한 말 값과 같고, 풀값이 원세(元稅)와 맞먹는다. 앞으로 납초 를 없애든가, 아니면 직전의 양을 늘려 경기도민의 고통을 덜어주자.

(7) **공부(貢賦)를 자세히 정할 것** —— 공물을 지역에 따라 종류를 자 세하게 정해놓자. 예를 들면 하삼도에서는 면포를, 평안도와 황해도 는 면주를, 함길도와 강원도는 상포(常布)를, 양계(兩界)는 초피(貂皮; 담비가죽)와 서피(鼠皮; 족제비가죽)를, 강원도는 재목을, 황해도는 철물 을, 전주와 남원은 후지(厚紙)를, 임천(林川)과 한산(韓山)은 생저(生苧; 모시)를, 안동 등 지역은 돗자리를, 강계 등 지역은 인삼을, 제주는 양마(良馬)를, 바닷가 지방에서는 해물을 바치게 하자.

(8) **활을 바치는 일을 중지할 것** —— 백성들로 하여금 해마다 활을 바치게 하여 고통이 심하다. 앞으로는 군사들이 스스로 활을 준비하 도록 하자. 예를 들어 내금위, 겸사복, 갑사, 별시위는 활 3장, 정병 (正兵)은 2장, 선군(船軍)은 1장, 조관(朝官) 1~2품은 3장, 3~6품은 2 장, 7품 이하는 1장, 연호군(煙戶軍) 가운데 대호는 3장, 중호는 2장, 소호는 1장을 갖추게 하자. 또 진(鎭)이나 군기시(軍器寺)의 활은 녹 각궁(鹿角弓)으로 하고 3년 안에 스스로 준비하도록 하자.

(9) **먹을 바치는 일을 줄일 것** —— 전교서(典校署)에 1년에 바치는 종이가 1만 첩, 먹이 1만 정인데, 실제로는 겨우 수천 정의 먹밖에

사용하지 않는다. 앞으로 먹 공납을 5천 정으로 줄이자.

(10) **소목(燒木) 공납을 줄일 것** ── 방납의 폐단 가운데 소목(燒木)이 가장 심하다. 사축서(司畜署; 궁중에서 쓰일 가축을 관리하던 관청), 사복시 등에서 가축용 사료를 만드는 데 들어가는 땔나무 공납이 너무 부담스럽다. 또 사료로 공급되는 조강(糟糠)이나 조지서(造紙署; 종이 제조 관청)에서 사용하는 회(灰)도 부담이 된다. 앞으로 공납의 수량을 줄이고, 노자(奴子)로 하여금 풀을 베어다 쓰던가 가까운 곳에서 취하여 쓰는 것이 좋다.

(11) **공물 대납 문제** ── 서울의 각 관청 노자가 지방의 공물을 받을 때 어수룩하여, 관리들이 여러 가지 방법으로 침어(侵漁)하면서 "받기 어렵다"는 이유로 보류해 둔다. 그리하여 청초(青草)를 바치면 누렇다고 보류하고, 돼지를 바치면 살찐 돼지를 말랐다고 하면서 보류하고, 외리(外吏)의 쌀을 강제로 취하고 대납했다고 하여, 다른 풀을 바치게 한다. 또 외리의 면포를 강제로 취하고 그 집의 돼지를 대납했다 하여, 외리의 돼지를 또 취한다. 또 외리의 실이 품질이 좋으면 나쁘다고 말하고, 노자의 실이 나쁜데도 좋다고 하여 무거운 값을 쳐주어 노자가 바치게 한다. 포(布)를 바치는 자가 스스로 바치면 "질이 나쁘다고"고 말하고 노(奴)에게 준 다음 돈을 주고 바치게 한다. 앞으로 품질이 좋은 공물을 바쳤는데도 "품질이 나쁘다"면서 받지 않고 침어하여 뇌물을 받는 자는 외리의 고발을 받아 극형에 처하자.

(12) **대관(臺官)을 파견하여 수세(收稅)를 감시할 것** ── 대납의 폐단을 세 차례나 말씀드려, 전하께서 즉위하신 뒤로 대납법을 폐지하고 범법자를 사형에 처하기도 했다. 방납이 혁파되니 생민의 고통이 10분의 7이 없어졌다. 그러나 아직도 횡렴(橫斂)이 있다. 예컨대 남원의 향리가 지난해 수세(收稅)할 때 콩 1두, 쌀 1두, 면포 1필, 주지(注紙) 1권을 바치게 했는데 이것이 무슨 일인가. 이는 법이 불비해서가 아니라 금지가 엄하지 않은 까닭이다. 앞으로 각도의 수세하는 곳에 담장을 치고 강직한 대관(臺官)과 차사원(差使員)을 보내, 대낮

에 여러 사람이 보는 가운데 문안(文案)에 따라 차례로 이름을 불러 스스로 쌀가마니를 만들어 바치게 하자. 그리고 이를 어기는 자는 극형에 처하자.

(13) **승부를 없앨 것** —— 각 관청에서 승부법(勝負法)을 시행하고 있는데, 이 때문에 다툼의 실마리가 나타나고 풍속이 나빠지고 있다. 앞으로 각 관청의 사무는 전최(殿最; 성적표)를 통하여 평가하고, 작은 일은 상벌로 권려(勸勵)하거나 징벌하면 자연히 즐겁게 공을 세우고 일도 잘 성사될 것이다.

(14) **고알(告訐)을 엄하게 알 것** —— 아랫사람이 윗사람을 능욕하는 것은 풍속을 해친다. 요즘 이서(吏胥)가 관장(官長)을 고발하고, 노(奴)가 주인을 고발하는 등 풍속이 나빠지고 있다. 앞으로 자기의 억울한 일과 불법탐포(不法貪暴)한 일을 빼고는 고발을 수리하지 말고 무고하는 자는 변방으로 보내자.

(15) **아악(雅樂)을 보존할 것** —— 우리의 향악(鄕樂)은 신라에서 시작되었고, 아악(雅樂)은 송나라에서 대성악(大晟樂)을 주면서 시작되었다. 근년에 문악(文樂)과 무악(武樂)이 폐지되고, 헌가악(軒架樂; 마당에 걸어놓고 연주하는 음악)의 수도 줄였다. 이렇게 하면 아악을 폐지하여 쓰지 않게 되고, 태상악공(太常樂工)이 늙어 죽으면 뒷날 다시 들을 수 없게 될 것이다. 대신에게 명하여 자세하게 연구하여 금악(今樂)과 고악(古樂)이 병행하도록 하자.

(16) **과거제도를 정할 것** —— 과거는 인재를 얻는 상법(常法)으로서 세종 때 크게 갖추어졌다. 앞으로 진사는 시부(詩賦)를 시험하고, 생원은 의의(疑義)를 시험하고, 급제는 초장에서는 사서삼경과 《좌전》, 《자치통감강목》, 《송감(宋鑑)》, 《경국대전》을 시험하고, 중장에서는 부표(賦表)를 시험하고, 종장에서는 대책(對策)을 시험하자. 마의(馬醫)와 악과(樂科)도 부활하자.

(17) **의사를 궁촌에 보낼 것** —— 궁벽한 시골에는 의사가 없어 질병에 걸렸을 때 차마 볼 수가 없을 정도다. 앞으로 현에는 1인, 군에는 2인, 도호부 이상에는 3인의 의사를 파견하되, 전의감(典醫監)에

와서 1년이나 3년 동안 의학을 공부한 다음 산관직을 주어 내려 보
내자. 그리고 그 집의 요역을 면제하고 성적이 좋은 사람은 자급을
올려주자.

(18) **승사(僧司)를 설치할 것** —— 승려를 다스리는 관사(官司)로 교종
과 선종의 양종판사(兩宗判事)가 있으나 제도가 미비하다. 앞으로 판
사(判事)와 4품 이하 6품 이상의 관리를 두고, 도제조와 제조를 두어
전국의 승려를 다스리고, 지방에도 고을마다 승사(僧司)를 두어 승려
와 품관, 향리에게 맡기자. 작은 일은 수령이 처리하고, 중간 정도는
감사가 처리하며, 도류(徒流; 도형과 유형)의 범죄는 양종판사에서, 사
형 이상은 임금에게 알려 처리하자.

(19) **사장(社長)을 금할 것** —— 요즘 서울과 지방에 노소와 남녀가
'사장(社長)'[131] 또는 '거사(居士)'를 칭하고 있는데 이들은 곧 도사
(道士)에 해당하여 승려도 아니고 속인도 아니다. 이들은 생업을 포
기하고 역(役) 부담을 피하면서 사찰에 가서 향을 피우고, 서울에서
는 여염에서 주야로 남녀들이 뒤섞여 징과 북을 시끄럽게 치면서
못하는 일이 없다. 앞으로 70세 이상 90세 이하의 노인으로서 갓을
쓰고 경(磬)을 두드리면서 염송하는 이를 빼고는 사장의 무리들을
모두 금하자. 이들은 양역(良役)을 피하는 무리들이기 때문이다.

(20) **숙위(宿衛)를 엄하게 할 것** —— 궁성의 수비를 강화하기 위해
군인들을 나누어 자문(紫門), 군기감, 사금청(司禁廳) 근처를 직숙하
고, 궁성의 네 문과 긴요한 여러 문에 내관(內官)을 보내 지키게 하
자. 그리고 도성 안 사찰에서 종을 치지 못하게 하여 종루(鐘樓)에서
치는 종소리만 듣고 인정(人定; 통행금지)과 파루(罷漏; 통금 해제)를 따
르게 하자.[132]

(21) **순작(巡綽)을 나눌 것** —— 도성 안을 순시하는 곳을 셋에서 다
섯으로 늘리자. 즉 창덕궁 순청(巡廳)을 동소(東所)로, 운종가 순청을

---

131) 사장(社長)은 흔히 '사당패'라고도 불린다.
132) 양성지가 도성 안 사찰의 종을 치지 말도록 한 것은 세조가 창건한 원각사(圓覺
寺) 종을 의미한다.

서소(西所)로, 의금부를 북소(北所)로, 용양위(龍驤衛)를 남소(南所)로, 중추부를 중소(中所)로 하자. 순찰하는 시간은 포시(哺時; 오후 3시에서 5시)로 하자.

(22) **군보(軍保)를 정할 것** —— 병(兵)은 많은 것이 좋은 것이 아니라 정(精)한 것이 중요하다. 그러려면 3정(丁)을 1호로, 3호를 1병(兵)으로 해야 한다. 이렇게 하면 1인은 호수(戶首)가 되어 병(兵)을 다스리고, 1인은 솔정(率丁)이 되어 농업에 종사하고, 1인은 여정(餘丁)이 되어 평시에는 공부(貢賦)를 바치고 전쟁이 일어나면 치중병(輜重兵; 짐을 나르는 군인)이 된다. 이래야 보(保)가 튼튼해지는 것이다.

그런데 지금은 2정을 1보(保) 즉 1호(戶)로 하고, 또 전(田) 5결을 1보로 하여 군적(軍籍)을 편성했기 때문에 1인은 병을 다스리고, 1인은 농사를 지으면서 부역까지 바친다. 그래서 보가 부실해졌다. 4약호(弱戶)가 1기병(騎兵)을 기르는 것은 3부호(富戶)가 1병을 기르는 것만 못하다. 또 5결을 1보로 간주하는 것도 옳지 않다. 앞으로 준전법(准田法)을 없애고, 3정을 1호로 하자. 또 갑사와 별시위는 3보가 1병(兵)을 기르고, 정병(正兵)과 선군(船軍)은 2보가 1병을 기르고, 팽배(彭排)와 대졸(隊卒)은 1보가 1병을 기르도록 하자. 이렇게 되면 군대도 충실해지고 백성도 편안해진다.

또 내금위와 겸사복은 활쏘기 200보를 시험하고, 갑사와 별시위는 150보를 시험하고, 정병과 선군은 100보를 시험하고, 팽배와 대졸은 100보를 시험하여 공현군(控弦軍) 30만을 확보하자. 또 군장과 마필을 자주 점검하고 대립(代立)을 금지하자. 갑사, 별시위, 팽배, 대졸은 옛날대로 4번으로 나누어 4개월 동안 머무르고, 선군은 2번으로 나누어 1개월씩 교대하고, 정병은 고쳐서 8번으로 나누어 2개월 동안 머무르게 하면 군인이 휴식도 하고 농사도 해치지 않을 것이다.

습진(習陣) 곧 군사 훈련은 서울은 1월에 두 번, 지방은 달마다 두 번 하는데, 앞으로는 해마다 봄과 가을에 거진(巨鎭)에 모여 3일 동안 습진하고, 10월에 유신(儒臣)들을 나누어 보내 주진(主鎭)에 가서 사열하자. 이렇게 하면 정병(正兵) 10만 명이 흉노 가운데 횡행할 수 있을 것이다.

(23) **옹성을 쌓을 것** ── 중국에는 모두 성문에 옹성을 쌓아놓고 있는데 우리나라는 의주나 안주는 말할 것도 없고, 평양이나 서울에도 옹성이 없다. 모든 성자에 옹성을 쌓아야 한다.

(24) **방리(坊里) 점고를 완화할 것** ── 현직 관리나 당번 군사는 관(關) 밖으로 나갈 수 없다. 그러나 전직 관료, 하번군사, 공노비와 사노비, 각종 장인(匠人)으로서 상번(上番)에서 빠진 이들은 혼인이나 장례, 부모 문안, 소송, 농장에서 농사, 지방에서 행상(行商) 등으로 방리(坊里)를 벗어나 즐겁게 살아가야 한다. 그런데 지금 이장(里將)이 방리 사람들을 모두 기록하여, 군사점고(軍士點考)에 빠진 사람은 장차 벌을 주려고 하니 어떻게 살아가야 하는가. 앞으로 가을에 호적을 만들어놓아 한 사람도 빠뜨리지 말아야 하지만, 방리인들은 연호잡색군(煙戶雜色軍)에 지나지 않으므로 위급할 때 성(城)에 올라가는 것 말고는 쓸 데가 없는 사람들이다. 따라서 이들은 교량이나 도로를 수리하는 데 동원하는 것으로 족하다.

(25) **강원도 선군(船軍) 문제** ── 강원도의 병선(兵船)은, 고성과 삼척의 경우 포구에 뒀는데, 강릉과 간성은 모두 큰 호수 속에 두었다. 만약 일이 생기면 어떻게 바다로 나가 방어할 수 있는가. 대신들에게 편한지 아닌지를 조사하여 조치하는 것이 좋다.

(26) **소도둑을 금할 것** ── 농우(農牛)는 소중하게 보호해야 하는데 요즘 가죽으로 갑옷을 만들고, 상용으로 소고기를 먹기 위하여 소를 잡는 일이 많다. 그저 백정만 소를 잡는 것이 아니라 양민들도 소를 잡고 있다. 앞으로 소를 도둑질하여 죽이거나 사서 죽이거나를 가리지 않고 극형으로 다스리자.

(27) **감로사 노비의 신고를 제한할 것** ── 감로사(甘露寺) 노비는 태조대왕이 잠저에 있을 때 얻은 것인데, 지난 80년 동안 무뢰한들이 양민 또는 공노비와 사노비를 유혹하여 감로사 노비라고 해주면서 뇌물을 받은 뒤 고발하여 상을 타거나, 이를 생업으로 삼거나, 멸망한 자가 많다. 앞으로 감로사 노비는 금년 9월 말로 한정하여 사실

이 아닌 것을 고발하면 압량위천죄(壓良爲賤罪; 양민을 노비로 만든 죄)
로 다스리자.

  (28) 도둑 잡는 일을 정할 것 —— 정병(正兵)과 여수(旅帥) 가운데 재
간이 있는 자는 무예를 시험하여 서반산관직(西班散官職)을 주고,
'어느 고을 몇 번째의 여수 겸 포도관(捕盜官)'이라 불러 도둑 잡는
일을 맡기자. 이렇게 하면 도적이 없어지고 여염에서 한탄하는 소리
가 끊어질 것이다.

  예종은 신숙주와 한명회에게 교(敎)를 내려서 "(양성지가) 상소한
일 가운데 행할 만한 일에 표를 붙여 알리라"고 명했다. 신숙주와
한명회 등 원상(院相)들은 의논을 하여 이해 10월 10일에 임금에게
의견을 아뢰었다. 이에 예종은 "양성지가 말한 것이 모두 그럴듯하
다. 다만, 사장(社長)에게 역(役)을 지우는 것은 불가한 일이 아니겠
는가? 다시 의논해 보라"고 말했다. 도승지 권감(權瑊)이 대답하기
를 "사장에게 역을 지우는 것의 옳고 그름을 신은 모르겠습니다.
그러나 역을 지우면 마음이 착한 자들은 그 역을 꺼려하지 않을
것이고, 마음이 성실하지 못한 자들은 스스로 사장을 그만 둘 것
입니다."[133]

  양성지의 이번 상소는 새로운 것이 몇 가지 있으나 대부분 그동
안 여러 임금에게 진언한 것을 집대성한 느낌이 있다. 어쨌든 민
생과 관련된 사안들에 대하여 양성지가 세밀하게 관심을 두고 문
제를 지적하고 있는 것은 놀라운 일이다. 특히 공납개혁에 대한
관심이 매우 적극적이다. 그는 공조판서라는 직책을 맡고 있으면서
도 관심은 항상 국정 전반에 걸쳐 있었다는 것을 보여준다.

  9월 18일 양성지는 공조판서로서 춘추관의 총책임자인 지춘추관

---

133)《예종실록》권8 예종 원년 10월 10일 庚申.

사(知春秋館事; 정2품)를 겸하게 되었다. 그러나 양성지를 신뢰하던 예종은 이해 11월 28일에 20세의 아까운 나이로 재위 1년 남짓 만에 세상을 떠나고 말았다. 왕권은 예종의 형인 덕종(德宗)의 아들 잘산군(乽山君)에게 돌아가니 조선의 제9대 임금 성종(成宗)이다. 당시 성종의 나이 13세였다.

20. 성종 원년(1470)의 사업
── 공조판서, 〈편의16사〉

성종은 어린 나이에 왕위에 올랐으므로 권력은 대왕대비 윤씨(세조의 비)가 수렴청정하는 가운데 한명회·신숙주 등 원상들에게 돌아갔다. 55세의 양성지는 여전히 공조판서 자리에 있으면서 새 왕을 맞이했다.

대왕대비는 성종 즉위 직후인 12월 4일, 호패(號牌)와 군적(軍籍)의 법이 너무 가혹하여 백성들의 원망이 크다는 것을 지적하고, 이를 원상들이 의논하여 대책을 세우라고 지시했다. 이에 대부분의 대신들은 호패법을 그대로 두는 것이 좋다고 답했다.[134] 정인지와 최항만이 법의 폐지를 찬성했다. 양성지는 법의 존속을 주장했다. 다만 2정을 1보로 하는 법과 전준정법(田准丁法)은 바꿀 필요가 있다는 평소의 의견을 다시 한 번 주장했다.

다음해인 성종 원년 1월 14일에 양성지는 공조판서로서 또 다시 〈편의16사(便宜十六事)〉를 임금에게 올렸다.[135] 그러나 이 상소문은

---

134) 《성종실록》 권1 성종 즉위년 12월 4일 癸丑.
135) 《눌재집》 권4 〈便宜十六事〉.

《실록》에는 실려 있지 않고, 《눌재집》에만 보인다.

　이번 상소만이 아니라 양성지가 성종 대에 올린 상소문은 이상하게도 《실록》에 실리지 않은 것이 많다. 그 이유는 아마도 실록을 편찬하던 춘추관의 관원들이 의도적으로 그의 상소문을 누락시킨 것으로 보인다. 이는 성종 13년 6월 11일 양성지가 타계한 뒤 실록 편찬자들이 쓴 졸기(卒記)의 다음과 같은 기록을 통해서 짐작할 수 있다.[136]

　　(양성지는) 글을 써서 올려 논하기를 좋아했는데, 모두가 우활하여 쓸 만한 것이 못되었다. 어느 날 봉장(封章) 10여 통을 가지고 춘추관의 요속(僚屬)들에게 보여 주면서 말하기를 "이것은 내가 평소에 아뢴 것인데 《사기(史記)》와 아울러 기록할 만하다"고 했다. 그러나 여러 요속들이 증빙할 것이 없다고 비난하자, 양성지는 비밀스럽게 청탁했으나, 뜻대로 되지 않아 크게 화를 내면서, 자책하여 말하기를 "노부(老夫; 늙은이)는 이제 쓸모가 없구나"라고 한탄했다. 뒤에 그는 전후 소장(疏章)을 모아 집에서 간행하고, 이름을 《남원군주의(南原君奏議)》라고 했다.

　이 졸기는 성종 대 춘추관 관원들이 양성지의 상소문이 우활하다고 판단하여 기록하지 않은 사정을 잘 보여준다. 그래서 양성지는 자신이 늙었다고 젊은 관원들이 무시하는 것을 보고 분개하여, 자신이 스스로 상소문을 모아 《남원군주의》라는 이름으로 간행했다는 것이다. 여기서 우리는 《눌재집》에 실려 있는 성종 대 주의(奏議)들이 왜 《성종실록》에는 보이지 않는지를 알 수 있다. 당시의 춘추관 관원들은 정치 철학을 달리하는 신진 사림들이었기 때

---

136) 《성종실록》 권142 성종 13년 6월 11일 戊申.

문에, 양성지의 상소문을 "우활하다"고 생각하고, 이를 《성종실록》
편찬 과정에서 빼버린 것이다.

어쨌든 이와 같은 사정을 이해하면서, 우리는 양성지가 올린 상
소문을 《눌재집》에서 알아보기로 한다. 이 상소문의 요지를 소개
하면 다음과 같다.[137]

(1) 성학(聖學)에 힘쓸 것 ── 성학은 정치의 근원이니 4서5경과
《송원절요》·《대명군감》·《동국사략》·《고려사절요》·《삼보감》(《국조
보감》)·《정관정요》·《대학연의》 등을 공부할 것.

(2) 정인(正人)을 가까이할 것

(3) 상벌을 밝게 할 것

(4) 용인(用人)을 신중히 할 것

(5) 언로를 넓히고 간쟁을 받아들일 것

(6) 관맹(寬猛)을 살필 것 ── 너그러움과 엄함의 중화(中和)를 취할 것.

(7) 대왕대비에게 존호를 올릴 것 ── 대왕대비에게 '태왕태후(太王
太后)'라는 아름다운 칭호를 올리고, 전호(殿號)를 '개대부(開大府)'로
바꾸고, 관속을 둘 것.

(8) 청정(聽政)에 힘쓸 것 ── 대왕대비의 수렴청정에 힘쓸 것.

(9) 상서(祥瑞)를 의논할 것 ── 세조조 때부터 뒷산에 깃발을 세워
놓고 궁궐 북쪽에서 울부짖는 자가 있었다. 깃발은 병(兵)을 상징하
고 곡읍(哭泣)은 상장(喪葬)을 뜻하는 것이므로 모두 좋은 일이 아니
다. 앞으로 이런 깃발이나 곡읍은 시비를 가리지 말고 3천 리 밖으
로 유배를 보내자. 또 상서(祥瑞)가 참으로 길흉을 뜻하는지는 모르
겠으나 앞으로 대유년(大有年)을 제외하고 그 밖의 상서는 논하지
말자.

(10) 명나라 사신에 대한 대접을 지나치게 하지 말 것 ── 사대와 교
린은 똑같이 중요한데, 야인이나 왜인에 대한 교린은 예를 갖추지

---

137) 《눌재집》 권4 〈便宜十六事〉.

않고, 명나라 사신에 대해서는 지나치게 대접하고 있다. 옛날에는 진상품이 토포(土布) 수십 필에 지나지 않았으나 지금은 천 필, 만 필에 이르고 장차 10만 필에 이를 것이니 재력이 탕갈되어 감당하지 못하게 될 것이다. 이는 통사(通事)와 관리의 잘못으로 적당함을 따라야 한다.

(11) **군현을 정비할 것** — 군현은 너무 커도, 너무 작아도 백성에게 좋지 않다. 읍이 너무 크면 일이 많고 일이 많으면 이서(吏胥)들이 농간을 부린다. 반대로 읍이 너무 작으면 백성들의 요역 부담이 커진다. 예를 들어 경기도의 수원과 용성(龍城)은 두 읍으로 나누는 것이 좋고, 금천과 과천은 합쳐서 하나로 만드는 것이 좋다. 그리고 · 월경지(越境地)는 모두 없애 부역의 평균을 가져와야 한다.

(12) **병제(兵制)를 정할 것** — 백성으로서 한 사람도 호적에 누락되면 안 되고, 한 사람이라도 단정(單丁)으로서 군역을 지면 안 된다. 그리고 한 사람이라도 재주를 시험하지 않고 군(軍)이라고 칭하면 안 된다. 세종 때부터 이 세 가지 원칙을 아홉 번이나 반복해서 상소했다. 현재 서울과 지방의 인민은 무려 110만여 정(丁)이고, 병(兵)은 27만이다.

지금 할 일은 전준정법(田准丁法)을 없애고 3정을 1보로 하고, 시험을 치러 갑사 3만 명, 별시위 3천 명, 정기병(正騎兵) 3만 명, 파적위(破敵衛) 3천 명, 진보군(鎭步軍) 3만 명, 선군(船軍) 6만 명, 팽배(彭排) 2천 명, 대졸(隊卒) 2천 명, 잡색기보군(雜色騎步軍)은 옛날대로 하는 것이다. 그러니까 잡색군을 빼면 16만 명을 확보하는 것이다.

(13) **정병(正兵)을 의논함** — 정병 번상군은 너무 적어도, 너무 많아도 좋지 않다. 너무 많으면 폐농(廢農), 유식(遊食), 서울 곡식과 물가의 등귀, 큰 염려 등이 일어난다. 이들이 순작(巡綽)과 숙위(宿衛)를 잘 해도 만일 간사한 자가 선동한다면 근심이 될 수 있다.

(14) **변방의 백성을 구휼할 것** — 평안도민은 국방과 사신 호송으로 고통이 많다. 현지에서 면포가 없어 개 가죽을 많이 입는데, 사첨시(司瞻寺)에서 저축하고 있는 수십만 필의 목면 가운데 수만 필을 보

내 연변 백성들에게는 1인당 1필씩 주고, 안주 이북에는 집집마다 1
필씩 지급하자.

(15) **좌리공신을 봉할 것** ──《맹자》에 말하기를 세신(世臣), 친신(親
臣), 사직신(社稷臣)이 있다고 했는데, 지금의 공신이 그것이다. 하늘
에 일월성신(日月星辰)이 체(體)가 되고 땅에는 악진해독(岳鎭海瀆)이
체가 되듯이 나라에는 대가세족이 체가 된다. 대가세족이 있으면 내
란이 일어나지 않으며, 대가세족이 기둥이나 장성(長城)처럼 버티고
있으면 외적이 들어오지 못한다. 양계에 세신이 없어서 최탄(崔坦; 고
려 때 몽고에 투항한 반역자)과 한신(韓愼; 최탄의 동조자)의 반란이 일어
났고, 동계(東界)에 세신이 없어서 이시애의 난이 일어난 것이다. 세
조 임금이 정란공신(靖亂功臣), 좌익공신(佐翼功臣), 적개공신(敵愾功
臣)을 봉한 것이나 예종 임금이 익대공신(翊戴功臣)을 봉한 것도 이
런 이유에서다.

따라서 전하께서도 즉위를 추대해 준 신하들과 앞으로 사직을 지
켜줄 신하, 그리고 익대공신과 적개공신에서 누락된 신하들을 공신
으로 책봉하여, 공훈과 기력과 충성과 가세(家世)가 있는 이들을 전
하의 이목과 심복과 팔다리와 이빨로 만들라.

(16) **신료를 대접할 것** ── 임금이 신하를 예로써 대접해야 신하가
임금을 예로써 보답한다. "형벌은 대부에게 미치지 않는다(刑不上大
夫)"는 말이 있다. 앞으로 조신(朝臣)으로 죄가 있어 옥에 가두려 할
때에도 조례(皂隷; 관아의 하인)가 포박하여 가지 않도록 하고, 모반이
나 대역 이외에는 관전(寬典)을 베풀라.

〈편의16사〉에서 국방과 군제에 관련되는 내용은 종전의 주장을
되풀이한 것이지만, 대왕대비에게 존호를 바치고, 공신을 봉하고
신료를 대접하라는 등의 주장은 새로운 것이다. 하지만 양성지의
주장은 이렇다 할 호응을 얻지 못했다.

이해 2월 9일 성종은 양성지 등에게 《경국대전》의 호전(戶典)과

공전(工典)의 교정을 명했다.[138]

21. 성종 2년(1471)의 사업
── 공조판서, 공신 책봉, 지중추원사, 〈편의32사〉

57세가 되던 성종 2년(1471)에도 양성지는 공조판서로서 2월 17일에 공신 책봉을 촉구하는 상소를 또 올렸다. 이 사실 역시 《성종실록》에는 보이지 않으나 《눌재집》에 실려 있다.[139] 앞에서 살핀 바와 같이, 《성종실록》 편찬을 담당한 사람들이 일부러 뺀 것으로 보인다.

이번 상소 또한 한 해 전 올린 것과 내용이 비슷하나, 공신 책봉이 결코 물질적 보상인 상뢰(賞賚)에 목적이 있는 것이 아니라, 국가를 튼튼하게 지켜줄 교목세신(喬木世臣)을 만들기 위함이라는 것을 강조하고 있다. '중국은 왕조가 스물세 차례 바뀌었으나 우리나라는 단군에서 지금에 이르기까지 왕조가 겨우 일곱 차례 바뀌었는데 바로 대가세족이 나라를 지켜주었기 때문'이라는 것이다. 더욱이 성종은 사직대신(社稷大臣)들의 추대를 받아 왕위에 올랐으므로 공신 책봉이 불가피하다고 했다.

참고로, 성종은 임금이 되지 못한 덕종(세조의 맏아들)의 둘째 아들로서 숙부 예종의 뒤를 이었으므로 부자상전(父子相傳)의 정통성을 갖지 못하고 있었다. 양성지는 바로 이 점을 지적하고 공신 책봉의 필요성을 주장한 것이다.

---

138) 《성종실록》 권3 성종 원년 2월 9일 戊午.
139) 《눌재집》 권4 〈請封功臣〉.

결과적으로 상소를 올린 지 한 달 뒤인 3월 27일 성종은 순성명량좌리공신(純誠明亮佐理功臣)을 1, 2, 3, 4등으로 나누어 책봉하기에 이르렀는데, 양성지는 3등 공신으로서 남원군(南原君; 종1품)에 봉해졌다.140) 그리고 아마(兒馬) 1필, 반당(伴儻) 6인, 공신전(功臣田) 20결, 노비 3구, 구사(丘史; 관노) 3구를 받았다.141) 동시에 양성지는 공조판서에서 지중추원사(知中樞院事; 정2품)로 자리를 옮겼다.

같은 해 12월 4일 양성지는 지중추원사로서 〈편의32사(便宜三十二事)〉를 올렸다. 지금까지 그가 올린 상소문 가운데 가장 항목이 많다. 그러나 이 상소문도 실록에는 보이지 않고, 《눌재집》에만 실려 있다.142) 실권을 장악한 원상들이 그의 상소를 그다지 주목하지 않았다는 증거일 것이다. 그 요지는 다음과 같다.

(1) 주현의 승호(陞號)를 반대함 —— 우리나라의 주군(州郡)은 단군 이래로 산하의 막힘과 도리(道里)의 멀고 가까움을 기준으로 만든 것인데 중국의 요청으로 승강하는 것은 곤란하다.

(2) 양계를 공신들에게 식읍으로 줄 것 —— 국방과 치안 때문에 염려가 많은 평안도와 영안도(함길도의 다른 이름) 62군을 75명의 좌리공신들에게 나누어주어 식읍으로 삼게 할 것이며, 식실봉(食實封)은 정1품은 식읍 500호 가운데 50호, 종1품과 정2품은 300호 가운데 30호, 종2품은 100호 가운데 10호를 줄 것. 그리고 복호(復戶; 요역 면제)는 식실봉 50호 가운데 5호, 30호는 3호, 10호는 1호로 하자. 이렇게 하면 안팎이 서로 연결되고, 체통이 서로 맺어지는 효과가 있을 것이다.

(3) 봉선사 숭은전을 봉선전으로 개칭할 것 —— 세조의 영정을 모신

---

140) 《성종실록》 권9 성종 2년 3월 27일 庚子.
141) 위와 같음.
142) 《눌재집》 권4 〈便宜三十二事〉.

광릉 봉선사(奉先寺)의 숭은전(崇恩殿)을 봉선전(奉先殿)으로 바꿔 불러 명분을 바로잡자.

(4) 대왕대비에게 존호를 올릴 것 —— 대왕대비(세조비 윤씨)에게 '태왕태후'라는 존호를 올리자.

(5) 궁사노(宮司奴)에게 역을 부과할 것 —— 궁사(宮司; 궁방전)의 노(奴)들이 감사와 수령을 멸시하며 평민들을 초개처럼 보고 있는데, 감사와 수령이 나서서 이들에게 평민처럼 부역을 지우자.

(6) 복호를 엄하게 할 것 —— 족보를 속여서 복호(復戶; 요역 면제)를 받는 이들을 조사하여 역을 지우고, 《선원록(璿源錄)》이나 각 전(殿)의 8조족도(八祖族圖)를 종부시(宗簿寺; 왕실족보 편찬 기관)에서 다시 조사하여 왕족으로서 8세대가 넘어간 사람은 요역을 지워야 한다.

(7) 군자창을 설치할 것 —— 군자창(軍資倉)은 동서에 균형 있게 설치해야 하므로 경상도와 강원도에서 올라오는 조세곡은 두모포 창고에 저장하고, 동대문 안에 창고를 설치하여 운수를 편하게 할 것.

(8) 과전을 부활할 것 —— 지금 관료들은 녹봉, 공신전, 직전을 가지고 있으나, 현직을 물러난 사람, 죽은 사람, 유약한 아이들, 수신(守信)하는 과부 등은 1전(田)의 세도 받지 못하고 있어서 가련하다. 내년 1월 1일부터 직전을 과전으로 바꾸어 지급하여 자손에게 전하도록 하자. 그래야 부익부 빈익빈이 없어질 것이다. 과전은 집집마다 조호(租戶; 농민)를 구휼하기에 침어하는 폐단이 없고, 관에서 받아 관에서 지급하는 폐단도 없어서 좋다.

(9) 당상관을 우대할 것 —— 서반 당상관에게 녹봉을 지급할 때 문안(文案)을 병조에 보내면 병조에서는 "곤란하다"고 하여 보류하고, 병조의 문안을 호조에 보내면 호조에서 또 "곤란하다"고 보류한다. 이리하여 한 달이 지나서야 녹을 받게 되니 예우가 아니다. 또 관교(官教)를 조사하여 녹봉을 주는 것도 부당하다. 앞으로 문반 당상관도 마찬가지로, 녹봉을 지급하기 하루 전에 이조와 병조에서 직함과 성명을 갖추어 창사(倉司)에 보내, 이것에 따라 녹봉을 주자.

(10) 중국 진헌(進獻) 방물을 검소하게 할 것 —— 중국에 바치는 방물

(方物)인 인삼은 백삼(白蔘)을 봉진하여 잡물이 섞이지 않게 하자. 마포(麻布; 삼베)는 붉은 흙이나 치자로 염색하므로 흑마포(黑麻布)라 부르지 말고 담홍포(淡紅布)와 담황포(淡黃布)로 이름을 바꾸자. 관료들이 바치는 저포(苧布)는, 세포(細布; 고급 모시)를 가지고 있으면 먼저 면포 5~6필 또는 7~8필을 주는데 이는 원가의 두 배를 넘는다. 또 관리들이 부상(富商)의 청탁을 받아, 추포(麤布; 거친 모시)를 세포라고 말하고 세포를 추포라고 하여 농간을 부린다. 앞으로 저마포는 너무 정세(精細)한 것을 바치지 말자.

(11) **별요(別窯)를 다시 세울 것** ── 세종 임금 때에는 동쪽과 서쪽에 기와를 굽는 요(窯)를 설치하여 국용에 쓰고, 별요를 만들어 개인의 용도로 썼다. 지금은 와서(瓦署)에 동서요가 있으나 관청의 소용도 채우지 못하고 있어 기와 값이 올랐다. 앞으로 별요를 설치하여 공사(公私)에 모두 편하게 하자.

(12) **외랑(外郞)을 설치할 것** ── 병조에서 인재를 시험하는 문안과 고신(告身; 임명장), 호조에서 돈과 곡식을 지급하는 전량문서(錢糧文書)를 서리들이 위조하여 작폐가 심하다. 앞으로 병조에 20명, 호조에 10명의 외랑(外郞)을 설치하여 의관자제(衣冠子弟)들로 충차(充差)하자.

(13) **승려의 범죄를 다스릴 것** ── 승려들이 죄를 지으면 속인들과 똑같이 벌을 주자.

(14) **승려의 범간(犯奸)을 다스릴 것** ── 승려들이 여염에 내려와 부녀들을 범간하는 경우에는 죄를 주고, 부녀도 실행(失行)으로 죄를 주자. 또 빈소에 법석(法席)을 설치하는 것을 금하여 남녀의 구별을 엄하게 하자.

(15) **군사를 시험하여 뽑을 것** ── 병은 정(精)한 것이 귀하지 많은 것이 귀한 것이 아니다. 지금 내금위, 별시위, 갑사는 모두 정예 군인이다. 팽배(彭排)와 대졸(隊卒)도 달리기를 시험하여 뽑는다. 그러나 정병(正兵)과 선군(船軍)을 시험을 치르지 않고 뽑는 것은 무리다. 앞으로 이들도 100보의 활쏘기를 하거나 기사(騎射)에서 1발을 맞추

거나 하여 뽑자. 그리하여 갑사 3만, 정병 6만, 선군 6만, 서울과 지방의 기보병(騎步兵) 15만을 만들면 천하무적이 될 것이다.

(16) **군용(軍容)을 정비할 것** —— 명나라 사신이 올 때 기병이 안장이 없고, 보병이 신발이 없다면 이는 장병자(將兵者)의 잘못이다. 앞으로 군장과 마필을 하나하나 조사하여 부실할 경우에는 먼저 장수를 벌하고, 다음에 절도사와 수령을 벌주고, 서울의 위(衛)의 부장(部將)을 죄 주어야 한다. 그리고 머리가 하얀 노병이나 헤진 갑옷을 입은 자가 문을 파수하는 것을 못하게 할 것이다.

(17) **군사를 구휼할 것** —— 평안도 압록강 연안의 군사들에게 겨울에 면포를 지급하고, 연대(煙臺; 봉수)를 지키는 군사에게 털모자를 지급하고, 시립하는 군사는 술과 고기를 먹이고, 입직군사에게는 여름에 얼음을 주고 겨울에는 숯을 지급해야 한다.

(18) **궁성을 쌓을 것** —— 창덕궁 담장이 너무 낮으므로 봄에 궁성을 쌓자. 돈화문 좌우의 행랑에 사람, 닭, 개들이 뒤섞여 살고 있는데 공조에서 도와주어 궁궐을 넘겨다보지 못하게 해야 한다. 또 궁성과 도성의 네 문에 현문(懸門; 비상문)을 설치하여 비상사태에 대비하자.

(19) **변민(邊民)들을 편안하게 할 것** —— 평안도 백성들은 강변 방수와 사신 접대로 그 고통이 다른 도보다 두 배나 된다. 그러므로 요동으로 들어가지 못하게 하는 금령(禁令)에 따라 안주 이북 여러 읍인(邑人)들은 산야에 흩어져 살지 못하게 하고, 5가를 1통(統)으로 만들고, 5통을 1리로 하고, 통주(統主)와 이정(里正)에게는 토직산관(土職散官)을 주자. 그리하여 농사, 요역, 환란을 서로 도우며, 출입을 서로 알게 하자. 이렇게 하여 성적이 좋으면 통주와 이정에게 자급을 높여주자. 깊은 산중에 홀로 사는 사람은 1~5필의 면포를 주어 이사하여 모여 살게 하자.

(20) **순장(巡將)을 파견할 것** —— 세조 때 무창, 여연, 우예를 철폐하고, 이어 자성군을 철폐했는데 잘 한 일이다. 그러나 무창의 오수동과 우예의 조명 사이, 자성의 오만상은 물산이 풍부하고 토지가 비옥하고, 산천이 험하여 야인이 들어오면 한꺼번에 내쫓기가 어렵다.

앞으로 해마다 봄가을로 평안도 절도사와 강계 절제사가 정예군인 300~500명을 데리고 사냥을 핑계 삼아 계동(溪洞)을 자세히 조사하자.

(21) **강무장을 부활할 것** — 세종조에 강원도 철원과 평강 등 읍을 강무상소(講武常所)로 정하여, 해마다 봄가을에 직접 가서 군대를 사열했는데 큰 성황을 이루었다. 청하건대 이곳을 다시 강무상소로 만들어 개인적인 사냥을 금하게 하자.

(22) **명나라 사신에게 활을 주지 말 것** — 당나라가 신라에 노사(弩師; 활 기술자)를 요청했으나 신라가 그 기술을 다 가르쳐주지 않았다. 활은 우리나라의 장기(長技)로서 근년에 명나라 사신이 이를 구해가지고 갔는데, 뒤에 사신이 와서 구하기를 원하더라도 다 들어주지 말자. 병기는 비밀로 해야 한다.

(23) **남의 고총(古冢)에 무덤을 쓰지 말게 할 것** — 근래 남의 오래된 무덤에 자기 무덤을 쓰는 사대부들이 많은데, 앞으로 능실(陵室) 말고는 고총에 무덤을 쓰지 못하게 하고 이를 어기는 자는 《대명률》로 다스리자.

(24) **상언(上言) 범람을 억제할 것** — 세조 임금 때 아랫사람의 정(情)을 통하게 하기 위해 어가(御駕) 앞에서 호소하는 것을 허락했는데, 상언이 넘쳐나도 죄를 주지 않았다. 그래서 심지어는 울부짖고 깃발을 휘날리는 자도 있었는데, 상서롭지 못하다. 앞으로 어가 앞에서 호소하는 자나 깃발을 흔드는 자, 울부짖는 자는 대불경(大不敬)으로 논하고, 이를 어기는 자는 양반은 장 100대에 벼슬길을 끊고, 상인(常人)은 장 100대에 집 전체를 변방으로 이사시키자.

(25) **평시서를 승격시킬 것** — 물가를 관리하는 평시서(平市署)는 품계가 낮아 간사한 무리와 세력 있는 무리들을 누르지 못하고 있다. 그래서 물가가 고르지 못하고 사람들이 고통을 받고 있다. 예를 들어 물감 값이 옛날보다 세 배나 올랐다. 앞으로 평시서를 3품 아문으로 승격시켜 대사헌을 제조로 삼고, 지평과 장령을 겸관(兼官)으로 삼아 물가를 공정하게 감독하고, 물감 값을 특별 관리하여 어기는 자는 재산을 몰수하자.

(26) 소 잡는 일을 엄금할 것 —— 소는 농사에 절대 필요한데 가죽 갑옷을 만들기 시작한 뒤로 소를 잡아 이득을 얻는 자가 많다. 앞으로 가죽신을 만들 때 쓰지 않아도 될 것은 쓰지 말고, 다른 가죽으로 대신하도록 하자. 그리하여 소가죽 사용을 줄이면 가격도 떨어질 것이고 소 잡는 풍속도 줄어들 것이다.

(27) 환지(還紙) 사용을 금할 것 —— 우리나라는 문헌의 나라로서 단군에서 지금에 이르기까지 여러 역사책과 문집들이 전하여 오고 있다. 서하(西夏)나 요나라, 금나라 같은 나라와는 다르다. 그런데 요즘 환지(還紙; 휴지)의 이득이 커져 공사(公私) 문적(文籍)의 태반이 도둑맞고 있다. 비록 죄인을 변방으로 강제 이주시키는 법이 있으나 지켜지지 않고 있다. 앞으로 문서를 종이로 만드는 자, 이웃에서 고발하지 않는 자, 환지를 사용하는 자로서 평민은 장 100대에 전가(全家)를 변방에 이주시키고, 관리는 장 100대에 영원히 벼슬길을 끊자. 아울러 잡초 종이의 사용도 금하자.

(28) 연찬(宴饌)을 검소하게 할 것 —— 궁중과 종친의 진연(進宴; 잔치) 등이 너무 사치스러우니 이를 개혁하여 검덕(儉德)을 숭상할 일이다.

(29) 혼례를 간소하게 할 것 —— 혼례를 치를 때 재화를 말하는 것은 예로부터 비난감이었다. 우리나라는 남자가 여자 집에 가는 습속이 있으나 혼례의 바름은 중국에 미치지 못하고 있다. 다만, 사위가 혼인날 저녁에 노복에게 재물을 지워 앞서 가게 하는데, 이렇게 하지 않으면 인척들이 삐죽거린다. 이는 대체 무슨 예속(禮俗)인가? 앞으로 남자가 혼인할 때 노자(奴子)가 재물을 지고 앞서 가는 것을 통렬하게 금지시켜 혼례를 바르게 하자.

(30) 복색을 정할 것 —— 우리나라는 예로부터 땅이 척박하고 가난하여 흰 옷을 입었다. 단군조선, 기자조선에서 신라에 이르기까지 천 년을 누리고, 고구려가 700년, 백제가 600년, 고려가 500년을 거치는 동안 회색이나 백색을 금했다는 말을 듣지 못했다. 그러니 회색을 금하는 것은 요상한 말이다. 또 오행(五行)의 상극사상(相克思想)을 가지고 말해도 중국인들이 청색을 입지 않은 지 오래다. 따라

서 회색과 백색 옷을 금할 필요는 없다. 다만, 요즘 회색과 백색 옷을 금한 뒤로 위로는 공경에서 아래로는 정병(正兵)과 공상천예(工商賤隷)에 이르기까지, 모두 토황색(土黃色) 옷을 입고 있어서 높고 낮음의 구별이 없다. 앞으로 복색을 정하여 신분의 높고 낮음을 구별하자.

(31) **복요(服妖)를 금할 것** —— 부녀들이 저고리와 치마를 입는 것은 우리나라 만세불변의 제도인데, 지금 여인들이 남자 옷을 입는 것은 어찌 복요(服妖)가 아니겠는가? 앞으로 여인들이 장의(長衣; 긴 바지)를 입고 다니면 사헌부에서 금하자. 또 사족 부녀들이 치마, 저고리를 입지 않고 단화(短靴)를 신고 말을 타고 다니거나 상인(常人)처럼 이른바 소주광조아(蘇州廣條兒)를 띠로 두른 자는 모두 금지하자.

(32) **유수(遊手)를 금할 것** —— 사농공상은 저마다 생생(生生)의 도를 가지고 있는데 이를 태만하게 하는 자는 생생의 이(利)를 끊는 자로서 도적일 따름이다. 옛 사람들이 길가의 수목을 모두 잘라버린 것은 백성들이 놀고먹는 것을 막기 위함이었다. 그런데 지금 길가에는, 대낮에 게으른 백성들이 모여 장기나 바둑을 두는 자들이 종종 있는데 이는 도적의 뿌리가 된다. 사헌부가 이를 금지하여 부모를 모시고 자식을 기르는 데 전심하도록 해야 한다.

32항에 걸친 개혁안 가운데 국방이나 군제, 그리고 과전 부활과 풍속에 관한 것은 종전의 주장과 다르지 않으나, 물가를 관리하는 평시서의 승격, 혼례의 간소화, 승려 범죄에 대한 처벌, 기와를 굽는 별요의 설치 등은 새로운 주장이다. 양성지의 이 상소가 조정에서 어떻게 처리되었는지는 《성종실록》에 기록이 없어서 알 수 없으나, 아마 원상들이 무시했을 가능성이 크다.

22. 성종 3년(1472)의 사업
─ 지중추부사, 〈변방4사〉, 〈편의4사〉, 〈교정대전45사〉

성종 3년(1472)은 성종의 나이 16세가 되어 대왕대비의 수렴청정이 끝났다. 양성지는 58세로서 지중추부사(知中樞府事; 정2품)의 자리에 있었다.

이해 1월 29일에 양성지는 남원군으로서 〈변방4사(邊方四事)〉를 올렸는데, 이 글 역시 《성종실록》에는 보이지 않고 《눌재집》에만 실려 있다.[143] 그 요지를 소개하면 다음과 같다.

(1) **함흥을 유수부(留守府)로 승격시키자** ─ 이시애의 반란으로 함흥을 군(郡)으로 강등했는데, 함흥의 지정학적 위치나 태조의 고향 풍패향(豊沛鄉)이라는 점을 고려하여, 유수부로 승격시켜 동북면 근본의 땅으로 만들자.

(2) **함경도로 개편할 것** ─ 고려시대에 정평(定平) 이남에서 평해(平海)까지를 삭방강릉도(朔方江陵道)라고 불렀는데, 이를 따라서 고원(高原)과 정평 이북을 '함경도'로 부르고, 영흥 이남에서 평해에 이르는 영동과 영서를 '영원도(永原道)'로 부르자.

(3) **극성의 관문과 절령의 방원(防垣)을 돌로 쌓자** ─ 고려시대에 홍건적이 들어올 때 절령(岊嶺)에 급히 책(柵)을 구축했으나 방어를 하지 못했다. 앞으로 황해도 황주의 극성관문(棘城關門)과 절령방원(岊嶺防垣)을 돌로 쌓아 방비를 강화하자.

(4) **압록강에 찰방을 두자** ─ 압록강에 찰방(察訪)을 두어 상류와 하류를 순행하면서 평안도민들이 요동과 심양 지방으로 도망가는 것을 살피자.

---

143) 《눌재집》 권4 〈邊防四策〉.

이 상소문은 주로 북방 경비에 관한 내용인데, 성종 때의 분위기는 전반적으로 세조 때의 부국강병 정책을 버리고 도덕정치를 지향하던 터였으므로 이러한 주장이 조정의 관심을 끌기는 어려웠다.

3월 20일에 양성지는 다시 〈편의4사(便宜四事)〉를 올렸다. 이 역시 《실록》에는 보이지 않고 《눌재집》에만 실려 있다.[144] 그 요지는 다음과 같다.

　(1) **교화(敎化)를 밝힐 것** —— 정치의 기본은 인후(仁厚)를 덕으로 삼아야 하며, 꼼꼼하게 따지고 챙기는 것으로 정치를 하지 말 것이며, 관대함과 맹렬함의 중간을 취하고, 강건함과 부드러움의 마땅함을 살피고, 중화(中和)에 도달하면 교화는 저절로 밝혀지게 될 것이다.

　(2) **풍속을 바르게 할 것** —— 윗사람이 하면 아랫사람이 본받는 것을 풍(風)이라 하고, 중심(衆心)을 안정시키는 것을 속(俗)이라 한다. 그런데 풍속의 핵심은 삼강(三綱)이다. 단군과 기자에서 고려에 이르기까지 우리나라의 풍속이 매우 아름다웠으나, 최근에 이르러 풍속이 점점 무너지고 있다. 예를 들면 노비와 주인의 관계는 신하와 임금의 관계와 같음에도 노비가 주인을 헌신짝처럼 배신하여 버리고, 옛 주인의 처녀를 간음하거나 재물을 빼앗고 있다. 또 승인(僧人)들이 여염에 출입하면서 사족 부녀자들을 추행하고 있다. 또 세가(世家)의 처녀들이 정욕(情慾)을 마음대로 행하여 마치 창기(娼妓)처럼 행동하고, 만약 아비와 남편이 죽으면 음탕한 짓을 마음대로 하기도 한다. 따라서 삼강을 바로잡아야 한다.

　(3) **학교를 진흥할 것** —— 지금 크고 작은 학교들이 매우 허술하여 인재를 기르는 데 문제가 심각하다. 앞으로 성균관 유생들로서 15년 동안 출석한 자는 제술(製述)을 시험하여 3인을 은사(恩賜)로 취하고, 생원과 진사도 10인을 은사로 취하고, 도화서(圖畵署)에 중학(中學)을 옮기고, 대신에게 명하여 남학(南學)을 감수하고, 4학(四學)에 제조를

---

144) 《눌재집》 권4 〈便宜四事〉.

두어 10일마다 시험을 치러 문교를 일으켜야 한다.

　(4) **과거(科擧) 문장의 문제** —— 요즘 과거 응시자의 문장이 옛날과
매우 다르다. 혹은 선배들의 문장을 베끼면서 오로지 어렵고 과장된
문장을 쓰고, 《맹자》를 인용하면서 '맹가씨(孟軻氏)'라고 쓰기도 한
다. 또 자신이 설(說)을 내고도 '선유(先儒) 아무개의 주장'이라고 속
이기도 한다. 고시관들도 이를 보고 진위를 가리지 않고 넘어간다.
앞으로 응시자와 고시관들에게 이 점을 주의시키고, 나아가 삼장문
선(三場文選)을 인간(印刊)하여 모범으로 삼고, 잠(箴)·명(銘)·기(記)·송
(頌)은 시험보지 말자.

　〈편의4사〉는 주로 교육과 풍속에 관한 것으로 민생에 관한 내용
은 없다. 특히 삼강(三綱)의 중요성을 강조하면서 노비의 주인에 대
한 능욕을 경계하고 있는 대목이 많은 것이 눈에 띤다. 그의 관심
이 신분질서 안정에 쏠리고 있음을 보여준다.

　3월 29일 양성지는 남원군으로서 《경국대전》 간행에 앞서 45개
항에 이르는 〈교정안(校正案)〉을 임금에게 바쳤다.[145] 이는 여러 대
신들에게 《경국대전》 초안의 문제점을 교정하라는 왕명에 따른
것이었다. 양성지가 제의한 〈교정안〉은 그가 그동안 여러 차례에
걸쳐 올린 상소문의 내용과 일치한다. 성종 5년(1474)에 반포된
《경국대전》과 양성지의 〈교정안〉을 견주어 보면, 그의 주장 가운
데 일부는 반영되고 있으나 받아들여지지 않은 점도 많음을 알 수
있다. 〈교정안〉의 내용은 매우 미세하고 번잡하여 여기서는 소개
하지 않는다.

　같은 해 5월 10일, 《예종실록》이 편찬되자 양성지는 그 공로로
말 한 마리를 하사받았다. 11월에는 《세조실록》과 《예종실록》을

---

145) 《눌재집》 권4 奏議.

전주사고(全州史庫)에 봉안하고 돌아왔다. 이때 사헌부 장령 허적(許迪)은 "강희맹과 양성지가 실록을 봉안하고 돌아올 때 역마(驛馬)를 함부로 탔다"는 이유로 탄핵하는 상소를 올려, 죄를 주어야 한다고 주장했으나 임금은 이를 듣지 않았다.[146]

23. 성종 4~5년(1473~1474)의 사업
── 〈군정4사〉

59세가 되던 성종 4년(1473)에 양성지는 국정에 참여한 특별한 기록이 보이지 않는다. 다만 《예종실록》을 인출(印出)한 공로로 6월 8일 아마(兒馬) 한 마리를 받았다는 기록이 보이고,[147] 같은 해 12월 13일에는 지중추부사를 그만두고 자헌대부(資憲大夫; 정2품)로서 남원군에 다시 봉해졌다는 기록이 보인다.[148] 성종은 그에게 특별한 직책을 주지 않았다. 이 무렵 이미 정계는 세조를 보필했던 원로훈신(元老勳臣)들이 일선에서 물러나고, 신진 사림이 등장하면서 성종의 깊은 신임을 얻어가고 있었으므로 양성지의 시대도 끝나가고 있었던 것이다.

훈신과 사림은 단순히 연령상의 세대 차이를 드러낸 것이 아니라 정책적 차이도 적지 않았다. 그 차이는 국방과 군사정책에서도 나타났다. 사림은 기본적으로 감군정책(減軍政策)을 지지했다. 성종은 사림의 정책을 받아들여 갑사 1만, 정병 5만, 수군 1만을 감축

---

146) 《성종실록》 권24 성종 3년 11월 30일 壬戌 및 12월 1일 癸亥.
147) 위의 책 권31 성종 4년 6월 8일 丁卯.
148) 위의 책 권37 성종 4년 12월 13일 己巳.

했다. 단순히 군대만 줄인 것이 아니라 군사 훈련도 소홀히 했다. 사림이 지향하는 바는 어디까지나 도덕정치였기 때문이다.

그러나 북방 여진족과의 긴장은 여전히 계속되고 있었다. 여진족은 지나치게 많은 인원이 서울에 찾아와 회사품(回賜品)을 받아가기도 하고, 기병을 보내 강변 지역을 포위 공격하기도 하여 조정을 괴롭혔다. 특히 성종 5년(1474) 12월에는 여진족 기병 3천 명이 평안도 이산(理山; 초산)을 포위한 일도 있었다.

이렇게 성종 대에 들어와 군대가 감축되고 기강이 느슨해진 것을 염려한 양성지는 이해 7월 7일 〈군정4사(軍政四事)〉를 임금에게 올렸다.149)

여기서 그는, 고려 초에는 군제가 정비되고 국방이 강화되어 요나라와 금나라를 물리쳤으나 고려 말기에는 군정(軍政)이 무너지면서 몽고와 홍건적에게 수모를 당한 사실을 지적했다. 그리고 세조 시절에 군제가 정비되고 국방이 강화된 사실을 상기시키면서 지금에 와서 군대를 지나치게 줄인 사실을 걱정했다. 이는 당장 도적이 없다고 해서 울타리를 헐어버리는 것과 같다는 것이다. 그래서 그는 지나친 군대 감축을 반대하면서 한편으로는 번상병(番上兵)을 너무 많이 서울에 올라오게 하는 것도 반대했다. 그는 적정한 군대의 수를 세조 7년(1461)에 정한 군적(軍籍)의 수준으로 회복할 것을 주장했다. 곧 200명의 내금위, 50명의 겸사복, 50명의 겸군기(兼軍器), 3천 명의 별시위, 1만 7천 명의 갑사, 3천 명의 파적위(破敵衛), 7천 명의 팽배(彭排)와 대졸(隊卒), 3만 명의 기정병(騎正兵), 3만 명의 보병(步兵; 鎭兵), 6만 명의 수군(水軍), 5만 명의 연호잡색과 문무양반을 합한 수성위(守城衛), 10만 명의 향리·역자(驛子)·이전(吏

---

149)《눌재집》 권4 〈軍政四事〉.

典)·장인(匠人)·공사천구(公私賤口)를 합한 수성군(守城軍)을 만들자는 것이다. 이렇게 되면 현역군이 약 15만 명이 되고, 예비군이 약 15만 명이 되어, 이 둘을 합치면 약 30만 명이 된다.

그에 따르면, 우리나라 인구는 호수(戶數)가 100만이므로 장정이 100만이 되고, 3정을 1보로 할 때 30만 군이 편성될 수 있다는 것이다. 이것은 그의 지론이었다. 이는 세조 때 2정을 1보로 한 것보다는 완화된 것이지만, 성종 초의 감군된 상황과 견주면 한층 늘어나는 바이다.

이 밖에 그는 종전의 주장대로 군대를 시험하여 뽑고, 또 수십만의 승도(僧徒)들이 놀고먹는 것은 부당하다며 이들을 군적에 등록시켜 유사시에 산성(山城)을 지키게 해야 한다고 주장했다. 또 키가 큰 장인(長人)을 뽑아 겸사복에 소속시켜 숙위를 맡겨야 한다고 주장했다.

그러나 양성지의 이 건의 역시 《실록》에는 실리지 않았으며, 《눌재집》에만 보일 뿐이다.

24. 성종 6년(1475)의 사업
—— 〈병사6책〉

61세가 되던 성종 6년(1475)에도 양성지는 별다른 직책을 갖지 않고, 그저 자헌대부 남원군의 명예직을 띠고 있었다. 이해 2월 18일 신숙주의 건의로 성균관에 가서 유생들을 가르치는 일을 맡았을 뿐이었다.[150]

그러나 양성지의 관심은 여전히 국방과 군정(軍政)에 있었다. 6월

24일 그는 〈병사6책(兵事六策)〉을 올렸다. 이 글은 만주 오랑캐 여진의 침략으로 국방을 염려한 성종이 병사(兵事)를 물은 데 대한 답변의 형식을 띠고 있다. 그런데 이 글도 《실록》에는 보이지 않고 《눌재집》에만 실려 있다.[151]

여기서 그는 나라의 가장 큰 일로서 장수를 택하는 일과 상벌을 엄격하게 하는 일을 강(綱)으로 제시하고, 사졸을 엄격하게 선발하는 일, 군량미를 저축하는 일, 무기를 갖추는 일, 성곽을 수리하는 일을 목(目)으로 제시했다. 그 요지는 다음과 같다.

(1) **선사졸(選士卒)** ── 세조 7년(1461) 당시 8도의 호(戶)는 70만, 인구는 400만, 군병은 27만, 조정(助丁; 保)은 58만으로서 모두 합하여 85만여 정(丁)이다. 그로부터 15년이 지난 오늘 군병을 더 늘릴 수는 없으나 더 줄여서도 안 된다. 따라서 지금 할 일은 세조 7년의 군적과 호적을 토대로 조사하여 별시위·갑사·파적위·팽배·대졸과 같은 고급 군인의 경우는, 1정(丁)을 누락시켰으면 감고(監考)와 색리(色吏)는 장 100대를 때리고 수령은 5자(資)를 내리며, 5정 이상을 누락시켰으면 감고와 색리를 변방으로 이주시키고 수령은 영원히 등용하지 말자.

또 정병과 수군도 말을 타거나 걸으면서 활쏘기나 달리기를 시험하여 합격한 자는 호수(戶首)로 하고 합격하지 못한 자는 조정(助丁)으로 하자. 군대의 수는 별시위와 갑사를 합하여 2만 명, 파적위·팽배·대졸을 합하여 1만 명, 기정병(騎正兵) 3만 명, 보정병(步正兵; 鎭軍) 3만 명, 수군 6만 명, 연호잡색기병(煙戶雜色騎兵; 守城衛) 5만 명, 연호잡색보병(煙戶雜色步兵; 守城軍) 5만 명을 확보하자.

군호는 3정을 1호로 하되, 갑사는 3호가 1병을, 정병과 수군은 2호가 1병을, 파적군과 진군은 1호가 1병을, 연호잡색은 1호가 1병을

---

150) 《성종실록》 권52 성종 6년 2월 18일 丁酉.
151) 《눌재집》 권4 〈兵事六策〉.

기르도록 하자.

(2) **군량미를 비축하자**[儲糧餉] —— 아무리 군병이 많아도 군량미가 없으면 의미가 없다. 군량미를 확보하려면 민력을 키워 농사철을 어기지 말고, 수리(水利)를 일으켜 둔전을 실시하고, 노는 사람을 농토로 돌아오게 해야 한다. 특히 평안도 변경지역의 군량 문제가 가장 급하므로 납속보관(納粟補官) 등의 방법을 강구해야 한다.

(3) **무기를 정비하자**[備器械] —— 우리나라는 예로부터 성(城)을 잘 지켜왔는데 특히 활을 잘 만들고 활쏘기 훈련을 잘했기 때문이다. 또 세조 때 《성제공수도》를 춘추관에서 보았는데, 이를 꺼내서 연구하자. 그리고 《총통등록》은 나라의 비밀문서로서 지금 경복궁 융문루에 21건, 춘추관에 1건이 있는데, 예문관에 명하여 언자(諺字; 한글)로 필사하여 융문루, 군기시, 춘추관, 홍문관에 각각 1건, 지방 세 사고에 각 3건, 한자로 서사한 자에게 1건을 보내고, 나머지 책들은 모두 태워버리자.

피갑(皮甲; 가죽 갑옷)은 쓸 필요가 없다, 혹 필요하다고 하더라도 일상적으로 만들면 농우(農牛)가 모두 멸종되고 말 것이다. 앞으로는 종이나 쇠로 갑옷을 만들자.

(4) **성곽을 수리하자**[繕城郭] —— 내지에도 성곽을 쌓아 유사시에 대비해야 한다. 앞으로 영안도의 영흥, 평안도의 의주와 안주, 황해도의 극성과 방원, 강원도의 원주·춘천·강릉·흡곡(지금의 통천), 전라도의 전주·남원·광주, 경상도의 경주·상주·진주·안동·밀양·성주, 충청도의 충주·청주·공주·홍주, 경기도의 양주·광주·수원·파주·개성·강화 등 지역에 10년 안에 성자(城子)를 수축하자.

(5) **장수를 뽑자**[擇將帥] —— 좋은 장수가 없으면 안 된다. 앞으로 1~2품 대신에게 명하여 대장(大將) 10명, 3품 이상에게 위장(衛將) 30명, 6품 이상에게 부장(部將) 100명을 선택하도록 하자.

(6) **상벌을 분명히 하자**[明賞罰] —— 평시에는 장수들에게 은혜와 믿음을 베풀고, 유사시에는 상벌로 다스리며, 군령을 어긴 자는 친하더라도 가리지 말고 벌주어야 하며, 군공이 있는 자는 친하지 않더

라도 버리지 말아야 한다. 또 장수는 사졸들을 이렇게 대해야 한다.

세종 때부터 13차례에 걸쳐 비변책과 군정책(軍政策)을 올렸는데, 그 핵심 주장은 "단 한 사람의 백성도 군적에서 누락시키지 말고, 단 한 사람도 재주를 시험하지 않고 병(兵)이라 칭하지 말 것이며, 단 한 사람도 단정(單丁)이 병(兵)으로 복무해서는 안 된다"는 것이다.

〈병사6책〉은 종전의 주장을 다시 되풀이한 것으로 특이한 내용은 없다. 다만, 국방정책이 느슨하던 성종 대에도 그의 군정에 대한 관심이 여전했다는 것을 보여준다는 점에 의미가 있다.

이해 9월 16일 조정에서는 성종의 아버지인 덕종, 곧 회간대왕(懷簡大王)의 신주를 종묘에 부묘(祔廟)하는 문제를 놓고 논의가 벌어졌다.152) 이때 대부분의 대신들은 부묘를 반대하고 나섰으나, 양성지는 이에 찬성하는 발언을 했다. 결과적으로 성종은 양성지의 주장을 따랐다.

25. 성종 7~8년(1476~1477)의 사업
    ─〈친사문묘송〉, 극성(棘城) 공사 중지 요청, 대사헌, 탄핵, 공조판서

62세 되던 성종 7년(1476)에도 양성지는 특별한 소임을 맡지 않았다. 다만 이해 4월에 춘추관에서 《시정기(時政記)》 편찬을 감수하는 직책을 맡았을 뿐이다.153) 그리고 12월에 성종은 노사신, 서거

---

152) 《성종실록》 권59 성종 6년 9월 16일 壬戌.
153) 위의 책 권66 성종 7년 4월 11일 甲申.

정 등에게 양성지가 지은 《지리지》(《팔도지리지》)에다 우리나라 문
사들의 시문(詩文)을 모아 덧붙여 실으라고 명했다.[154] 이것이 바로
성종 12년(1481)에 편찬된 《동국여지승람》으로서, 《팔도지리지》와
《동문선(東文選)》을 합하여 만들어진 것이다. 그러니까 《동국여지
승람》의 골격은 양성지가 짠 셈이다.

63세 되던 성종 8년(1477) 7월 27일에 양성지는 남원군으로서
〈사대국척원인(事大國斥遠人)〉을 올렸다. 이 글 역시 《실록》에는 없
고 《문집》에만 남아 있다. 그 요지는 다음과 같다.

먼저 명나라에 대한 사대조공(事大朝貢)의 폐단을 논했다.

"작은 나라가 큰 나라를 섬기는 것은 나라를 보호하는 방책임이
틀림없으나, 다만 그 진헌 방물의 액수와 종류가 너무 많은 것이
우려스럽다. 거기에다 평안도와 황해도 백성들은 사신을 접대하는
일이 너무 고통스러워 요동으로 도망하여 우리나라 사람들이 요동
인구의 10분의 3을 차지하게 되었다. 따라서 앞으로 방물 가운데
없앨 것은 없애고 줄일 것은 줄여야 한다"

다음으로 양성지는 유구국에 대한 과도한 우대를 염려했다.

"유구국은 작고 먼 나라이므로 이들과 친해도 좋을 것이 없고,
사이가 나빠도 해가 될 것이 없는 나라이므로 지나치게 많은 옷감
을 내줄 필요가 없다. 세조 때에도 천 필에서 만 필의 옷감을 주
었는데 이를 되풀이할 필요가 없다. 또 유구를 우대하면 일본과
중국이 이를 문제 삼아 더 많은 물품을 요구할 염려가 있다는 것
도 유념할 필요가 있다"는 것이 그 내용인데, 이번의 상소도 옛날
에 이미 올린 것으로 새로운 내용은 아니다.

즉위 8년에 성종은 일찍이 양성지가 세조에게 요청했던 일을 거

---

154) 《성종실록》 권74 성종 7년 12월 17일 丙戌.

행했다. 바로 대사례(大射禮)이다.

8월 3일 성종은 성균관에 나아가 문묘(文廟; 大成殿)에 직접 제사하고, 이어 명륜당(明倫堂)에서 1,400명의 유생들을 대상으로 시험을 치르었으며, 다시 대사단(大射壇)에 나아가서 백관들에게 잔치를 베푼 뒤 68명의 신하들과 더불어 활쏘기를 하는 대사례를 시행하고서 궁으로 돌아왔다.[155]

양성지는 이 행사에서, 유생들을 시험할 때 책을 읽어주는 독권관(讀卷官)으로 참여했다. 그는 행사가 끝나고 이틀 뒤 행사를 기리는 송(頌)을 지어 바쳤다. 그것이 〈친사문묘송(親祀文廟頌)〉이다.[156] 이 글은 《성종실록》에 실려 있다. 임금이 이를 가상하게 여겨 표피로 만든 좌자(坐子; 의자)를 하사했기 때문에 중요한 사건으로 기록된 것이다.

양성지가 세조 2년(1456) 3월에 올린 〈편의24사〉에서 해마다 봄가을에 임금이 교외에 나아가 대사례를 행함으로써 무사들의 사기를 높여주고 아울러 일대의 풍속으로 삼자는 주장을 펼친 일은 앞에서 이미 소개한 바와 같다. 양성지에 따르면, 대사례는 중국의 제도는 아니지만, 요나라와 금나라가 시행한 것으로 매우 성대한 행사로 보았다. 그러나 세조는 어떤 이유인지는 알 수 없으나 이 행사를 시행하지 않았다. 그런데 성종이 드디어 양성지의 건의를 받아들여 대사례를 성균관에서 치르게 된 것이다.

성종은 단순히 대사례만 시행한 것이 아니라, 문묘에 제사하고 유생들에게 시험을 쳐서 유학을 장려하는 뜻도 아울러 보여준 것이 양성지의 건의와는 약간 다르다. 하지만 양성지로서는 매우 반가운 행사였으므로 송을 지어 바치지 않을 수 없었던 것이다.

---

155) 《성종실록》 권83 성종 8년 8월 3일 丁酉.
156) 위의 책 권83 성종 8년 8월 6일 庚子 및 《눌재집》 속편 권2.

〈친사문묘송〉은 서문과 본문으로 이루어져 있는데, 서문에서는 성종이 즉위한 뒤 친경(親耕)과 친잠(親蠶)에 이어 대사례를 차례로 시행한 것을 극구 칭송했다. 여기서 특히 임금을 '군사(君師)'로 표현한 대목이 눈길을 끈다. 곧 "하늘이 사목(司牧; 통치자)을 낼 때 군사(君師)를 겸해서 맡도록 했다"는 대목이 그것이다.

'군사'라는 표현은 다음에 소개할 8장의 송(頌) 가운데 '묘식장(廟食章)'에서도 보이는데, "하늘이 생민(生民)을 내리면서 군사(君師)를 만들었으니 소왕(素王)이 없다면 누가 나의 지혜를 열 것이며, 망망한 구토(九土)에 배우지 않는 사람이 없으니 만세토록 남면(南面)하여 하늘이 끝날 때까지 혈식(血食)을 할 것이다"라는 표현이 그것이다.

양성지가 임금을 군사(君師)로 표현한 것은, 임금이 단순한 통치자가 아니라 백성들을 가르치는 스승의 임무도 함께 지고 있다는 뜻이다. 따라서 친경이나 친잠, 친사(親祀), 그리고 대사례가 바로 '군사'의 모습을 보여주는 행사라고 해석하고 있는 것이다.

'군사'라는 말은 조선 후기에 이르러 영조와 정조 등 탕평군주가 왕권의 위상을 높이는 말로 널리 쓰이게 되었는데, 이미 양성지가 300년 앞서 임금을 '군사'로 표현한 것은 매우 의미 있는 일이다. 양성지는 임금을 '황극(皇極)'이라고도 표현했음은 앞에서 살핀 바 있는데, '황극' 또한 조선 후기 탕평사상의 바탕이 되었던 요소이다. 그렇다면 양성지는 탕평군주상(蕩平君主像)을 내세운 최초의 인물이라 할 수 있다.

다음, 송(頌)의 내용을 보자. 송은 8구(八句) 8장(八章)으로 되어 있는데, 태조의 업적과 종묘제사, 역대 임금의 문치(文治), 성종의 친경·친잠·문묘제사, 성종의 인재 선발, 활쏘기, 잔치 등을 칭송하고 있다. 각 장의 제목과 내용을 살펴보면 다음과 같다.

황성장(皇聖章): 태조의 업적을 칭송
묘식장(廟食章): 종묘제사를 칭송
수헌장(垂憲章): 태조, 태종, 세종, 세조의 문치(文治)를 칭송
친사장(親祀章): 성종의 친경과 친잠, 문묘제사를 칭송
작인장(作人章): 유생들을 시험보아 인재를 선발한 것을 칭송
대사장(大射章): 사단에서 활쏘기 한 것을 칭송
사연장(賜宴章): 백관들에게 잔치를 베푼 것을 칭송
영보장(永保章): 이 모든 행사가 문무위일(文武爲一)과 군신상열(君
臣相悅)을 가져와 나라의 기틀을 길이 이어가게 된
것을 칭송

그 뒤에도 양성지의 글쓰기는 멈추지 않고 계속되었다.

9월 16일에 그는 황해도 황주에 극성(棘城)을 쌓는 일에 대하여
중지할 것을 요청하는 상소를 올렸다.[157] 압록강을 지키는 의주의
축성이 가장 급하고, 다음에 살수(청천강)를 지키는 안주의 축성이
급하며, 그 다음에 황주 극성을 쌓는 일이 순서라고 했다. 그리고
고려 때 평양을 서경(西京)으로 삼아 방어의 중심지로 존중했듯이
평양을 존중할 필요가 있다는 말도 덧붙였다. 양성지는 황해도에
극성을 수축하면 평안도민들이 평안도를 버릴 것으로 오해하여 민
심이 흔들릴 염려가 있다고도 했다. 더욱이 국방은 성책(城柵)이 어
떠하냐에 따라 좌우되는 것이 아니고 국세(國勢)의 강약과 장수의
현명함에 달려 있다는 말도 곁들였다. 다시 말해 수나라는 을지문
덕 때문에 살수에서 대패했고, 30만의 거란군은 강감찬 때문에 귀
주에서 대패한 것이다. 그러나 1만 명의 홍건적은 세 원수(元帥)의
실책으로 절령(岊嶺)을 넘어 들어온 것이다.

---

157) 《성종실록》 권84 성종 8년 9월 16일 庚辰.

그러나 양성지의 이 상소에 성종은 답을 내리지 않았다. 이미 조정의 의논이 결정되어 공사가 착수되었기 때문이었다.

성종은 다음 달인 10월 2일에 양성지에게 자헌대부(정2품)로서 사헌부 대사헌(종2품)을 맡도록 했다.[158] 그로서는 세조 때에 이어 두 번째로 대사헌을 맡게 된 것이다. 당시 젊은 사림들을 언관직에 등용하던 성종이 원로 훈구대신을 대사헌에 임명한 것은 매우 파격적인 인사가 아닐 수 없다. 아마 〈친사문묘송〉을 받고 그에 대한 신임을 보인 것으로 느껴진다.

그러나 이번 인사는 오히려 양성지를 궁지에 몰리게 하는 계기가 되었다. 후배 사림 언관들은 양성지의 대사헌 취임을 반대하는 차자(箚子)를 잇달아 올리기 시작했다.

먼저, 직속 부하인 사헌부 장령 김제신(金悌臣)이 10월 4일에 포문을 열었다.[159] "양성지는 조행이 없고, 오직 재화(財貨)만을 탐하여 일찍이 이조판서로 있을 때 '오마판서(五馬判書)', '돗자리 안에 비단이 있다', '말발굽에 편자를 더 한다'는 소문이 퍼졌다"는 것이다.

여기서 '오마판서'라는 말은 뇌물의 양이 말 다섯 마리에 실을 정도라는 것이고, '돗자리 안에 비단이 있다'는 말은 비단을 돗자리에 싸서 주었다는 뜻이라고 한다. '말발굽에 편자를 더 한다'는 말은 말발굽에 쇠붙이를 더 붙여 뇌물로 준다는 뜻이라고 한다.[160] 그러나 다른 해석에 따르면, 말을 뇌물로 주기 위해 편자를 박아 준다는 핑계로 바쳤다는 뜻이라고도 한다. 그런데 《성종실록》의 양성지 졸기(卒記)에는 이런 비난이 양성지에 대한 것이 아니라 다

---

158) 《성종실록》 권85 성종 8년 10월 2일 丙申.
159) 위의 책 권85 성종 8년 10월 4일 戊戌.
160) 위의 책 권85 성종 8년 10월 4일 戊戌.

른 재상을 가리키는 것이라고 적어,[161] 양성지와는 관련이 없는 말로 치부하고 있다.

또 김수온이 쓴 〈남원군정안(南原君政案)〉에는 양성지가 이조판서를 지낸 기간이 겨우 7개월인데, 그 사이 도목정(都目政; 인사행정)을 한 것은 단 한 번이고, 전동인사(轉動人事)를 한 것이 여덟 번이라고 하며, '인사를 좌우한 것은 반 이상이 권세가들이 시킨 것이고 실제로 양성지의 손을 거친 것은 많지 않다'고 했다. 이렇게 본다면 양성지가 뇌물을 받고 인사를 좌지우지했다는 말은 분명히 과장된 것이다.

같은 날 사간원 사간 경준(慶俊)도 차자를 올려 양성지를 비난했다. "사람됨이 기운이 없고, 조행이 경박하고, 이익을 탐하며, 번잡한 일을 다스릴 재능이 부족하다"는 내용이었다. 성종은 이 차자를 정승들에게 보여주었다.

젊은 언관들의 탄핵을 받은 양성지는 10월 5일에 자신에게 던져진 무고에 대해 변명하는 글인 〈피무자명차(被誣自明箚)〉를 올렸다. 자신이 세조 때 이조판서로 있으면서 뇌물을 받았다고 하는데 원통하고 답답하다는 것이 그 요지였다.[162]

이에 성종은 경준과 김제신을 불러 "양성지의 일을 어떻게 알았는가" 하고 묻자 김제신은 "눈으로 보지는 못했으나 여러 사람들의 의논이 시끄럽다"고 답변했다. 성종이 다시 정승들에게 물으니 정창손 등 여러 대신들이 말하기를 "한때의 풍문을 가지고 대신들을 탄핵한다면 터럭을 불어 흠을 찾아내는 폐단이 생길 것"이라고 대답했다.

성종은 다시 승정원 승지들에게 물으니 좌부승지 손비장(孫比長)

---

161)《성종실록》권142 성종 13년 6월 11일 戊申.
162) 위의 책 권85 성종 8년 10월 5일 己亥.

은 "세조실록을 수찬할 때 민수(閔粹)가 양성지의 일을 썼다가 원망을 살까 두려워 사초를 고쳐 썼다가 발각되어 죄를 입었다"고 말하고, 좌승지 신준(申浚)은 "말발굽에 편자를 더한다는 말은 사람들이 하는 말"이라고 답했다. 이조판서 강희맹은 "양성지 일은 사실 여부를 알 수 없으나 직임을 바꾸는 것이 좋겠다"고 말했다. 성종은 드디어 양성지를 대사헌에 임명한 지 3일 만에 해임했다.

해임 이틀 뒤인 10월 7일에 양성지는 다시 〈피무자명소(被誣自明疏)〉를 올렸다. 내용의 요지는 "억울하여 목을 매어 죽고 싶다"는 것과 "풍속을 위하여 애석하다"는 것이었다.[163] 임금은 양성지의 잘못이 실록에 기록되어 있는지 증거 자료를 찾아보라고 춘추관에 일렀다.

10월 10일, 춘추관은 《예종실록》에 민수의 사초 사건이 기록되어 있음을 보고했다.[164] 다음 날인 10월 11일에 성종은 신하들에게 "실록을 조사해보니 탐오한 사건이 없다, 대간의 말은 거짓이다. 한갓 풍문만 가지고 대신을 탄핵하여 죄를 주려는 것은 잘못"이라고 말했다. 이에 한명회와 서거정도 증거도 없이 탄핵하는 것은 잘못임을 주장했다. 이리하여 양성지는 이조판서 시절에 저질렀다는 뇌물사건에 대해 증거가 없다는 인정을 받게 된 것이다.

성종은 10월 19일 혐의를 벗은 양성지에게 공조판서를 제수했다.[165] 두 번째 공조판서 생활이다. 이틀 뒤에 그는 차자를 올려 남방의 큰 도회인 남원의 읍성을 옛날 당나라 유인궤(劉仁軌; 백제에 쳐들어왔던 장군)가 대방주자사(帶方州刺史)로 있을 때 쌓은 성터를 기준으로 크게 수축할 것을 주장했다.[166] 그에 따르면, "우리나라

---

163) 《성종실록》 권85 성종 8년 10월 7일 辛丑.
164) 위의 책 권85 성종 8년 10월 10일 甲辰.
165) 위의 책 권85 성종 8년 10월 19일 癸丑.
166) 《눌재집》 권4 奏議 〈請廣南原城基〉.

에는 가장 큰 도회 여섯이 있는데, 경주와 평양이 가장 크고, 다음
이 나주와 남원이며, 그 다음이 전주와 진주이다. 따라서 남원은
남방의 대도회이므로 이 지역의 방어가 매우 중요하다. 그래서 지
금 축성(築城)을 하기로 했는데, 성터가 너무 좁다. 옛날 당나라 유
인궤가 쌓은 성터를 기준으로 크게 축성하는 것이 좋겠다"는 것이
다. 그러나 이 건의는 《실록》에 보이지 않는다. 조정에서 주목을
받지 못한 것으로 보인다.

26. 성종 9년(1478)의 사업
── 《팔도지리지》, 《동문선》, 〈풍속학교12사〉, 〈군국비계2사〉

64세가 되던 성종 9년(1478) 1월 6일에 공조판서 양성지는 8권
8책의 지리지(地理志)를 새로 편찬하여 임금에게 바쳤다. 이 책의
공식 명칭은 《팔도지리지(八道地理誌)》이다. 그는 동시에 차자를 올
려 편찬 과정을 설명하고 있는데, 처음 시작은 단종 2년(1454)에
수양대군의 명을 받아 《경기지리지》를 먼저 편찬하고, 이어 다음
해 《평안도지리지》를 완성했으며, 예종 즉위년(1468) 11월에 《팔도
지리지》를 고정(考定)하라는 명을 받아 전국의 지리지에 사실(事實)
을 편입하게 되었다는 것이다.

그러나 그 뒤 잇달아 《세조실록》과 《예종실록》을 편찬하느라
일이 중단되었다가, 성종 4년(1473) 가을에 실록 편찬을 모두 마친
뒤에 다시 착수하여 성종 8년(1477) 12월에 드디어 완성을 보게 되
었다는 것이다.[167] 그러니까 이 책은 착수한 지 24년 만에 완성된
셈이다.

《팔도지리지》는 8권 8책으로서 각 도마다 1권을 배당했으며, 각 도의 채색 지도를 각 권 첫머리에 넣었다. 나중에 《동문선》에서 글을 뽑아 이 책에 덧붙여 완성한 것이 성종 12년(1481)에 편찬된 《동국여지승람》이다. 그러니까 《동국여지승람》의 골격을 만든 것은 바로 양성지가 되는 셈이다.

이해 1월 20일에 성종은 성균관 유생들의 공부가 허술한 것을 염려하여 문신 당상관들이 교대로 가서 교육하도록 명했는데, 양성지도 이석형, 노사신, 성임 등과 아울러 이 임무를 맡게 되었다.[168] 학자로서 그의 학문 능력을 성종이 다시 인정한 것이다.

2월 28일에 양성지는 영돈령부사 노사신, 이조판서 강희맹, 예문관 대제학 서거정 등과 더불어 《동문선》을 찬진했다.[169] 물론 19명의 실무 관료가 도와주었지만 그 총재를 맡은 것은 위 네 사람이었다. 네 사람 가운데 양성지의 지위가 가장 낮아 서문은 서거정이 쓰고, 전문(箋文)은 네 사람 공동명의로 썼다.

그리고, 성종 12년에 《팔도지리지》와 《동문선》을 합하여 《동국여지승람》을 완성했으므로 《동국여지승람》은 명실 공히 양성지의 공로가 가장 크다고 할 수 있다.

《동문선》에 따르면, 당시 양성지의 공식 직함은 공조판서로서 좌리공신, 자헌대부(정2품), 겸지춘추관사(兼知春秋館事), 홍문관 대제학, 남원군을 겸하고 있었다.

4월 3일 성종은 성균관에 행차하여 명륜당에 나아가 양로연(養老宴)을 베풀고, 이어 노신(老臣)들의 의견을 구했다. 임금 주변에 모여 든 학생들이 2800여 명에 이르렀다. 이때 양성지는 "신은 말을

---

167) 《눌재집》 권4 奏議 〈進新撰地理志〉.
168) 《성종실록》 권88 성종 9년 1월 20일 癸未.
169) 《동문선》 箋文.

더듬어서 말은 못하고, 글로 대답하기를 청합니다"라고 하면서 미리 준비한 글을 소매 속에서 꺼내 올렸는데 이것이 〈풍속학교12사(風俗學校十二事)〉이다.170) 왕은 이를 읽고 나서 "이것은 진실로 나라를 다스리는데 약석(藥石)이 될 만한 것이니 내가 좌우에 놓고 항상 보고 반성할 것이다"라고 말했다. 이렇게 칭송을 받은 상소문의 요지는 다음과 같다.171)

 (1) **조정에 예속(禮俗)이 없다** —— 풍속은 천하 국가의 원기(元氣)로서, 상하와 귀천을 분명하게 가르는 것이 바로 풍속이다. 원래 기자조선은 도적이 없어 천 년을 누렸고, 신라는 3성(三姓)의 민속이 순박하여 또한 천 년을 누렸으며, 고려는 삼한을 통일하여 중엽 이전에는 규모가 굉원(宏遠)했다. 조선왕조는 세조조에 이르기까지 태평을 이룩했으나, 계유정란(癸酉靖亂) 이후로 간신들이 역모를 꾸미다가 본인은 주살당하고 처자들이 노비로 전락하면서 높은 사람이 낮아지고 낮은 사람이 높은 자가 되었다. 그 뒤 세조 13년(1482)에 이시애의 난으로 공사노비(公私奴婢)들이 종군하면서 노비가 주인을 배신하여 귀천이 뒤바뀌는 사태가 일어났다. 또 승도들이 수령을 능멸하는 것도 문제다.

 이렇게 귀천(貴賤)과 양천(良賤)의 신분질서가 무너질 뿐 아니라, 방납에 기대어 부상대고(富商大賈)들이 촌민의 고혈을 착취하고 있으며, 호패법으로 말미암아 노비가 양인으로, 양인이 노비로 된 자가 몇 천 명이나 된다. 그 밖에 재상들에게 지급한 반당(伴倘)도 한 사람이 수백 명을 소유하여 양민의 태반이 사가(私家)로 들어갔다.

 과거제도도 무너져 부정이 일어나고, 어가 앞에서 억울한 것을 호소하는 것을 허용하면서 깃발을 세우거나 울부짖으면서 호소해도 죄를 주지 않아 윗사람을 고발하는 풍조가 일어났다.

---

170) 《성종실록》 권91 성종 9년 4월 3일 甲午.
171) 《눌재집》 권4 奏議〈論風俗學校十二事〉.

이밖에 길에서 사서인(士庶人)이 재상을 만나거나, 이전(吏典)과 조례(皂隸)들이 재상을 만날 때 인사도 없고, 길을 양보하지도 않는 무례가 나타나고 있다.

(2) **물가가 등귀하고 있다** —— 시전인(市廛人)들이 물가를 마음대로 올려 전보다 3배나 높아져서 부자와 가난한 사람이 함께 사는 길이 막혀 있다.

(3) **아전이 수령을 능욕하고 있다** —— 지방의 원악향리(元惡鄕吏)들이 수령의 약점을 잡아 협박하여, 수령들이 제대로 일을 하지 못하고 뇌물을 받거나 부역을 면제시켜 주고 있다. 수령은 백성의 부모로서 백성과 수령의 관계는 부자(父子) 관계와 같은데, 삼강(三綱)이 무너지고 있다.

(4) **여자의 복장이 문란하다** —— 복제(服制)에는 법도가 있는 것인데, 요즘에는 귀천을 가리지 않고 마음대로 황의(黃衣)를 입고 있으며, 양반 부녀들은 원삼(圓衫)이라는 것을 만들어 입고, 여기에 흉배(胸褙)까지 달고 대낮에 도시 한 가운데를 다니면서도 아무렇지도 않게 여기고 있다.

(5) **연회가 너무 사치스럽다** —— 요즘 서울과 지방의 연회를 보면 한 사람마다 상 하나씩을 주고 있으며, 과일도 쟁반 한 개, 또는 여러 개를 주면서 이를 행과(行果)라고 부른다. 그리고 음식 한 그릇이면 될 것을 여러 그릇을 올리고 이를 접정(接呈)이라고 부르고 있다. 신분의 높고 낮음을 가리지 않고 모두 이런 식으로 잔치를 하니, 가난한 사람은 열심히 애만 쓰고 부자는 자신의 부를 과시하고 있다. 나는 38년 동안 조정에서 벼슬살이를 했으나 일찍이 이런 일을 보지 못하다가 최근 8년 동안 이런 일이 생겼다. 소를 잡아 손님을 접대하는 습속도 이미 오래 되었는데 요즘은 더욱 심하다. 이를 바로잡아야 할 것이다.

(6) **집이 너무 크다** —— 집의 크기는 일정한 제도가 있음에도, 요즘은 팔적(八積)이라 하여 매우 크고 사치스럽게 짓고 있다.

(7) **시험을 치르지 않고 군사가 되고 있다** —— 요즘 군사들을 뽑는데

대리시험 등 부정이 많고, 시험을 치르지 않고 뽑기도 한다. 또 2만 명의 갑사를 반으로 줄인 것도 문제다.

(8) **과거제도의 문란** —— 요즘 과거시험의 답안지를 보면 속임수가 많고, 한 문단마다 '선유(先儒) 아무개가 한 말'이라고 한다. 이는 임금을 섬긴다고 하면서 먼저 하늘을 속이는 일이다.

(9) **문묘에 배향하자** —— 고려의 최충, 이제현, 정몽주, 그리고 조선의 권근은 유학에 공이 많은 인물이므로 문묘에 배향하여 선비의 풍습을 바꾸자.

(10) **성균관 유생들을 발탁하자** —— 지금 성균관에는 1,500명의 유생들이 있는데, 38년 동안 생원(生員)으로 있으면서도 과거에 합격하지 못한 사람들이 있고, 또는 청금록(靑衿錄; 유생 명단)에 들어 있으면서도 백발이 되도록 상사(上舍; 생원·진사의 기숙사)에 들어가지 못한 자가 있어 보기에 매우 민망하다. 앞으로 30년 이상 성균관에 있으면서 독서한 자는 특별히 은사(恩賜)를 내려 벼슬을 주자.

(11) **서상(西庠)에 종을 세우자** —— 서쪽 학교에 종을 설치하여 시간을 알려주자.

(12) **문묘 앞에 비석을 세우자** —— 성균관 문묘 앞에 비석을 세워 성스러운 일을 만세에 알리자.

양성지의 이 상소는 평소의 지론을 다시 아뢴 것으로 색다른 것이 별로 없다. 그러나 성종으로서는 새롭게 느꼈을 것이다. 더욱이 원로 훈신의 조언이므로 예의상 존중하는 답을 준 것으로 보인다.

10월 13일에 양성지는 공조판서로서 두 가지 군국(軍國)의 비계(秘計)를 올렸다.[172] 이를 〈군국비계2사(軍國秘計二事)〉라 하는데 실록에 실려 있다. 그 내용은 다음과 같다.

---

172)《성종실록》권97 성종 9년 10월 13일 辛丑.

(1) **제주도에 대한 대책** ── 제주도는 본래 탐라국으로 신라 때 복속하고, 고려 때 원나라가 목장을 설치하여 말이 번성하게 되었다. 조선왕조에 들어와서 3읍을 설치하고 자제들을 등용하여 그들의 마음을 붙잡았다. 그런데 최근에 왜선(倭船)들이 제주도에 정박하여, 일본어를 아는 통사(通事)를 보내 뒷날을 대비했다. 그러나 제주도는 대마도와 가까워 만약 언어가 서로 같으면, 이는 원숭이가 나무로 올라가는 법을 가르치는 것과 같다. 따라서 통사를 보내 일을 해결하기보다는 왜와 가깝지 않은 사람으로 하여금 왜어를 배우게 하고, 왜인과 제주도를 잘 대우하는 것이 나을 것이다.

(2) **《병기도설》을 《오례의》에서 빼자** ── 화포 기술은 고려 말 최무선이 원나라에 가서 배워 오고, 명나라 초에 왜를 막기 위해 우리나라에 보내준 것이다. 세종 때 《총통등록》을 모두 거두어 궁 안에 보관하고, 군기감 말고는 동문루(東門樓; 융문루)에 21건, 춘추관에 1건을 보관하게 했다. 그런데 최근 《오례의(五禮儀)》《국조오례의》)를 보니 화포를 조작하는 기술이 자세히 기록되어 있는데, 이를 중외(中外)에 널리 반포하면 왜인이 얻어 볼 위험이 있다. 따라서 예조에 명하여 《오례의》를 모두 거두어 《병기도설(兵器圖說)》은 삭제하여 다시 반포하도록 하자. 그리고 《총통등록》은 다만 1건만을 남겨 놓자.

양성지의 이 상서에 성종은 특별한 대답을 주지 않았으나, 실록에 기록된 것을 보면 일단 조정 대신들에게 돌려 검토하게 한 것으로 보인다.

27. 성종 10년(1479)
── 탄핵으로 공조판서 파직

65세가 되는 성종 10년(1479)에 이르러서도 양성지는 공조판서 자리에 머물러 있었으나 다시 젊은 사림 언관들의 탄핵을 받기 시작했다.

4월 26일부터 사간원 대사간 성현(成俔)의 탄핵을 시작으로 언관들의 탄핵이 잇달아 이어졌다. 성현이 제기한 양성지의 잘못은 "청렴하지 않고, 어리석어 재능이 없고, 전교서(典校署)의 제조로 있을 때 전교서의 종을 자기 집에서 부려먹었다"는 것이었다.[173] 그래서 그를 공조판서에서 해임해야 된다고 했다.

그로부터 며칠이 지난 5월 1일에 성종은 경연에서 양성지에 대한 언관들의 탄핵을 거론하면서 대신들의 의견을 물었다. 이에 영사(領事) 윤필상(尹弼商)은 대답하기를 "양성지는 본래 성품이 유약하여 아랫사람을 제어하지 못하므로 아랫사람들이 업신여긴다. 하물며 공조의 장인(匠人)은 수백 명이나 되는데 간악하고 교활하므로 위엄이 있는 사람이 아니면 능히 다스리지 못할 것이다. 위엄이 있는 자를 택하여 직책을 맡기자"고 했다.

다음에 사헌부 장령 안처량(安處良)이 말하기를 "양성지는 전교서의 제조로 일한 것이 거의 30년인데, 서책을 팔아서 마음대로 사용하고, 통진에는 한 이랑의 땅도 없었는데 지금은 큰 농장을 개설했으니 이것은 이(利)를 꾀하여 경영한 소치이다."라고 했다. 이어 성현은 "양성지는 자식을 위하여 수령 자리를 주고, 전교서의

---

173) 《성종실록》 권103 성종 10년 4월 26일 壬子 및 4월 29일 乙卯.

제조로 있을 때 종 박만(朴萬)을 마치 제집 종처럼 부려먹었다"고 거들었다.174)

여기서 장령 안처량이 양성지가 전교서의 서책을 팔아먹었다든 가, 이익을 꾀하여 통진의 농장을 경영했다고 한 것은 새로운 주 장이지만, 실제로 뚜렷한 증거자료를 제시하지는 못했다.

성종은 이러한 탄핵에 대해 "전교서의 장인을 집 종처럼 부린 것은 문책할 만하다. 그러나 이로 말미암아 벼슬을 그만두게 한다 면 허물을 면하기 어렵다"고 하면서 그를 옹호했다. 5월 4일 양성 지는 스스로 물러나기를 요청했으나 윤허하지 않았다.175)

5월 5일 성종은 다시 신하들에게 양성지의 인품에 대해 말하라 고 일렀다.176) 이에 박중선(朴仲善), 어세공(魚世恭), 윤흠(尹欽), 이승 소(李承召) 등이 말하기를 "양성지는 오랫동안 좌우에서 임금을 모 셨으며, 지위가 재상에 이르렀는데 요순(堯舜)이 아니고서야 어찌 누구인들 허물이 없겠는가"라고 하면서 옹호했다.

박숙진(朴叔蓁), 이극돈(李克墩), 이극균(李克均) 등도 "양성지는 해 박한 노유(老儒)이나 일을 처리함에 있어서 짐작하는 성질이 없을 뿐이다. 천천히 살펴서 진퇴를 결정하라"며 양성지를 옹호했다.

그러나 대신들이 양성지를 옹호한 것과는 달리 젊은 언관들은 탄핵의 기세를 늦추지 않았다. 김여석(金礪石), 이덕숭(李德崇), 박안 부(朴安阜)는 "양성지는 어질지 못할 뿐 아니라, 다만 탐도하는 사 람이다"라고 공격했다.

이렇게 양성지에 대한 평가가 갈라지자 성종은 "지위가 높은 자 들과 지위가 낮은 자들이 한결같이 서로 다른 말을 하는 것은 무

---

174) 《성종실록》 권104 성종 10년 5월 1일 丙辰.
175) 위의 책 권104 성종 10년 5월 4일 己未.
176) 위의 책 권104 성종 10년 5월 5일 庚申.

슨 까닭인가?"라고 한탄하면서 결국 5월 25일에 양성지를 공조판
서에서 해임하고 자헌대부 남원군의 직함만을 주었다.

28. 성종 11년(1480)
── 은퇴 뒤 신변 정리, 김수온의 〈남원군정안〉

성종 11년(1480)은 양성지의 나이 66세가 되는 해였다. 이미 공
조판서에서 물러난 그는 비교적 한가로운 생활을 한 것으로 보인
다. 그는 이해 자신이 그동안 올린 상주문(上奏文)들을 모아 8권의
《남원군주의》를 편찬하고, 6권의 《가집(家集)》을 편찬했는데, 친구
인 김수온의 서문을 받았다. 말하자면 그는, 자신의 신변을 정리하
는 일을 하고 있었던 것이다.

김수온은 다음해 4월 하순에 양성지의 일생을 정리한 〈남원군정
안〉을 편찬하기도 했는데, 양성지는 말년에 '조용하게 동네 유노
(儒老)들과 어울려 시사(詩史)를 논하고 술을 마시면서 지내고, 한가
한 시간에는 아이 하나를 데리고 말을 타고 통진에 있는 별서(別墅)
에 가서 산승이나 어부들과 더불어 호해지간(湖海之間)에 소요하면
서 천수를 마쳤'고 한다. 김수온은 이 글을 써주고 두 달 뒤인 6
월 7일에 양성지보다 먼저 세상을 떠났다.

김수온이 쓴 〈남원군정안〉은 양성지가 죽기 1년 전에 쓴 것이지
만 양성지의 생애를 간략하면서도 요령 있게 정리하여 그의 생애
를 이해하는데 도움을 준다. 이 글에 따르면, 양성지는 40년 동안
벼슬하면서 편의(便宜)로 올린 글이 44회 333항목에 이르고 있으며,
글자수는 수십만 자에 이른다고 한다. 그리고 그가 40년 동안 벼

슬한 내용을 정리하면, 집현전에 16년, 전교서에 22년, 홍문관에 16년, 겸춘추관으로 34년, 참시관으로 문과 시험을 주관한 것이 16회라고 한다.

29. 성종 12년(1481)의 사업
── 지중추부사, 《동국여지승람》, 〈청파중국치진개주소〉, 숭정대부

성종 12년(1481)에 양성지는 67세가 되었다. 이해 4월 24일에 성종은 양성지를 자헌대부(정2품) 부호군(副護軍; 종4품)에 제수했다.[177] 부호군은 종4품의 군직(軍職)이므로 양성지의 녹봉이 크게 깎인 것을 알 수 있다.

이해 4월 19일에 50권의 《동국여지승람》이 찬진되었다.[178] 그 진전문(進箋文)은 당시 최고 직위에 있던 노사신이 쓰고, 서문은 당시 홍문관과 예문관의 대제학을 겸하고 있던 서거정이 썼는데, 이 일을 주관한 총재는 노사신·강희맹·서거정·성임, 그리고 양성지 등 5명이었다. 당시 양성지의 직함은 자헌대부로서 전 공조판서, 전 겸지춘추관사, 전 홍문관 대제학으로 기록되어 있다. 이 책은 앞에서 설명한 바와 같이 양성지가 편찬한 《팔도지리지》와 서거정 등과 공동으로 편찬한 《동문선》을 합쳐서 이루어진 것이므로, 실제로 편찬 공로가 가장 큰 사람은 양성지라고 할 수 있다.

다만, 아쉬운 것은 이때 편찬된 《동국여지승람》이 지금 남아 있

---

177) 《성종실록》 권128 성종 12년 4월 24일 庚戌.
178) 《신증동국여지승람》〈進東國輿地勝覽箋〉(盧思愼 撰) 및 〈東國輿地勝覽序〉(徐居正 撰)

지 않다는 것이다. 이 책은 그 뒤 연산군 때 개찬되고, 또 중종 때 두 번째로 개찬되어 《신증동국여지승람(新增東國輿地勝覽)》이라고 했는데, 바로 이 책이 오늘날 남아 있는 것이다. 《신증동국여지승람》을 편찬하면서 이전에 만든 《동국여지승람》을 없애버린 일이 매우 아쉽다.

9월 21일에 양성지는 다시 자헌대부(정2품) 지중추부사(종2품)에 제수되었다. 중추부는 특별히 정해진 소임은 없지만 국정 전반에 걸쳐 자문하는 기관이었으므로 양성지는 다시금 국정에 참여할 기회를 얻었다.

10월 17일 그는 국방에 관한 상소를 또 올렸다. 그것은 중국이 압록강 바로 북쪽에 있는 개주(開州)에 위(衛), 곧 진(鎭)을 설치하려는 데 위기감을 느끼고 "죽음을 무릅쓰고" 그 대책을 논한 것이었다.179) 이를 〈청파중국치진개주소(請罷中國置鎭開州疏)〉라 부르는데, 성종은 이를 중대한 사항으로 여겨 의정부, 영돈녕 이상, 6조 당상, 그리고 대간(臺諫)에 지시를 내려 의논하게 했다. 그래서 이 글은 《성종실록》에 기록되어 있다. 그 요지는 다음과 같다.

개주(開州)는 봉황산성(鳳凰山城)을 가진 요새지로서 당 태종이 이곳에 주둔하여 고구려를 정벌하고, 요나라가 이곳에 의거하여 일어난 곳으로, 북으로 심양(瀋陽)·철관(鐵關)·개원(開原)을 거쳐 야인과 통하고, 남으로 해개(海盖; 해주와 개주)·금복(金復; 금주와 복주)을 거쳐 등래(登萊; 등주와 내주. 산동 지방)와 통하며, 서로는 광녕(廣寧)·금주(錦州)·서주(瑞州)를 거쳐 연소(燕蘇; 북경 지방)와 통한다. 또 평안도민들이 부역을 피하여 도망하는 곳이 이곳인데, 중국이 여기에 군대를 주둔시키는 것은 만세의 근심이 될 것이다.

---

179) 《성종실록》 권134 성종 12년 10월 17일 戊午.

중국은 9주(九州)를 다스릴 뿐이고, 서역에는 총령(蔥嶺; 카라코룸 산맥)과 유사(流沙; 사막)가 3만 리요, 북방은 사막 불모의 땅이 무제한으로 뻗어 있으며, 동이(東夷)로는 부상(扶桑)의 일본이 바다에 싸여 있으며, 남만(南蠻)으로는 점성(占城; 베트남의 참파 지역)·진랍(眞臘; 캄보디아)·계동(溪洞)·장려(瘴厲)가 있다. 이들 나라는 예부터 중국과 통하지 않았다.

우리 대동(大東)은 요하 동쪽, 장백 남쪽에 위치하여 폭원의 너비가 거의 만 리에 이르고 있으며, 단군이 요(堯)와 같은 시기에 나라를 세운 이후로 기자와 신라가 각각 천 년, 고려가 오백 년을 이어가면서 별개의 건곤(乾坤; 천하)을 이루었으며, 소중화(小中華)로 알려진 지 삼천구백 년이 되었다. 중국의 황진(黃溍)은 우리나라를 가리켜 "벼슬하고 싶은 나라"라고 말했고, 황엄(黃儼)도 "천당(天堂)"이라고 말했으며, 원나라 세조는 '의종구속(儀從舊俗, 儀從本俗; 의례는 옛것을 그대로 따르라)'이라고 했으며, 명나라 고황제도 '자위성교(自爲聲敎; 스스로 말과 교화를 베풀라)'라고 말했다. 여기서 '자위성교'라 함은 단순히 언어나 습속이 다르다는 것을 뜻하는 것이 아니라, 20만의 홍건적을 대파하고 명나라가 남쪽 금릉(金陵)에 도읍을 두었는데, 고려가 북원(北元)과 국경을 접하고 있기 때문에 어쩔 수 없이 그렇게 한 것이다.

옛날로 올라가 보면, 한(漢)나라가 한때 동방을 얻었으나 고구려에게 점거당했으며, 수나라 양제가 백만 대군을 보냈으나 살수에서 대패하고, 당나라 태종이 육사(六師)를 거느리고 원정했으나 요동에서 공을 세우지 못했다. 또 당나라가 고구려를 평정했으나 도리어 신라가 이를 소유하였다. 이렇게 삼한을 대대로 지킨 것은 중국이 모두 관중(關中; 산서성 일대)에 도읍을 두어 우리와 더불어 각각 하늘의 한 쪽을 가지고 있었기 때문이다.

한편, 요나라는 소손녕이 30만 병을 이끌고 왔으나 한 필의 말도 돌아가지 못했으며, 금나라는 본래 우리나라 평주(平州) 사람이 시조로서 고려를 '부모의 나라'로 불렀다. 윤관(尹瓘)이 9성을 쌓고 선춘령(先春嶺)을 경계로 삼았는데, 금나라 말기에는 더 이상 군대를 보내지 못했다. 서쪽에 서하(西夏)가 있고, 남쪽에 대송(大宋)이 있어서 원수가 되었으므로 동쪽을 칠 수가 없었던 것이다. 그 뒤 야율씨(耶律氏)는 서쪽 만 리로 도망가고, 완안씨(完顏氏)는 남하하여 죽었다.

원나라는 비록 혼인지국(婚姻之國)이 되었지만, 몇십 년 동안 전쟁을 치렀다 그러나 화하(華夏)와 만맥(蠻貊)이 섞여서 일가(一家)가 되어 국경이 무너졌다. 하지만 그 말년에는 천하가 크게 혼란하여 북쪽으로 쫓겨 가게 되었다.

명나라 태종은 연도(燕都; 지금의 북경)에 도읍을 두었는데, 여기서 운남(雲南)까지는 160일 거리이고, 남경(南京)까지는 60일 거리이며, 한도(漢都; 한양)까지는 겨우 30일 거리이다. 하물며 개주에서 압록강까지는 겨우 하루 거리에 지나지 않아 바로 문 앞에 있는 꼴이다. 지금 개주에 성을 쌓으면 다음에 당참(唐站)에 성을 쌓아, 식량을 내놓으라고 할 것이고, 다음에는 우구(牛具)를 요구할 것이며, 그 밖에 못하는 일이 없을 것이다. 이것이야말로 순망치한(脣亡齒寒)의 형세가 아닐 수 없다.

그러므로 중국에 역관(譯官)을 보내 환관 정동(鄭同)을 거쳐 한 씨(韓氏)를 통해 황제에게 알려 개주위 설치를 중단시키고, 요동 180리에 있는 연산파절(連山把截; 개주보다 북쪽에 있음)을 경계로 삼아야 할 것이며, 수백 리 땅을 공터로 두어 두 나라의 봉강(封疆)이 섞이지 않도록 해야 할 것이다.

한편, 의주(義州)는 우리나라의 문호에 해당하는데 그 성(城)이 너무 허술하니 승인(僧人)과 사복시 관원을 시켜 축성할 필요가 있다. 또 번상정병(番上正兵)이 수군과 함께 식량을 가지고 연강 일대에 행성(行城)을 쌓을 필요가 있다. 그리고 인삼과 서피(鼠皮) 말고는 일체의 공부(貢賦)를 없애고, 감사와 수령은 가족을 데리고 부임하지 말 것이다. 나아가 왜(倭)와 건주야인(建州野人)을 다독거려 안정시켜야 한다.

이 상소는 수천 년 동아시아의 전쟁사를 폭넓게 개관하면서 요동의 전략적 중요성을 강조하고, 나아가 북방 경비의 중요성을 다시 한 번 일깨운 것이 특징으로서, 당장의 문제가 아니라 오백 년 뒤를 내다보고 대처하라는 경고이기도 했다. 양성지는 이 상소의 끝부분에서 "앞으로는 다시 이런 말을 입에 올리거나 글로 쓰지 않겠다"고 다짐하고 "신하의 말이 효과가 없어야 나라의 복"이라는 말도 덧붙였다.

양성지의 상소에 대해 성종은 의정부 대신과 6조의 당상, 그리고 대간으로 하여금 의논하게 했는데 대부분 반대했다. 대신들과 언관들은 개주위 설치가 우리에게 장기적으로 불리하다는 것은 인정하면서도 그 목적이 '여진을 막고 조선 사신이 머물 곳을 마련한다는 명분을 내걸고 있어 이를 막을 명분이 약하고, 또 환관(정동)과 부녀(한 씨)를 통해 일을 도모하는 것이 당당하지 못하다'고 했다. 또 승려와 사복시 관원과 정병을 보내 행성을 쌓는 것도 실제로 어려운 일로 보았다. 결국 양성지의 국방에 관한 마지막 상소는 효과를 거두지 못하고 말았다.

10월 19일, 그러니까 양성지가 개주위에 관한 상소를 올린 이틀 뒤에 성종은 창덕궁 선정전(宣政殿)에 나아가 2품 이하의 당상관들을 대상으로 율시(律詩) 시험을 치렀다. 이때 양성지가 수석을 차지하고, 이승소와 이파가 차석을 차지했다.[180] 왕은 10월 20일에 승정원에 전교하기를 "양성지가 나이가 많은 데도 아직 학문을 버리지 않았으니 가상하구나. 내가 가자(加資)하고자 하니 다음 도목정(都目政; 인사) 때 아뢰어라"라고 일렀다.[181] 드디어 11월 15일에 왕은 양성지에게 숭정대부(崇政大夫; 종1품)로 품계를 올리고 행동지중

---

180) 《성종실록》 권134 성종 12년 10월 19일 庚申.
181) 위의 책 권134 성종 12년 10월 20일 辛酉.

추부사(行同知中樞事; 종2품)에 임명했다.[182] 자헌대부(정2품)에서 정헌대부(正憲大夫; 정2품)를 건너뛰어 2계(階)를 더하여 준 것이다. 어쨌든 그가 종1품으로 올라간 것은 이번이 처음이다.

그러나 양성지의 승급은 금방 언관들의 반발을 샀다. 다음 날 사헌부 장령 김학기(金學起)와 사간원 정언 윤석보(尹碩輔)는 "양성지가 제술에서 1등하여 정헌대부가 되어도 족한데, 숭정대부를 받은 것은 작상(爵賞)이 지나치다"고 반대했다. 이에 성종은 "1등해서 1계(階)를 가했고, 수염이 희어서 또 1계를 가했다. 무슨 잘못이 있는가?"라고 하면서 듣지 않았다.[183]

언관들도 물러서지 않았다. 11월 17일에서 11월 24일에 이르기까지 매일같이 계속해서 언관들의 반대상소가 올라 왔다. 사헌부 헌납 김대(金臺), 사간원 대사간 강자평(姜子平), 사헌부 집의 윤기반(尹起磻), 사헌부 장령 김질(金耋), 사간원 정언 정광세(鄭光世), 사간원 사간 임수경(林秀卿), 사헌부 지평 김석원(金錫元), 사헌부 대사헌 이극돈(李克墩) 등이 이 대열에 가담했다. 그러니까 사헌부와 사간원이 합동으로 반대운동을 벌인 것이다. 언관들은 예전에 논의되었던 '오마판서'니 '돗자리 안에 비단이 있다'는 등의 일을 다시 끄집어내면서 양성지의 사람됨을 비판하고 나섰다.

성종은 언관들의 비판이 끊이지 않자 11월 20일에 대신들에게 의견을 물었다. 영중추부사(領中樞府事) 정창손은 "양성지는 비록 늙었지만 글을 잘 한다"고 말했고, 지중추부사 이승소는 "양성지가 자헌대부를 받은 것이 19년 전이다"라고 하면서 가자(加資)가 잘못이 아님을 주장했다.

성종은 대신들의 말을 듣고, 결국 언관들의 주장을 끝까지 받아

---

182)《성종실록》권135 성종 12년 11월 15일 乙酉.
183) 위의 책 권135 성종 12년 11월 16일 丙戌.

들이지 않았다. 그리하여 양성지의 마지막 품계는 종1품의 숭정대
부로 끝나게 된다.

30. 성종 13년(1482)의 사업
── 서적 편찬과 보관에 관한 상소, 세상을 떠나다

성종 13년(1482) 6월 11일 양성지는 68세를 일기로 세상을 떠났
다. 그보다 앞서 2월 13일 그는 어제시문(御製詩文)을 비롯하여 국
가의 주요 서적을 편찬하여 보관하는 문제에 관한 12가지 사항을
차자(箚子)로 올렸다.[184] 이를 〈청수찬어제시문급찬집동국여지승람
등12사차(請修撰御製詩文及撰輯東國輿地勝覽等十二事箚)〉라고 부른다. 이
것이 그의 생애 마지막 상소로서 이 글은 《성종실록》에 실렸다.
그 요지는 다음과 같다.

　(1) 어제시문을 편찬하자 ── 세조 10년(1464)에 태조, 태종, 세종, 문
종 임금의 어제시문(御製詩文) 및 친제시문(親製詩文)을 찬집하라는
명을 받아 교서관에서 낭관을 데리고 작업하여 《조종성제집(祖宗聖
製集)》 한 권과 《어제시문집(御製詩文集)》 세 권을 지어 바쳤다. 임
금은 이를 기뻐하여 인지각(麟趾閣)에 보관하게 했다. 그 뒤 세조 14
년(1468) 8월 14일에 임금은 어제집을 꺼내 보이며 신(臣)에게 부탁
하기를 "다시 자료를 더 조사하여 빠짐이 없게 하라"고 명하고, 이
어 신숙주에게 말하기를 "내가 지은 글은 희어(戱語; 장난글)가 많으
니 경이 깎을 것은 깎아서 간행하라"고 일렀다.

그러나 세조 임금은 바로 세상을 떠나고, 신과 신숙주는 《세조실록》과 《예종실록》을 편찬하는 데 여념이 없었고, 또 《지리지》와 《동문선》, 《동국여지승람》 등을 편찬하느라 15년 동안 일을 하지 못했다. 지금 《어제》 2집이 궁 안에 있으니 이를 간행하고, 나아가 예종, 덕종, 그리고 성종 임금이 지은 친제시문(親製詩文)도 함께 수집하여 간행하기를 바란다.[185]

(2) 《고려사전문》을 간행하자 —— 지금 춘추관에 《고려사》 1건이 있는데, '권초(權草; 권제가 만든 원고)', 또는 '홍의초(紅衣草; 붉은 비단으로 싼 표지)', 또는 '고려사전문(高麗史全文)'으로도 불리고 있다. 세종 30년(1448)에 주자소(鑄字所)에서 인출하고, 신이 감교(監校)했는데 세종 임금은 수사(修史)가 공정하지 못하다는 말을 듣고 반포를 중지시켰다. 세조 임금이 신과 권람에게 본고를 개정하라고 하여 그렇게 하고 서명(署名)했다. 이 책은 고려사의 대전(大全)으로서 착오를 이미 고쳤으므로 춘추관에 명하여 전교서에서 인출하여 반포하기를 바란다.[186]

(3) 《자경편》을 인출하자 —— 홍문관에 《자경편(自警編)》 5책이 있는데, 이 책은 송나라 조선료(趙善璙)가 지은 것으로 임금과 신하의 아름다운 말과 착한 일을 모은 내용이다. 세종대왕께서 이 책을 매우 칭찬하셨는데, 《치평요람》이 이 책에 의거하여 편찬된 바이다. 그러나 《치평요람》은 너무 방대한 데 견주어 이 책은 간결하므로 이 책

---

185) 양성지는 개인적으로 태조어제시 1수, 태종어제시 2수, 세조어제시 1수, 군신응제시(群臣應製詩) 2권을 소장하고 있었는데, 양성지가 죽은 뒤인 성종 18년 2월 26일에 그의 손녀 사위인 병조정랑 송질(宋軼)이 임금에게 바쳤다. 임금은 이를 가상히 여겨 송질에게 표피(豹皮) 1장을 하사했다.

186) 양성지가 말한 《고려사전문》은 지금 전하는 기전체 《고려사》와는 달리 《자치통감》을 모방한 편년체로 된 것이다. 양성지의 건의는 해당 관청의 반대로 실행되지 않았는데, 이 해 2월 28일에 이세좌(李世佐), 민사건(閔師騫), 송질(宋軼) 등은 이 책의 내용이 기전체 《고려사》에 견주어 매우 자세하다는 점을 들어 간행하기를 요청했다. 이에 성종은 그 책을 궁 안으로 들이라고 명했다. 그러나 무슨 이유인지 결국 이 책은 인출되지 않았으며, 오늘날에도 그 행방을 알 수 없어 유감이다. 만약 이 책이 지금 남아 있다면 현전하는 기전체 《고려사》 및 편년체 《고려사절요》와 비교 검토할 수 있는 좋은 연구자료가 될 것이다.

을 인출하는 것이 좋을 것이다.

(4) 《동국여지승람》을 인출하자 —— 《동국승람(東國勝覽)》(《동국여지
승람》)은 산천의 형승, 주군의 연혁, 풍속의 좋고 나쁨, 인재의 현부
(賢否)를 알 수 있을 뿐 아니라 시문(詩文)도 함께 실려 있어 매우
중요한 책이므로 이를 인출하여 반포하자.[187]

(5) 《팔도지리지》를 인출하자 —— 《지리지》도 중요한 서적으로서 송
나라에는 《구역지(九域誌)》, 명나라에는 《일통지(一統誌)》가 있다. 신
은 세종조에 《고려사》 지리지를, 세조조에는 지도와 지지(地誌)를
편찬하는 일을 맡았는데 예종 즉위년(1468)에 이를 마쳤다. 세조 14
년 겨울에 시작하여 성종 9년 1월에 책이 완성되어 바친 것이다. 앞
으로 이를 인출하여 관부에 보관하면 좋을 것이다.[188]

(6) 서적을 깊은 곳에 보관하자 —— 서적은 반드시 깊은 곳에 보관하
여 만세에 전해주어야 한다. 예컨대 《삼국사기》, 《동국사략》(권근),
《고려전사》(기전체), 《고려사절요》, 《고려사전문》(권제 등), 《삼국사
절요》(노사신 등), 본조의 역대실록, 《총통등록》, 《팔도지리지》(양성
지), 《훈민정음》, 《동국정운(東國正韻)》, 《동국문감(東國文鑑)》(김태현),
《동문선》, 《삼한귀감(三韓龜鑑)》, 《동국승람》, 《승문등록(承文謄錄)》
(승문원의 등록), 《경국대전》, 서울과 지방의 호적, 서울과 지방의 군
적(軍籍), 여러 도의 전적(田籍; 量案), 공안(貢案; 재정수입안), 횡간(橫
看; 재정지출안), 여러 관청과 여러 읍의 노비정안(奴婢正案)과 속안(續

---

187) 《동국여지승람》은 성종 12년(1481) 4월 하순에 50권 분량으로 편찬이 완료되
    었는데, 활자로 인출된 일은 없었다. 그 뒤 이 책은 성종 16년(1485)에 김종직 등이
    55권으로 개찬하고, 다시 연산군 5년(1499)에 임사홍(任士洪) 등이 개찬했으며, 다시
    중종 25년(1530)에 이행(李荇) 등이 증보하여 《신증동국여지승람》이라 했다. 지금
    남아 있는 것은 바로 이 책뿐이다.

188) 양성지가 말한 《지리지》는 《팔도지리지》를 의미하는데, 이미 《팔도지리지》를
    바탕으로 여기에 《동문선》을 합하여 《동국여지승람》이 편찬되었음에도, 《동국여
    지승람》과 별도로 자신의 《팔도지리지》를 간행하자고 주장한 것은 두 책이 내용
    상 차이가 있다는 것을 뜻한다. 그 구체적인 차이는 자세히 알 수 없으나, 이 상소
    의 제7조에서 자신이 편찬한 《지리지》에 〈요동도(遼東圖)〉, 〈일본도(日本圖)〉, 〈대명
    도(大明圖)〉가 들어 있다고 한 것으로 보아 《동국여지승람》에 실려 있지 않은 더
    많은 지도들이 들어 있음을 알 수 있다.

案)을 각각 4건씩 세 사고에 갖추어 놓고, 긴요하지 않은 잡서는 모두 빼내고, 긴요한 서적은 춘추관과 세 사고에 각각 1건씩 보관하자.189)

(7) **지도를 깊은 곳에 보관하자** —— 지도는 반드시 관청에 보관하고 민간에 흩어져 있는 것은 좋지 않다. 우리나라의 지도는 고려 중엽 이전에 〈오도양계도(五道兩界圖)〉, 국초에는 이회(李薈)가 만든 〈팔도도(八道圖)〉가 있었다. 세종조에는 정척이 만든 〈팔도도〉, 〈양계대도(兩界大圖)〉, 〈양계소도(兩界小圖)〉가 있었다. 세조 때에는 신이 〈팔도도〉와 〈여연무창우예삼읍도(閭延茂昌虞芮三邑圖)〉를 만들어 찬진하였다. 최근 신은 〈연변성자도(沿邊城子圖)〉, 〈양계연변방수도(兩界沿邊防戌圖)〉, 〈제주삼읍도(濟州三邑圖)〉를 찬진했다. 이밖에 안철손(安哲孫)이 만든 〈연해조운도(沿海漕運圖)〉를 최근에 지어 올렸고, 어유소(魚有沼)는 〈영안도연변도(永安道沿邊圖)〉를, 이순숙(李淳叔)은 〈평안도연변도(平安道沿邊圖)〉를 찬진했다. 또 하삼도의 감사영(監司營)에도 각기 지도가 있으며, 왜승(倭僧) 도안(道安)이 만든 〈일본유구국도(日本琉球國圖)〉와 〈대명천하도(大明天下圖)〉를 비단과 종이로 족자로 만든 것이 하나씩 있다. 신이 편찬한 《지리지》 안에도 〈팔도주군도(八道州郡圖)〉, 〈팔도산천도(八道山川圖)〉가 8도마다 하나씩 있으며, 〈양계도〉, 〈요동도〉, 〈일본도〉, 〈대명도〉가 들어 있다.

이상은 매우 긴요한 것으로 관에서 모두 거두어 일부를 홍문관에 보관하고, 그 나머지는 의정부에 보관하면 좋을 것이다.190)

(8) **《총통등록》을 잘 보관하자** —— 이는 병가(兵家)의 비서(秘書)로서

---

189) 여기서 소개한 책의 상당수는 자신이 직접 참여하여 편찬한 것들이다. 이 가운데에서 《고려사전문》, 《동국문감》, 《삼한귀감》, 《승문등록》 등은 지금 남아 있지 않아 어떤 책인지 알 수 없다. 양성지 주장대로 이 책들이 철저하게 보관되었더라면 좋았을 일이다.

190) 양성지가 열거한 지도들은 유감스럽게도 지금 전하지 않는다. 다만, 그가 만든 〈팔도도〉를 모사한 것으로 보이는 〈동국지도〉가 지금 국사편찬위원회에 전하고 있는데, 한반도와 만주를 함께 그린 것이 특징이다. 우리나라의 폭이 만 리라고 주장하는 그의 영토의식이 잘 나타나 있다.

세조조 때 최해산(崔海山)과 신의 처부(妻父)인 변상근(邊尙覲)이 각각 1건씩 받았다. 이 책은 세종 18년(1436)에 모두 거두어 궁궐에 두었는데, 지금 춘추관에 1건, 경복궁 문무루에 21건이 있다. 만일 간사한 무리가 훔쳐다가 이용한다면 생민의 해가 매우 클 것이다. 앞으로 어람용(御覽用) 1건을 제외하고, 모두 언문으로 필사하여 안팎의 사고에 각각 1건씩 보관하되 신하가 굳게 봉하여 두자. 그리고 군기시에 1건을 보관하되 제조가 굳게 봉하고, 그 나머지 한자로 된 책은 모두 불살라 버리자.

(9) **영안도에 《고려사》를 보내지 말자** —— 요즘 영안도 관찰사가 《고려사》를 가지고 도내의 사람들에게 가르친다고 하는데, 《고려사》에는 전쟁의 승패에 관한 기록이 많고, 또 영안도는 야인과 접해 있으며, 고려시대에 탁청(卓靑)과 조휘(趙暉)가 반란을 일으키고 세조조에 이시애가 또 반역을 일으킨 곳이므로 《고려사》를 보내지 않는 것이 좋다. 그 대신 4서5경을 보내자.

이 상소에는 이밖에도 3개조가 더 있었을 것으로 생각되나 어떤 이유인지 나머지 내용은 탈락되어 있다.

양성지의 상소에 대해 성종은 아무런 비답을 내리지 않은 것 같다. 다만, 《성종실록》에는 사신(史臣)의 논평이 실려 있는데, 특히 어제시문을 인출하여 보관하자는 주장에 대해 "임금이 좋아하고 숭상함을 헤아려서 말한 것으로 그가 아첨을 하는 바가 심하다"고 썼다.

그러나 300년 뒤에 정조가 바로 양성지의 이 주장을 받아들여 규장각(정조의 어제시문 보관)과 봉모당(奉謨堂; 선대 임금들의 어제 보관)을 세웠는데, 이 사업에 대해 당시 신하들이 아무런 비판을 가하지 않은 것을 보면 양성지의 주장을 단순하게 임금에 대한 아첨이라고 말한 것은 지나치다고 할 수 있다. 또 규장각과 봉모당에

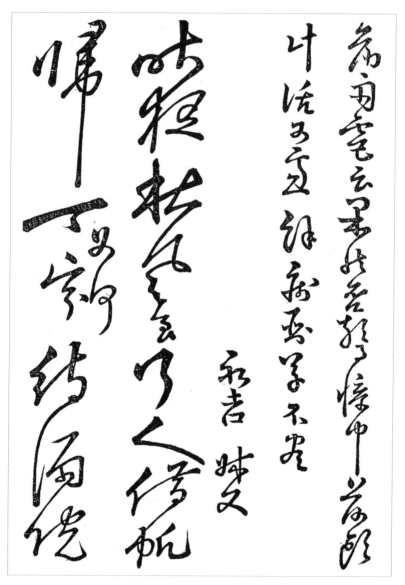

양성지의 필적

보관되었던 어제시문들이 오늘날까지 남아 조선 후기 국왕들의 정치철학을 연구하는데 중요한 자료가 되고 있음을 알아둘 필요가 있다.

이 상소는 양성지 일생의 마지막 상소였다. 아마 그는 자신의 일생 가운데 가장 큰 업적이라고 할 수 있는 서적 편찬을 보람있게 마무리하려는 생각을 가지고 있었던 듯하다.

이해 4월 양성지는 친구 이숙감(李淑瑊)에게 〈남원양씨족보서(南原梁氏族譜序)〉를 부탁하여 받았다.

4월 14일에는 양성지의 셋째 아들 양찬(梁瓚)이 승정원 동부승지(정3품)로 임명되었다. 성종은 양찬을 등용한 이유에 대해 말하기를 "양찬에게 승지를 재수한 것은 어찌 그 아비 때문이겠는가. 쓸 만하기 때문에 쓴 것이다. 그러나 양성지를 불러서 〈사은전(謝恩箋)〉을 지어 올리게 하라"고 명했다. 이에 양성지는 왕명에 따라 〈사은전〉을 써서 바쳤다.[191]

그러나 실록을 편찬한 사신(史臣)은 이를 비난하여 "양찬은 무사(武士)이나 궁마(弓馬)도 잘하지 못하고, 탐욕이 많고 간사하기가 그 아비보다 더했다. 그러므로 이번 인사를 두고 여론이 매우 놀랍게 여겼을 뿐 아니라 이로부터 승정원의 권위가 더욱 떨어지게 되었다"는 사평(史評)을 달았다. 양찬은 아버지 때문에 음서(蔭敍)의 혜택을 입은 것이고, 이는 제도적으로 보장되어 있는 것인데도 이를 악의적으로 평가한 것은, 양성지에 대한 신진 사림의 시선이 곱지 않은 것을 보여 주는 바라고 하겠다.

6월 11일에 양성지는 68세를 일기로 세상을 떠났고, 성종은 이틀 동안 철조(撤朝; 휴무)하여 그의 죽음을 애도했다. 두 달 뒤인 8

---

191) 《성종실록》 권142 성종 13년 6월 11일 戊申.

월 28일에 양성지는 자신의 농장이 있는 통진현 남쪽의 대포곡에
안장되었는데, 이곳은 지금의 김포시 양촌읍 대포리에 해당한다.
임금은 그에게 문양(文襄)이라는 시호를 내렸다. '문(文)'은 '근학호
문(勤學好問)'이라는 뜻이고, '양(襄)'은 '인사유공(因事有功)'이라는 뜻
이다. 그러니까 '학문에 힘쓰고 공적이 많다'는 것을 칭송한 시호
이다.

성종은 이어 양성지의 위패를 영구히 모시고 제사할 수 있는 사
당(祠堂)을 내려주고 이름을 수안사(守安祠)라고 했다.

그 뒤 중종 14년(1519)에 양성지의 손자 양형(梁洞)과 양숙(梁淑)이
당시 사림학자로 명성을 날리던 김안국으로부터 신도비문(神道碑文)
을 받아 비석을 세웠다(이 비의 내용은 뒤에서 살펴보겠다).

제3장

정조 대에 부활한 양성지

1. 16~17세기의 양성지 평가

양성지가 죽은 뒤로 사림이 등장한 연산조와 중종조에는 그에 대한 평가가 그리 좋지 않았고, 때로는 사실과 맞지 않는 평가도 나왔다.

예를 들면, 연산군 4년(1498) 3월 26일에 사헌부 지평 신복의(辛 服義)는 임금에게 아뢰기를 "양성지가 탐오하다 해서 대사례(大射禮)에 참여하지 못했으며, 정인지는 재물을 모았다 해서 삼로오경(三老 五卿)에 들어가지 못했는데……" 하는 발언을 했다.[1] 그러나 이는 전혀 사실과 다르다. 양성지가 성종 때 대사례에 참여하고, 이어 이를 칭송하는 〈친사문묘송〉을 지어 성종에게 바쳤음은 이미 앞에서 설명한 바와 같다.

또한, 연산군 11년(1505) 7월 19일에 연산군은 세조 때 대사헌이 사찰(원각사)의 역사(役事)를 감독한 사실이 있다고 하면서 자신이 총애하던 궁녀 장녹수(張綠水)의 집을 짓는데 대간이 감독하라는 명을 내렸다.[2] 이는 양성지가 세조조에 대사헌으로 있으면서 원각사의 공사를 감독한 사실을 들어, 연산군이 자신의 부정한 행위를 정당화하고자 엉뚱하게도 양성지의 고사를 이용하고 있는 것이다.

다음, 중종 13년(1518) 8월 12일에는 동지사(同知事) 이유청(李惟淸)이 임금에게 말하기를 "세조께서 불교를 좋아하자, 양성지가 대사헌으로 있으면서 요속(僚屬)을 거느리고 부처에게 절했는데, 부처에게 절하는 것이 잘못임을 모른 것이 아니나 세조께서 불도를 숭상하시므로 두려워서 그렇게 하지 않을 수 없었다"고 하면서 임금이

---

1) 《연산군일기》 권29 연산군 4년 3월 26일 壬戌.
2) 위의 책 권58 연산군 11년 7월 19일 壬寅.

좋아하는 일이 있으면 소인(小人)이 그 틈을 보고서 일을 그르친다는 예로 들었다.3) 그러니까 양성지를 소인으로 평가한 것이다. 여기서 불교를 숭상한 세조의 행위를 비판하기보다는 왕명을 집행한 양성지의 잘못을 더 문제 삼고 있는 불공정성이 엿보인다.

중종 30년(1535) 1월 10일에도 대사간 허항(許沆)은 언관(言官)들이 임금의 잘못을 지적하여 바로 잡으려 하지 않고, 오로지 임금의 마음을 얻어 영달하려 한다며 양성지를 예로 들었다.4)

그러나 왜란을 거치고 조선 후기에 들어서면서 양성지에 대한 평가는 점차 긍정적인 방향으로 바뀌어 가고 있었다.

병자호란을 겪고 난 직후인 인조 15년(1637) 5월 15일에 우의정 최명길(崔鳴吉)은 임금에게 정치의 혁신을 요구하는 가운데, 대간(臺諫)을 함부로 교체하는 일의 잘못을 지적하면서 성종 때 양성지가 9년 동안 대사헌으로 재직한 사실을 예로 들고, 이것이 바로 국가의 원기(元氣)를 충후하게 하는 일로 보았다.5)

대간의 직책을 오래 수행한 양성지를 좋은 본보기로 여기는 시각은 숙종 때에도 보인다. 숙종 26년(1700) 5월 13일 사간원은 대간(臺諫)을 자주 교체하는 폐단을 지적하면서, 양성지가 9년 동안 대사헌의 직책을 수행한 사실을 좋은 예로 들고, "대간의 잦은 교체가 본시 옛 제도가 아니라는 것을 여기서 찾아볼 수 있습니다"라고 말했다.6)

16세기에는 주로 그를 임금에게 아첨한 인물로 보았지만, 17세기에 들어서면 그가 국가를 위해서 무엇을 공헌했느냐를 중심으로 바라보면서 차츰 긍정적인 평가로 바뀌고 있음을 알 수 있다.

---

3) 《중종실록》 권34 중종 13년 8월 12일 己卯.
4) 위의 책 권79 중종 30년 1월 10일 辛未.
5) 《인조실록》 권34 인조 15년 5월 15일 壬午.
6) 《숙종실록》 권34 숙종 26년 5월 13일 乙巳.

2. 정조 즉위년(1776) 규장각 설치

조선 후기에 양성지를 적극적으로 재평가한 것은 중흥의 영주(英主) 정조였다. 정조는 왕조 중흥을 위한 정책을 추진하면서 양성지의 학문과 사상을 매우 중요한 본보기로 삼았다. 무엇보다도 정조 개혁정치의 산실인 규장각의 설치는 전적으로 300년 전 양성지의 건의를 실천한 것이었다.

정조는 1776년 3월에 즉위하자마자 창덕궁 후원(後苑)에 규장각을 짓기 시작하여, 9월에 이르러 주합루(宙合樓; 아래층이 규장각)·봉모당(奉謨堂)·열고관(閱古觀)·개유와(皆有窩)·이안각(移安閣; 일명 書香閣)·서고(西庫; 일명 西序) 등을 세웠으며, 규장각 소속의 관료로서 제학(提學)·직제학(直提學)·직각(直閣)·대교(待敎) 등 관원을 두었다. 양성지의 건의를 그대로 받아들인 것이었다.[7]

참고로, 처음에 임명된 규장각 관원은 제학에 황경원(黃景源)과 이복원(李福源)을, 직제학에 홍국영(洪國榮)과 유언호(兪彦鎬)였는데, 이들은 기이하게도 모두 양성지의 외예(外裔)였다. 그러니까 남원 양씨와 결혼 관계를 맺은 외가 후손들이라는 점이다. 그런데 더욱 기이한 것은 그 뒤 정조 15년(1791)까지 임명된 30명의 각신(閣臣)들이 한결같이 양씨의 외가 후손들이라는 점이다. 여기서 정조에게 양성지에 대한 정보를 제공한 것도 이들 외손들이 아니었을까 짐작된다.

주합루 아래층인 규장각에는 정조의 어진(御眞; 초상화)·어제(御製; 글)·어필(御筆; 글씨)·보책(寶冊; 국새와 책)·인장(印章)을 보관하고, 봉

---

7) 《정조실록》 권2 정조 즉위년 9월 25일 癸巳.

모당에는 역대 임금의 어제·어필·어화(御畵)·고명(顧命; 임금이 임종 때 세자와 믿는 신하에게 뒷일을 부탁하며 남긴 말)·유고(遺誥; 선왕이 남긴 교훈)·밀교(密敎; 임금의 은밀한 교훈)·선보(璿譜)·세보(世譜)·보감(寶鑑)·장지(狀誌)를 봉안했다. 열고관과 개유와에는 중국 도서를 간직하고, 서고에는 우리나라 책을 소장했으며, 이안각(서향각)은 어진·어제·어필을 포쇄(曝曬; 문서류를 말리는 일)하는 곳으로 삼았다.

정조는 규장각을 세우면서 옛날 양성지의 건의를 다음과 같이 소개했다.

세조조에 동지중추부사 양성지가 아뢰기를 "군상(君上)의 어제(御製)는 운한(雲漢; 은하수)과 같이 하늘에 밝게 빛나니, 만세토록 신자(臣子)는 마땅히 존각(尊閣)에 소중히 간직할 일입니다. 송나라에서는 성제(聖製)를 으레 전각을 세워서 간직하고 관직을 설치하여 관장하게 했습니다. 바라건대, 신 등으로 하여금 어제시문을 교감하여 올려서 인지각 동쪽 별실에 봉안하되 규장각이라 이름하고, 또 여러 책을 보관한 내각(內閣)은 비서각(秘書閣)으로 이름하며, 각기 대제학, 직제학, 직각, 응교 등 관원을 두되, 당상관은 다른 관직이 겸하게 하고, 낭료(郞僚)는 예문관 녹관(祿官)으로 하여금 겸차하게 해 출납을 관장하게 하소서"라고 했는데, 세조 임금이 빨리 행할 만하다고 말하면서도 설시(設施)할 겨를이 없었다.

숙종조에는 열성(列聖)의 어제, 어서를 봉안하고자 종정시(宗正寺; 종부시)에 작은 각(閣)을 세우고 '규장각' 세 글자를 써서 붙였는데, 규제는 갖추어지지 않았다.[8]

정조는 세조 때 규장각을 건립하고 직제(職制)를 설치했는지에 대해 확실한 지식을 얻고자 정조 5년(1781) 8월 18일에 규장각 신

하들과 토론을 벌였다.

직제학 심념조(沈念祖)가 "양성지가 건의한 직제와 지금의 직제가
꼭 들어맞는다"고 말하자, 정조는 "그때의 규모가 오늘날의 것과
모의하지 않았는데도 똑같으니 참으로 이상한 일이다. 과연 그때
각(閣)을 세우고 관(官)을 설치했는가?"라고 물었다. 이에 대해 직제
학 정민시(鄭民始)가 아뢰기를 "인지당 동쪽에 각(閣)을 건립했다는
말이 있으니 각은 건립한 것 같으나 관직을 설치한 것에 대해서는
기록이 없습니다"라고 답했다.9)

정조는 비단 규장각 설치에만 머물지 않고, 양성지가 제의한 도
서 정리에 대해서도 잘 알고 이를 본받을 것을 신하들에게 지시했
다. 같은 해 5월 13일에 정조는 "광묘조(光廟朝; 세조) 때 양성지가
건의하여 궐 안에 저장한 서적의 뒷면 도서(圖書)에 '조선국모세어
장(朝鮮國某歲御藏)'이라고 쓰고, 명나라 연호를 쓰되 해자(楷字)로 쓰
며, 앞면의 도서에는 '조선국어장서(朝鮮國御藏書)'라고 일컫고, 전자
(篆字)로 써서 만세토록 전해 보이게 했다. 내각에서는 잘 알고 있
으라"고 일렀다.10)

---

9) 《정조실록》 권12 정조 5년 8월 18일 戊子.
10) 위의 책 권11 정조 5년 2월 13일 丙辰.

3. 정조 15년(1791) 《눌재집》 간행

양성지에 대한 정조의 관심은 시간이 흐를수록 깊어졌다. 비단 규장각만이 아니라 양성지 사상 전반에 대해서 매력을 느끼고 그의 문집을 간행할 것을 규장각에 지시했다. 이렇게 해서 정조 15년(1791)에 《눌재집》을 규장각에서 목판으로 인출하기에 이른 것이다.

정조는 재위 15년 5월 3일에 이만수(李晚秀), 서영보(徐榮輔) 등 각신들을 만난 자리에서 "내가 양성지에 대해서 크게 느끼는 점이 있기 때문에 내각(內閣)으로 하여금 그가 지은 글들을 모으게 했다. 듣건대 그 책이 이미 이루어졌다고 하니 장차 간행을 해야겠다"고 말했다.[11] 이에 각신 서영보가 말하기를 "양성지가 쓴 서찰 몇 점을 후손에게서 얻었습니다"라고 말했다. 왕은 "문집을 간행할 때 책 뒤에 넣도록 하라. 서문은 내가 직접 구상하는 중이다"라고 말했다. 이어서 왕은 규장각 초기 제학인 이복원에게 발문을 지으라고 일렀다.

이렇게 정조의 직접 지시로 이루어진 책이 오늘날 우리가 보는 6권의 《눌재집》인데, 여기에는 이병모가 대필한 정조의 어제서문(御製序文), 범례, 그리고 이복원의 발문이 실려 있다. 이제 그 내용을 소개하기로 한다.

먼저, 어제서문에서 정조는 규장각 설립이 양성지가 세조 때 올린 헌책(獻策)을 따랐다는 점을 밝히고, 이어 규장각을 세운 지 16년이 되었음에도 경제(經制; 제도를 경영함)의 고실(故實; 전거로 삼을

---

11) 《정조실록》 권32 정조 15년 5월 3일 丁丑.

만한 옛일)을 자랑스럽게 문양(文襄; 양성지의 시호)에게 돌릴 수 없음을 개탄했다. 그래서 각신에게 그가 쓴 주의(奏議)와 잡저(雜著), 그리고 시를 모아 세상에 간행하라고 한 것이라며 양성지의 학문을 평하여 다음과 같이 말했다.

> 문양(文襄)은 평생 유용한 학문을 좋아하여 무릇 조장(朝章; 문물제도), 국전(國典; 법률), 병농(兵農), 지리 등의 이로움과 해로움, 계승할 것과 고칠 것 등의 큰 줄기를 마치 누에고치에서 실을 뽑듯이 거듭거듭 조정을 위하여 진언했다. 그래서 당시의 의론에는 왕왕 주관이 없고 허황하다고 말하기도 했다. 그러나 일의 효험이 후세에 와서 결실을 맺게 된 것은 마치 맑은 단술이 밭을 가는 쟁기와 보습에서 시작되고, 모자와 옷이 베 짜는 바디와 북에서 시작되는 것과 같다. 무릇 말에는 효험이 있어야 귀하고, 글은 증험(證驗)이 있어야 귀하다. 공의 저 아름다운 글과 전책(典冊)은 소리와 음률이 어울려 이빨이 가지런히 서 있는 듯하고, 제단(祭壇)을 높이 세운 듯하여 우뚝하게 보이지 않는 것이 없다. 이는 박사제자(博士弟子)들이 힘쓰는 일이지만, 군자가 아니면 말하는 뜻이 비록 많다고 하여도 어찌 실용에 이바지할 수 있겠는가? 이 책은 진실로 제도를 경영하는데 거울이 될 것이며, 규장각 제도는 다만 그 시초에 지나지 않는 것이다. 그래서 책머리에 이를 적어 후인들이 본받기를 기다리는 바이다.

여기서 정조는 규장각 제도는 시작에 지나지 않는다고 밝히고, 그보다는 유용하고 실용적이며 제도의 경영에 도움이 되는 양성지의 학문 그 자체를 높이 평가하고 있다. 그리고 규장각이 세워진 지 16년이 되었음에도 경영의 효과가 나타나지 않고 있는 현실을 개탄했다. 여기서 정조가 바라보는 양성지는 실용적인 실학자임을 알 수 있다.

그런데 위 어제서문의 끝에는 규장각 설립 이후 각신을 지낸 30명의 이름이 모두 적혀 있고, 이들이 모두 양성지의 외예(外裔)라고 밝히고 있어 눈길을 끈다. 30명의 각신 명단과 직책을 소개하면 다음과 같다.

- 제학 — 황경원(黃景源), 이복원(李福源), 서명응(徐命膺), 채제공(蔡濟恭), 이휘지(李徽之), 김종수(金鍾秀), 유언호(兪彦鎬), 오재순(吳載純), 조경(趙璥), 이성원(李性源), 정민시(鄭民始)
- 직제학 — 서호수(徐浩修), 심념조(沈念祖), 정지검(鄭志儉), 서유방(徐有防), 박우원(朴祐源), 이병모(李秉模), 김희(金憙), 김재찬(金載瓚)
- 직각 — 김면주(金勉柱), 서정수(徐鼎修), 서용보(徐龍輔), 정동준(鄭東浚), 정대용(鄭大容), 이만수(李晚秀), 윤행임(尹行恁), 서영보(徐榮輔)
- 대교 — 이곤수(李崑秀), 김조순(金祖淳), 심상규(沈象奎)

30명의 외예(외척) 가운데 양성지의 10세(世) 되는 사람이 1명, 11세 되는 사람이 9명, 12세 되는 사람이 8명, 13세 되는 사람이 10명, 14세 되는 사람이 1명, 15세 되는 사람이 1명이라고 한다. 이는 우연한 결과라고도 할 수 있으나, 그만큼 남원 양씨의 혼맥이 넓다는 것을 말해 준다. 아마 정조가 양성지에 대해 알게 된 것도 각신들의 이러한 인맥과 관련이 있을지 모른다.

다음, 범례는 8개조로 되어 있는데 그 요지는 다음과 같다.

(1) 정조 임금이 규장각을 세우게 된 것은 양성지의 의논을 따른 것으로 정조 15년에 왕명으로 문집을 편찬하게 되었으며, 범례는 모두 임금의 재가를 받았다.
(2) 문집의 차례는 보통 시(詩)를 먼저 싣고 다음에 문(文)을 싣는 것이나, 양성지의 술작(述作)은 오로지 경제 실용을 위주로 하고 문

장은 그 나머지에 지나지 않으므로 먼저 주의(奏議)를 싣고, 다음에 잡저, 그 다음에 시를 넣었다.

(3) 양성지의 제치방략(制置方略)은 변어(邊禦) 곧 국방에 관한 것이 많으나, 북방 비어에 관한 〈초소15책〉, 〈2소3책〉, 〈3소4책〉 및 〈편의28사〉, 〈친사문묘송〉, 〈평삭방송〉 등은 목록만 있고 글이 없어 목록 밑에 '일(佚)'이라고 표시했다.

(4) 세조가 내려준 시와 여러 신하들이 지은 시는 따로 수록했으며, 여러 곳에서 눈에 띄는 사적(事蹟)은 모아서 〈유사(遺事)〉로 넣고 그 자료를 주(注)로 넣었다.

(5) 양성지의 친필 다섯 점과 명신(名臣)들의 묵적(墨蹟)은 권말에 넣었다.

(6) 초본(抄本) 사이에 빠진 글자로서 채우기 어려운 글자는 '결(缺)'자를 써서 넣었고, 자구(字句)가 통하지 않는 것은 고정(考正)하기 어려워 그대로 두었다.

(7) 양성지가 지은 《가집(家集)》 6권은 서거정의 〈가승기(家乘記)〉와 김휴(金烋)의 《해동문헌록》에 보이고, 《주의(奏議)》 10권도 〈가승기〉에 보이나 이것이 산일(散佚)되어 싣지 못한 것이 애석하다.

(8) 규장각이 설립된 지 16년 동안 각신이 무릇 30명인데, 모두 공의 외예라는 것이 이상하여 임금께서 서문의 뒤에 그 명단을 실으라고 했으며, 그 세파(世派)를 조사하여 족보를 만들어 각신들이 각각 자기 집에 보관했다.

범례에서 밝혔듯이, 양성지의 상소문 가운데 6건이 빠진 것은 《눌재집》의 큰 하자라고 할 수 있다. 이는 편찬자들이 《실록》에서 자료를 뽑지 않고, 주로 후손이 넘겨준 유고와 《국조보감》 및 《동국여지승람》, 그리고 여러 문집에서 자료를 뽑았기 때문이다.

그러나 정조 대 간행된 《눌재집》 원본에 빠진 수십 건의 주의(奏議)와 〈황극치평도서(皇極治平圖序)〉, 〈용비어천도서(龍飛御天圖序)〉,

〈평삭방송〉, 〈친사문묘송〉, 〈유사(遺事)〉 등을 후손들이 다시 수집하여 4권의 속편을 만들어 원본과 합쳐 1938년에 간행했다. 그리고 이 책은 1973년에 아세아문화사에서 영인본으로 간행하여 학계에 보급되었다. 그 뒤 1994년에 남원양씨문양공종회는 다시 여기에 빠진 〈남원양씨외예보〉 등을 수집하여 간행했는데, 이것이 가장 최근에 나온 《눌재집》으로 내용이 가장 충실하다.

끝으로, 《눌재집》의 끝에 실린 이복원의 발문 내용을 살펴보기로 하자.

신(臣)이 일찍이 《국조보감》을 편집하면서 국조 명신(名臣)의 주의(奏議)를 살펴보니 눌재 양문양공(梁文襄公) 성지(誠之)의 상주(上奏)가 가장 많았다. 성상께서는 문(文)을 사랑하여 우리나라 명석(名碩)들의 글을 낱낱이 읽으셨는데, 공(公)의 유고를 간행하라고 특명을 내리신 것은 부화(浮華)를 밀어내고 실용을 귀하게 여기신 까닭이고, 규장각을 설치하자는 의논이 임금의 마음에 꼭 들어맞아서 그의 말을 행하고 그의 인간을 생각하기 위함이었다. 신이 우러러 생각하니 세월을 뛰어 넘어 공을 만나게 된 것은 얼마나 성대한 일인가. 한(漢)나라 위상(魏相)은 한나라 고사(故事)와 편의장주(便宜章奏), 가의(賈誼)와 동중서(董仲舒) 등의 말을 시행하기를 주청했는데, 지금 위상은 없으나 정조 임금이 거행하고, 문양공의 공과 글을 추중(推重)하여 운한(雲漢)의 빛을 입었으니 한나라 여러 신하들보다도 더 영광스럽다고 할 것이다. 신은 규장각을 처음 세울 때 참여하여 적적하게 16년을 지냈으나 한마디도 성명(聲明)을 바치지 못했으니 문양공을 보기가 한없이 부끄럽다. 임금의 명을 받들어 발문을 쓰면서 나도 모르게 얼굴에서 땀이 흐른다.

이 글에 따르면 정조는 우리나라 명신석보(名臣碩輔)의 글을 보지 않은 바가 없는데, 양성지의 문집을 간행하라고 한 것은 장차 부화를 몰아내고 실용을 귀하게 하고, 규장각을 세우자는 의논이 임금의 마음과 맞았기 때문이라고 한다. 정조는 자신의 어록을 담은 《일득록(日得錄)》에서도 학문과 사공(事功)의 일치를 수없이 강조하고 있는데, 여기서 '사공'이 바로 '유용지학' 곧 '실학'을 의미하는 것이다.

《눌재집》의 간행 과정을 정리해 보면, 정조가 양성지에게 지닌 존경은 기본적으로 그의 '경제실용' 곧 나라를 다스리는데 실제로 도움이 되는 학문을 좋아했고, 아울러 양성지가 주장한 규장각을 건설해 부화한 학풍을 바꾸려는 원대한 계획이 있었기 때문임을 알 수 있다. 이렇게 본다면 양

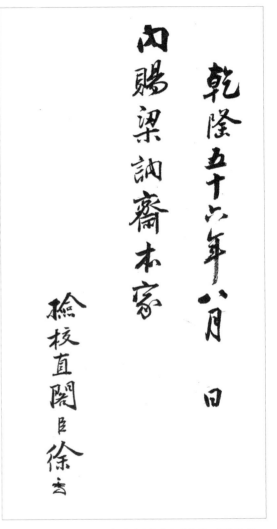

정조 15년(1791) 정조가 양성지의 후손에게 《눌재집》을 하사하며 내린 글.

성지는 실질적으로 정조의 정신적 스승이었다고 해도 지나친 말이 아니다.

참고로, 정조는 《눌재집》을 간행하던 해에 정도전의 《삼봉집(三峰集)》과 차천로의 《오산집(五山集)》도 규장각에서 다시 간행하라고 명했다.[12] 정도전은 창업의 지혜를 제공한 인물이고, 양성지는 수성(守成)을 이끈 인물이며, 차천로는 선조 대의 대문장가라는 것을 평가한 것이다. 정조는 국초의 실학을 계승하고 새로운 사상을 가미하여 이른바 '법고창신(法古創新)'과 '계지술사(繼志述事)'의 방법으로 왕조의 중흥을 이끌었던 것이다.

---

12) 정조 대 《삼봉집》의 간행에 대해서는 한영우, 《왕조의 설계자 정도전》, 지식산업사, 1999, 참고.

4. 후손 등용과 무학(武學), 장용영 설치, 무성묘(武成 廟) 존중

정조는 《눌재집》을 간행한 뒤 양성지를 충신으로 생각하면서 그 후손에게까지 은혜를 베풀었다.

정조 19년(1795) 11월 24일, 양성지의 후손인 전(前) 첨지(僉知) 양주익(梁周翊)이 국가의 대계(大計)로서 통일해야 할 12가지 조목의 상소를 올리자, 정조는 이를 읽고 "전 첨지 양주익의 소(疏)를 보니 말한 것 모두가 가상하다. 더구나 그는 충신의 후예인데다 문양(양성지)의 방손(傍孫)이니 더 말해 무엇하랴"고 말하면서 그를 병조참의(정3품)로 올릴 것을 명령했다.13)

정조는 양성지의 정책 가운데 병정(兵政)에 대해서도 각별한 관심을 가졌다. 먼저, 정조 17년(1793)에 친위부대인 장용영(壯勇營)은 내영(內營)과 외영(外營)의 절목(節目)을 정하여 임금에게 올렸는데, 여기서 내영에 중군(中軍)을 두지 않은 것은 양성지의 경험을 따른 것이라고 했다. 곧 세조 때 궁궐 후원에서 습진(習陣)과 조련(操鍊)을 많이 했는데, 윤사로(尹師路)가 좌상(左廂)의 대장, 양성지가 우상(右廂)의 대장을 맡아 군사들을 지휘하며 이때 중군을 두지 않았다는 것이다.14) 그뿐 아니라 장용영은 말하기를 "본영(장용영)의 군제는 대부분 국초의 제도에서 본뜬 것"이라고 하면서 장용영 자체가 국초의 제도를 모범으로 하여 만들어진 것임을 밝히고 있다.

정조 20년(1796)에 임금은 신하들과 차대(次對)하는 자리에서 양성지의 상소문을 인용하면서 무학(武學)과 훈련원, 그리고 무성묘(武

---

13)《정조실록》권43 정조 19년 11월 24일 辛未.
14) 위의 책 권37 정조 17년 1월 25일 己未.

成廟)의 중요성을 다음과 같이 강조했다.

> 옛날에 무학이 있었기 때문에 주자(朱子)가 일찍이 무학교수(武學
> 敎授)가 되었는데, 그 사실을 우리나라 양성지의 상소에서 자세히
> 알 수 있다. 무학을 폐지하면서 훈련원으로 그쳤는데, 만약 무성묘
> (武成廟)를 세운다면 무학이 크게 갖추어질 것이다.15)

무학을 강조하는 정조의 지시가 반영되어 전문적인 군사 훈련장
으로 훈련원이 다시 세워졌는데, 정조 21년(1797) 12월 13일 훈련
원에서는 훈련원의 업무와 관련된 절목을 올렸다.16) 이때 훈련원
은 양성지가 세종 32년(1450)에 올렸던 〈비변10책〉을 인용하면서,
'훈련관(訓鍊觀)에서의 무학과 무성묘'에 대해 다음과 같이 언급했
다.17)

> 본원(훈련원)의 설치는 옛날 국초의 성대할 때 있었는데, 훈련관(訓
> 鍊觀)으로 부르다가 관(觀)을 고쳐 원(院)으로 했으며, 군자좨주(軍諮
> 祭主)의 직임과 사마참군(司馬參軍)의 칭호가 질서정연하게 갖추어져
> 찬란하게 볼만했습니다. 원(院)을 건립하여 관원을 둔 뒤부터 무예를
> 훈련시키고, 병사(兵事)를 연습시켰습니다. 무과를 거쳐 병권을 장악
> 한 이가 모두 이 원(院)과 관(觀)에서 출발했는데, 지금 수백 년이 되
> 었습니다.
> 삼가 문양공 양성지의 〈비변10책〉을 살펴보니 "나이 40 이하의
> 내금위, 별시위의 갑사 가운데 기식(器識)이 있고 문자를 아는 자를
> 자원에 따라 뽑아서 훈련관에 입학시키고, 입번(入番)하거나 순작(巡
> 綽)하는 날을 빼고는 《무경(武經)》을 습독(習讀)하게 했는데, 그 격식

---

15) 《정조실록》 권44 정조 20년 3월 12일 戊午.
16) 위의 책 권47 정조 21년 12월 13일 戊申.
17) 위와 같음.

은 성균관의 예를 본받게 해야 할 것입니다"라고 말했습니다. 양성지는 또 말하기를 "지금 훈련관은 곧 송나라의 무학(武學)과 같습니다. 바라옵건대 훈련관에 독소(纛所)와 함께 태공망(太公望; 제갈공명)의 사당인 무성왕묘(武成王廟)를 세우소서"라고 말했습니다. 또 그는 말하기를 "60일 동안 훈련관에 나아가 장(杖)을 연습하고, 방패(防牌)를 쓰는 방법도 훈련관에서 연습하게 하소서"라고 말했습니다. 또 "훈련관의 습독관(習讀官)은 《통감》, 《무경》, 《장감(將鑑)》, 《병요(兵要)》, 《진법(陣法)》, 《병장설(兵將說)》을 읽히고 있는데, 《통감》을 빼고 《병정(兵政)》을 추가하소서"라고 했습니다.

여기서 정조 21년에 설치된 훈련원은 양성지가 세종 때 올린 〈비변10책〉에 근거하고 있음을 분명하게 밝히고 있다.

물론 이때 만들어진 훈련원의 절목은 양성지의 주장만을 따른 것은 아니고, 그 밖의 여러 제도를 참고하여 만들었지만, 특히 무학을 존중하고 훈련원에서 전문적으로 군사의 무예를 가르치자고 한 양성지의 주장이 반영되어, 훈련원이 다시 세워진 것은 의미심장하다. 양성지의 경륜이 다양하게 정조의 정책에 반영된 것이다.

제4장

양성지의 학문

— 실용적 관학파 성리학

지금까지 양성지의 생애를 시대순으로 따라가면서 그가 올린 상소문과 행적을 검토해 보았다. 이로써 우리는 양성지가 박식한 성리학자이자 병략가로서, 역사가로서, 지리학자로서, 지도제작가로서, 문학가이자 음악가로서, 법률가로서, 서지학자로서 엄청나게 많은 일을 하고, 여섯 임금의 총애를 받으면서 15세기 수성기(守成期)의 문물제도 정비에 결정적으로 이바지한 사실을 알게 되었다.

　그러나 그가 여섯 임금으로부터 받은 과중한 총애가 도리어 당시의 신진 사림의 미움을 사서 성종 대 이후로 비난의 대상이 되었다가, 조선 후기 곧 300년이 지난 정조대에 이르러 다시금 화려하게 부활하는 모습을 보게 되었다.

　이제부터는 양성지의 학문과 사상을 시대순이 아니라 분야에 따라 살펴보는 작업에 들어가기로 한다. 앞에서 언급한 내용과 중복되는 점이 많겠으나 어쩔 수 없음을 양해하기 바란다.

　양성지의 학문을 후세인의 시각에서 처음으로 객관적으로 평가한 이는, 16세기 중엽 중종 대의 성리학자로서 조광조(趙光祖)와 더불어 지치주의(至治主義)에 바탕을 두고 도학정치를 꿈꾸었던 김안국(1478~1543)이었다. 그는 양성지 후손의 부탁을 받고 쓴 〈남원군 신도비명〉에서 양성지의 학문을 다음과 같이 평했다.

가까이는 포은(圃隱; 정몽주) 및 야은(冶隱; 길재)과 접하고, 멀리는
염락(濂洛; 정자와 주자)에 소급한다. 거경궁리(居敬窮理)하며, 왕도(王
道)를 존중하고 패도(霸道)를 천시했다.[1]

이 말을 그대로 믿으면 양성지는 국내에 있어서는 정몽주와 길
재, 국외로는 정자(程子)와 주자(朱子)를 계승하고, 왕도(王道)를 숭상
한 성리학자라는 뜻이 된다. 그러면 양성지는 정몽주-길재-김숙
자(金叔滋)-김종직(金宗直)-김굉필(金宏弼)-조광조 등으로 이어지는
사림계 성리학자들과 계보를 같이하는 것일까? 결론부터 말한다면
그렇지 않다. 양성지는 오히려 이들 사림계 성리학자들로부터 비판
을 받았던 인물임을 주목할 필요가 있다. 김안국은 양성지 후손의
부탁을 받아 〈신도비명〉을 썼기 때문에 16세기 성리학의 분위기에
맞추어 그를 평가한 것으로 보인다.

물론, 양성지는 세조 2년(1456)에 올린 〈편의24사〉에서 정몽주를
문묘에 배향하자는 주장을 편 적이 있어 그가 정몽주를 높이 평가
하고 있었음은 사실이다.[2] 그러나 이때 그는 정몽주와 더불어 권
근을 문묘에 함께 배향할 것을 주장했음을 기억할 필요가 있다.

권근은 《입학도설(入學圖說)》,《오경천견록(五經淺見錄)》 등 성리학
관련 저술을 편찬하여 조선 초기 관학파 성리학을 대표하는 학자
의 한 사람이었지만, 사림계 성리학자들은 그를 달갑게 보지 않았
다. 권근이 고려 말에는 조선의 개국을 반대하다가 개국한 뒤에는
태조의 건원릉비문(健元陵碑文)을 써주고, 정도전의 《삼봉집》을 주
석(註釋)했으며, 태종이 총애하는 신하로 봉사했기 때문에 절의를
존중하는 사림들은 그를 좋아하지 않았던 것이다.

---

1) 《눌재집》 권6 〈南原君神道碑銘〉.
2) 《세조실록》 권3 세조 2년 3월 28일 丁酉.

그런데 양성지는 바로 정몽주 다음으로 권근을 문묘에 배향하자고 주장, 정몽주의 학통이 권근으로 이어져 온 것으로 이해함으로써 관학파 성리학을 주류로 부각시키고 있는 것이다. 더욱이 권근은 양성지의 외가 혈족이었으므로 권근의 학통이 양성지 자신에게도 이어지고 있음을 은근히 강조한 것으로 볼 수 있다.

그러면, 관학파 성리학자에 속하는 양성지 성리학의 특징은 무엇인가?

양성지의 수많은 논설은 앞에서 살핀 바와 같이 거의 대부분 국가경영과 관련된 실용적 정책이지 학문 자체에 관한 언급은 많지 않다. 하지만, 그는 항상 정치의 근원을 맑게 하는 방법으로 성학(聖學)의 중요성을 세조와 성종에게 강조했는데, 여기서 성학은 구체적으로 4서5경을 말한다. 다만 그는 성리학이라는 말은 거의 입밖에 내지 않고, 주로 '성학'이라는 말을 즐겨 썼다는 점이 주목된다. 이는 그가 4서5경을 이기심성(理氣心性)의 학문으로 이해하기보다는 군주의 제왕학(帝王學)으로 이해하고 있었음을 뜻한다.

양성지는 4서5경 가운데 특히 제왕학의 교과서인 《대학》을 중요시했다. 그가 예종에게 올린 〈편의28사〉와 성종 원년(1470)에 올린 〈편의16사〉에서 《대학연의》를 경연의 교재로 쓸 것을 요청한 사실이 이를 증명한다. 또 그 자신이 《대학》의 정신을 바탕으로 단종에게 〈황극치평도〉를 만들어 바친 것도 유념할 필요가 있다.

그러면 관학파 성리학자로서의 양성지와 사림파 성리학자들과의 학문적 차이는 무엇인가? 첫째, 관학파 성리학자들이 대개 그러하듯이, 양성지의 학문 영역은 매우 넓고 실용적인 성격을 지니고 있었다. 그는 성학(성리학)을 "정치의 근원을 맑게 하는 학문"으로서 일차적으로 중요시하면서도, 그 밖에 사학(史學)과 지리(地理)의 중요성을 항상 강조했다. 특히 사학은 "치란(治亂)의 자취를 알게

해주는 학문"으로서 경학(經學)과 쌍벽을 이루는 것으로 보았다. 그
는 경학과 사학이 한쪽에 치우치는 일이 있어서는 안 된다고 하면
서 그 이유를 이렇게 설명하였다.

> 사기(史記)는 앞 시대의 선악을 참고하여 만세의 권계(勸戒)를 삼
> 는 것으로서 정치의 체(體)에 있어서 가장 긴절한 것이다.[3]

> 경(經)은 도(道)를 싣고 있으며, 사(史)는 사(事)를 기록한 것이다.
> 경(經)이 없으면 출치(出治)의 근원을 맑게 할 수가 없으며, 사(史)가
> 없으면 이란(理亂)의 발자취를 알 수 없다. 경과 사는 어느 한 쪽에
> 치우쳐서는 안 된다.[4]

경(經)을 체(體)로, 사(史)를 용(用)으로 파악하여 사(史)보다 경(經)
을 더 존중하는 것이 성리학자의 일반적 관점이지만, 양성지는 경
사(經史)를 체용으로 보는 것이 아니라 동등하게 중요시한 데서
특색이 있다.

이렇게 사학을 경학과 똑같은 비중으로 바라본 그는 실제로 많
은 역사 편찬에 참여했다. 세종 대에는 《치평요람》 집찬에 참여하
고, 세종~문종 대에는 《고려사》·《고려사전문》·《고려사절요》 편
찬에, 세조 대에는 《동국통감》 편찬에 주도적으로 참여했고, 특히
과거시험과목에 《삼국사기》·《고려사》 등 국사를 넣어야 한다는
주장은 비록 실현되지는 않았지만 매우 파격적인 주장이었다.

하지만, 그는 국사만을 강조한 것은 아니었다. 임금에게 사마천
(司馬遷)의 《사기》, 사마광(司馬光)의 《통감》(《자치통감》), 주자의 《통

---

3) 《눌재집》 권3 〈諸書撰輯時請並撰史記·兵書·地圖〉.
4) 위의 책 권2 〈請殿講兼講史學〉.

감강목》, 그리고 《송원절요》 등 중국사를 읽을 것을 누차 강조해 마지 않았다.

이 밖에 양성지는 임금이 경연에서 읽어야 할 역사책으로 당 태종의 《정관정요》를 추천하기도 했는데, 이 책은 '패도'가 담겨 있다 하여 16세기 왕도주의 성리학자들이 기피하던 책이다. 여기서도 양성지의 성리학과 16세기 이후의 왕도주의적 성리학이 체질적으로 다르다는 것을 알 수 있다.

둘째, 양성지 성리학이 16세기 왕도주의 성리학과 다른 점은 중국 고대사를 바라보는 시각이다. 그는 당우삼대(唐虞三代; 堯, 舜, 夏, 殷, 周)만이 아니라 한(漢), 당(唐), 송(宋), 금(金)의 정치도 아울러 본받아야 한다고 강조했다. 그가 세조에게 올린 〈논군도12사〉에는 다음과 같은 언급이 보인다.

> 당우삼대(唐虞三代)의 정치는 진실로 만세제왕(萬世帝王)이 반드시 귀감으로 삼아야 할 것입니다. 그러나 한(漢), 당(唐), 송(宋), 금(金)도 또한 모두 본받을 것이 없겠습니까? 한 문제(漢 文帝)를 본받으면 양민(養民)의 정치가 지극해질 것입니다. 한 고조(漢 高祖)와 광무제(光武帝), 그리고 당 태종이 난을 진압하고 세상을 구제한 공은 얼마나 위대합니까. 송 태조(宋 太祖)의 규모와 기상은 광명정대하여 주자(朱子)가 요순과 같다고 했습니다. 금 세종(金 世宗)이 천하를 크게 안정시킨 정치도 역사책에서 칭송하고 있습니다. 전하께서는 위로 당우삼대를 본받으시고, 아울러 한당송금(漢唐宋金)의 정치도 받아들이면 매우 다행으로 생각합니다.[5]

여기서 양성지가 본받자고 주장한 한 문제, 한 고조, 후한 광무

---

5) 《세조실록》 권1 세조 즉위년 7월 5일 戊寅.

제, 당 태종, 송 태조, 금 세종 등은 공리(功利)를 버리지 못했다 하여 왕도주의 성리학자들은 별로 좋아하지 않는 인물들이다. 그래서 당 태종의 《정관정요》도 기피했던 책이 된 것이다.

16세기 후반에 성리학을 집대성한 율곡 이이는 《성학집요(聖學輯要)》에서 '삼대의 제왕만이 도통(道統)과 치통(治統)을 겸비하고, 한당(漢唐) 이후로는 제왕이 치통만을 가지고 있었고, 도통은 재야로 내려가 정치가 어지러워졌다'고 보았다.

그런데 양성지는 당우삼대와 한나라, 당나라 이후의 제왕을 동등하게 놓고, 모두 본받아야 한다고 주장하고 있는 것이다. 특히 금 태조까지 정치의 모범으로 생각한 것은 매우 파격적이다. 이런 역사의식은, 실은 《용비어천가》에 반영된 역사의식과 동일하다.[6]

양성지가 이렇게 삼대 이후의 제왕들을 긍정적으로 평가한 것은 그들이 이룩한 민생 안정과 영토 확장, 그리고 고유문화의 보전 등을 높이 평가한 까닭이었다. 이것은 달리 말하면 공리적 정치를 긍정하고 있다는 점에서 지치주의적 도학정치와는 다르다. 그가 편찬한 《동국통감》이나 《동국여지승람》 등을 사림계 성리학자들이 개찬하는 이유가 여기에 있다.

셋째로, 양성지는 향약(鄕約)이나 사창(社倉) 등 향촌자치제를 반대하고 국가가 주도하는 의창(義倉)과 중앙집권체제를 옹호했다. 그는 행정이나 군정(軍政) 등 모든 분야에서 중앙정부가 지방을 통제할 것을 강조했다. 북방 지역을 공신들에게 식읍으로 주자는 주장이나, 중앙의 교목세신(喬木世臣)을 보호해야 국가가 안정된다는 주장도 이런 맥락에서 나온 것이다. 이와 달리 사림계 성리학자들은 향약, 사창, 향사례(鄕射禮), 유향소(留鄕所) 등 향촌자치제를 주장했다.

---

6) 한영우, 《조선전기 사학사연구》, 서울대학교 출판부, 1981, 참고.

넷째, 양성지는 왕실과 왕권의 권위를 중국의 황제와 맞먹는 수준으로 끌어올리려고 했다. 그가 임금의 친경(親耕), 친잠(親蠶), 대사례(大射禮), 환구단 제천, 임금 생일의 '절일(節日)' 승격, 임금에게 존호를 올리는 일, 그리고 어제·어필 등을 따로 보관하는 규장각의 건설, 5경(五京) 제도, 번부악(藩部樂) 설치 등을 주장한 이유가 여기에 있었다.

이러한 주장은 천자와 제후의 명분을 강조하는 사림계 성리학자들의 시각에서 보면 명분에 어긋나는 처사였다. 그래서 사림계 성리학자들이 집권한 16세기 이후에는 이러한 행사들이 거부되거나 대부분 취소되어 버렸던 것이다. 사림들은 임금의 권위를 높이려는 양성지의 주장을 임금에 대한 아첨으로 비판했다.

다섯째, 양성지의 학문은 이기심성(理氣心性) 등 철학적 문제에는 거의 관심을 갖지 않고, 절의(節義)도 중요하게 여기지 않았다. 그는 오직 부국강병과 민생안정에 관련되는 실용적인 학문에 주로 관심을 쏟았다. 그래서 역사, 지리, 지도, 문학, 병법, 의학, 음악, 농법, 법률 등에 관련된 서적 편찬에 두루 참여하였던 것이다.

물론 이러한 그의 박학풍(博學風)은 자신의 주관적 선택이라기보다는 임금의 명령에 따른 것이기도 하지만, 그 스스로 임금에게 능동적으로 강조하기도 했던 바이다.

그는 문학에도 관심이 많아서 세종 때에는 《용비어천가》 편찬에 참여하고, 성종 때에는 《동문선》 편찬에 참여했다. 그밖에 세조 때 이시애의 난 평정을 찬양한 〈평삭방송〉과 성종의 문묘 제사와 대사례를 칭송한 〈친사문묘송〉 등 시(詩)와 악장(樂章)을 스스로 지어 바치기도 했다.

병법과 관련해서는 《무경》과 《진법》을 수시로 신하들에게 강의하고, 세조 때에는 《손자주해》를 공동으로 편찬하고, 《성제공수

《눌재집》

도》를 여러 사람과 함께 고열(考閱)하기도 했다.

의학과 관련해서는 세종 때 《의방유취》 편찬에 참여하고, 세조 때에는 이를 교정하는 일에 참여했으며, 농법과 관련해서는 세조 때 《농잠서(農蠶書)》와 《축목서(畜牧書)》 등을 혼자서 편찬했다. 윤리와 관련해서는 세조 때 《오륜록(五倫錄)》과 《삼강사략(三綱史略)》을 편찬했다.

양성지가 편찬한 서적을 종합해서 소개하면 '표'와 같다. '표'를 보면 양성지의 학문과 저술이 얼마나 폭이 넓고 실용적인 성격이 강했는지를 알 수 있다. 김안국도 〈신도비명〉에서 이 점을 다음과 같이 인정했다.

박람강기(博覽强記)하고……중국으로부터 동방에 이르기까지 상하 수천 년의 치란흥망(治亂興亡)과 인물의 현부(賢否)를 어제 일처럼 요연히 알고 있으며, 또한 고금 천하의 산천의 액색(阨塞; 막힘)과 주군(州郡)의 연혁을 발로 밟고 목격한 것처럼 고구(考究)하였다.

양성지가 편찬한 책들

분 야	책	시 기	비 고
사 서	세종실록	문종 대	집찬(集撰)
	문종실록	단종 대	〃
	단종실록	세조 대	〃
	세조실록	예종 대	〃
	예종실록	성종 대	〃
	고려사 지리지	세종~문종 대	독찬(獨撰)
	고려사절요	문종 대	집 찬
	동국통감	세조 대	〃
	치평요람	세종 대	〃
	명황계감	세조 대	〃
지리서 지 도	동국여지승람	성종 대	집 찬
	팔도지리지	〃	독 찬
	연변방수도	세조 대	집 찬
	연변성자도	〃	〃
	양계연변방수도	〃	〃
	팔도도	〃	〃
	여연·무창·우예삼읍도	〃	〃
	제주삼읍도	〃	〃
문 학	동문선	성종 대	집 찬
	열성어제시	〃	〃
	용비어천도	〃	독 찬
	평삭방송	〃	〃
	친사문묘송	〃	〃
정 치	황극치평도	단종 대	독 찬
	유선서	세조 대	〃
	경국대전(교정)	성종 대	집 찬
윤 리	오륜록	세조 대	독 찬

	삼강사략	〃	〃
의 학 농 업 목 축 병 학	의방유취(교정)	세조 대	독 찬
	농잠서	〃	〃
	축목서	〃	〃
	손자주해	〃	집 찬
	성제공수도(고열)	〃	〃
기 타	해동성씨록	세조 대	독 찬
	동국도경	〃	?
	대명강해율(교정)	〃	독 찬
	율학해이(교정)	〃	〃
	율해변의(교정)	〃	〃
	주의(10권) 가집(6권)		상소문 모음 시문집

양성지가 박람강기한 학자로서 특히 사학과 지리학에 통달했음을 밝히고 있다. 양성지와 과거시험 동문이었던 김수온도 양성지의 학문을 평하여 "남원군은……사학에 있어서 먹고 자는 것을 잊을 정도였다"[7]고 하여, 그가 특히 사학에 각별한 흥미를 지니고 있었음을 지적하고 있다.

양성지의 학문이 앞에서 말한 바와 같이 정조의 각별한 사랑을 받게 된 것은 바로 이와 같은 실용성 때문이었으며, 이런 점에서 양성지야말로 조선 초기의 실학자로 볼 수 있을 것이다.

---

7) 《눌재집》 권6 부록 〈南原君奏議序〉.

제5장

양성지의 사상

1. 자주적 역사의식과 문화의식

양성지 사상의 기본 목표는 한마디로 밖으로는 자주적이고 안으로는 민생이 안정되고 계층질서가 확립된 사회를 건설하는 것이라고 하겠다. 그것은 바꾸어 말하면 자주독립된 부강한 왕조국가의 건설을 뜻하는 것이기도 하다.

양성지의 자주정신은 무엇보다도 국사(國史)에 대한 강한 자부심에 뿌리를 두고 있었다. 그가 이해하는 국사는 우선 우리나라는 영토가 원래 만 리나 되는 대국이었다는 것, 단군이 중국의 요(堯)임금과 같은 시기에 나라를 세워 역사의 유래가 깊다는 것, 역사적으로 수·당·요·금나라 등을 물리친 혁혁한 전쟁사를 가지고 있다는 것, 문화적으로 독자적인 언어·의관·풍속 등을 지키고 살아왔다는 것과 중국에 심복제후(心腹諸侯)로 복속한 일이 없이 천자에 버금하는 독립적인 황복제후(荒服諸侯)의 위상을 지니고 살아왔다는 것 등으로 요약된다. 그래서 그는 '삼한', '대동' 또는 '오동방'이라는 말로써 국가와 민족에 대한 자부심을 표현했다.

이같은 양성지 역사의식의 특징을 유념하며 그가 이러한 자부심을 국가정책에 어떻게 반영하려고 했는지를 알아보기로 한다.

1) 국사인식과 국사교육 강화론

양성지의 역사의식은 먼저 우리 역사의 독립성에 대한 확신으로부터 출발한다. 그리고 국사의 독립성과 관련하여 그가 가장 관심을 기울인 것은 시조 단군에 대한 숭앙이었다. 그에 따르면, 단군은 단순한 신화 속의 인물이 아니라 전조선(前朝鮮)을 개국한 '전조선왕(前朝鮮王)'[1]으로서의 역사적 실재 인물인 것이었다.

그는 기자(箕子)도 후조선왕(後朝鮮王)으로 인정하고 기자 이후의 문화의 발달을 자랑스럽게 생각했으나, 기자보다는 단군을 한층 더 높이 숭앙하였다. 그는 자신의 상주문(上奏文) 곳곳에서 단군에 대해 언급하고, 단군을 국가적으로 숭앙하기 위하여 단군과 관련된 산악, 예컨대 단군사(檀君祠)가 있는 황해도 구월산, 단군신사(檀君神祠)가 있는 태백산, 단군이 일어난 곳으로 알려진 평안도 묘향산 등을 '5악(五嶽)'과 '5진(五鎭)'에 편입하여 제사할 것을 요청했다.[2]

단군으로부터 시작되는 역사는 그에게 있어서 언제나 자부심의 원천이 되었다. 첫째로, 우리 역사는 3,900년의 편년을 가짐으로써[3] 중국과 동등한 유구성을 지닌다는 자랑스러움이 있었으니, 단군이 중국의 개국시조라 할 수 있는 요 임금과 같은 시기에 개국했다는 사실에 대한 확신이 그것이다.

둘째로, 영토가 지닌 지리적 독립성과 광대함에 대한 자부심이다. 그는, 중국과 우리나라가 제가끔 '하늘의 일방(一方)'을 차지하여 별개의 건곤(乾坤; 구역)을 이루고 있었다고 파악하고,[4] 또한 "우리 동방은 세세로 요수(遼水; 요하)의 동쪽을 차지하여 만 리의 나라로 불렸으며, 삼면이 바다로 가로막히고, 한 면이 산을 등지고 있어서 구역이 스스로 나뉘고 풍기(風氣)가 또한 달랐다"[5]고 보았다. 곧 우리의 강토는 본래 요동의 '만리지국'을 형성하고 있던 대국

---

1) 《세조실록》 권3 세조 2년 3월 28일 丁酉 및 《눌재집》 권2 便宜二十四事.
2) 위와 같음.
3) 《성종실록》 권134 성종 12년 10월 17일 戊午 및 《눌재집》 속편 권1 〈請罷中國置鎭開州疏〉.
4) 《성종실록》 권134 성종 12년 10월 17일 戊午 및 《눌재집》 속편 권1 〈請罷中國置鎭開州疏〉.
5) 위와 같음.

(大國)이었으며, 그래서 풍기와 자연환경 또한 중국과 다르다는 말이다. 그가 우리나라를 즐겨 '대동(大東)'⁶)이라 부르는 이유도 여기에 있었다.

그는, 지금은 비록 우리의 통치권이 적극적으로 미치고 있지 못하지만 요동 대부분 지역이 우리 강토의 일부라고 주장하고, 또한 명나라 고황제도 일찍이 삼한의 강역이 요동 동쪽 180리의 연산(連山; 지금의 만주 本溪縣)을 경계로 하였음을 인정한 것은 당연한 바라고 했다.⁷) 그래서 명나라가 처음에 요동의 비옥한 수백 리 땅을 포기하고 빈 땅으로 남겨놓은 이유가 바로, 동교(東郊)의 땅을 본래 삼한이 대대로 지켜왔기에 만약 두 나라의 강역을 혼란시키게 되면 두 나라 사이에 틈이 벌어질 가능성이 크기 때문이었다고 주장했다.⁸)

이렇듯 요동을 우리 땅으로 인정하여 앞으로 이곳을 수복해야 한다는 시각에서, 양성지는 명나라 세력이 이곳으로 뻗어오는 것을 크게 경계했다. 곧 명나라가 뒤에 동팔참로(東八站路)에 큰 장벽을 설치하고, 개주(開州; 지금의 만주 鳳城)에 진(鎭)을 설치하는 움직임을 보이자 이를 심각하게 받아들여 북방의 방비를 적극 강화할 것을 주장한 이유가 여기에 있었다.⁹) 그의 수많은 북방비어책에 관한 상소는 소극적으로는 지금의 강토를 지키려는 방어의 뜻과 함께, 적극적으로는 만 리의 옛 땅을 수복하려는 꿈도 담겨진 것이었다.

그 다음, 역사의 또 다른 자랑은 역대로 정치적 자주독립을 지켜왔다는 사실이었다. 이미 우리나라는 "단군 이래로 관(官)과 주(州)를 설치하여 스스로 성교(聲敎; 자치)를 행하여 왔을"¹⁰) 뿐만 아

---

6) 《성종실록》 권134 성종 12년 10월 17일 戊午 및 《눌재집》 권1 〈備邊十策〉.
7) 《눌재집》 속편 권1 〈便宜二十八事〉 및 〈請罷中國置鎭開州疏〉.
8) 위와 같음.
9) 《눌재집》 속편 권1 〈便宜二十八事〉 및 〈請罷中國置鎭開州疏〉.

니라, 그 뒤에도 주나라는 우리를 신하로 만들지 못하였고, 위나라는 사신을 보내 왔으며, 연나라는 납관(納款; 도장을 보냄)하고, 수나라는 백만의 군사가 무참히 패했으며, 당나라는 여섯 개 부대의 원정이 실패로 끝나 버렸다. 원나라는 고려가 '의종구속' 곧 독자적인 문화를 지키는 것을 허용했으며, 명나라의 고황제도 우리에게 '성교자유(聲敎自由)' 다시 말해 정치와 교화의 자유를 허락했다. 그러니까 우리는 중국과의 항쟁에서 군사적으로도 패배한 일이 없을 뿐 아니라, 정치적으로나 문화적으로도 중국과 다른 독자성을 지켜 왔다고 보았다.

한편, 북방 민족과의 항쟁에서도 우리는 자랑스러운 승리의 역사를 지니고 있다. 요나라는 30만 대군이 침입했으나 한 필의 말도 살아 돌아가지 못했으며, 금나라는 우리나라를 '부모지국(父母之國)'으로 불렀고, 원나라는 비록 중국과 우리를 모두 점령했으나, 우리를 생구(甥舅; 사위)의 나라로 존중했다. 원나라 말기에는 20만의 홍군(紅軍)이 내침했으나 아군은 이를 거의 섬멸하여 군성(軍聲)을 크게 떨침이 천하에 알려지게 되었다고 한다. 말하자면 우리의 역사는 단군왕조로부터 현재에 이르기까지 일시적인 패배는 있었다 하더라도 궁극적으로는 대국으로서 자주독립의 전통을 연면히 이어 왔다고 그는 자부하는 것이었다.[11]

양성지는 중국이 우리보다 큰 나라임을 부인하지 않으며, 중국에 대한 사대도 거부하지 않는다. 그러나, 중국 황제의 통치 영역은 구주(九州)와 사해(四海) 안에 국한되는 것이며, 그 밖의 지역에

---

10) 《눌재집》 권1 〈論君道二十事〉.

11) 우리 민족의 대외항쟁사에서의 승리를 높이 평가하는 논설은 그의 상소문 곳곳에서 발견되는데 그 주요한 것만을 들어보면 다음과 같다.
   《눌재집》 권1 〈備邊十策〉, 권3 〈軍政十策〉, 《눌재집》 속편 권1 〈便宜二十八事〉 및 〈請罷中國置鎭開州疏〉.

는 중국과 통호하지 않는 수많은 나라들이 있다. 우리나라는 비록 중국과 통호하여 사대관계를 맺어 왔으나, 중국과 우리나라는 각각 하늘의 한쪽을 차지하여, 우리나라는 이른바 '소중화'로서 '별개의 건곤'을 이루고 있었다고 본다.[12] 따라서 우리가 비록 중국의 '번국(藩國)'이라고는 하지만 그 '번국'이란 중국의 통치권이 직접 미치는 중국 기내(畿內)의 제후나, 중국의 복리(腹裏)에 해당하는 것은 결코 아니라고 단정한다. 그러므로 우리는 자주적인 제후국이라는 것이다.

끝으로 우리 역사가 갖는 또 하나의 자랑은 문화의 독자성과 우수성에 있다고 보았다. 그의 민족문화에 대한 관념은 그 나름대로의 체계적인 이해가 필요하므로 뒤에서 자세히 설명하겠다. 다만 여기서는 그의 역사에 대한 자부심의 근거가 전통문화에 대한 신뢰에 큰 비중을 두고 있다는 사실을 지적하는 데 그치고자 한다.

양성지는 이렇듯 우리 역사의 개별성, 시간적 유구성, 강역의 광대성, 국가의 독립성, 문화의 독자성과 우수성에 대한 자부심을 갖는 데 그치는 것이 아니라, 이러한 역사를 체계적으로 편찬하여 정치 교화의 중요한 수단으로 이용해야 힘을 적극 주장했다.

먼저, 사서 편찬과 관련해서 그는 《고려전사》, 《고려사절요》, 《동국통감》의 집찬에 직접 참여했다. 특히 우리나라 최초의 통사인 《동국통감》은 그가 최초로 수찬의 주 책임을 맡았던 책이다. 현존하는 《동국통감》은 양성지가 죽은 뒤에 서거정·이극돈 등이 완성한 것으로서, 양성지가 본래 의도했던 것과 어떠한 차이가 있는 것인지는 따로 검토해 볼 문제이다.[13]

한편, 국사 교육을 강화하기 위한 방법으로서 그는 과거(문과)시

---

12) 《눌재집》 속편 권1 〈請罷中國置鎭開州疏〉.
13) 한영우, 《조선전기 사학사연구》, 서울대학교 출판부, 1981, 59~65쪽 참고.

험에서 중국사, 예컨대 《좌전》·《사기》·《통감》·《송원절요》 등과
더불어 국사인 《삼국사기》·《동국사략》·《고려사》 등을 동등하게
치를 것을 주장했다.[14]

그는 또 국왕의 경연(經筵)에서 국사를 겸강할 것을 여러 번 진
언했다.[15] 그가 이렇듯 국사서의 출간과 그 교육에 대해서 비상한
관심을 가졌던 것은 일면 역사를 통해서 정치적 교훈을 얻는다는
목적도 있지만, 다른 일면으로는 우리 역사에 대한 자부심과 관련
이 있다. 나아가서는 역사교육을 통해서 국가의식과 민족의식을 고
양하려는 의도와도 무관하지 않았다.

그는 우리나라 학자들이 중국의 성(盛)함을 알면서도 우리나라의
사실(史實)에 대하여는 모르는 것이 많고, 멀리 중국에서만 성현(聖
賢)을 찾고 우리나라에서는 그러한 성현이 없는 것처럼 생각하는
배외적(拜外的) 경향이 있다고 통렬히 비판했는데,[16] 이러한 데서도
그가 역사를 중요시하는 동기의 일면을 엿볼 수 있다.

2) 전통문화 옹호론

양성지가 국사를 자랑스러워한 가장 중요한 이유의 하나는 전통
문화에 대한 긍지다. 그는 우선 동국(東國)의 문화가 중국 문화와
일면 동질적이면서 또 다른 면으로는 중국 문화와 이질적인 면이
있음을 예리하게 꿰뚫어 보고, 또 그러한 문화적 동질성과 이질성
을 조화시켜 나가는 것이 절대 필요함을 역설했다.

---

14) 《눌재집》 권2 〈便宜二十四事〉.
15) 위의 책 권2 〈請殿講兼講史學〉.
16) 위의 책 권1 〈論君道十二事〉.

그에 따르면, 중국 문화와 동국 문화의 동질성은 법제나 윤리의 분야에서이며, 언어·의관·풍속은 중국과 동국이 다르고, 또 마땅히 달라야 한다고 말했다. 동국이 중국과 법제·윤리의 면에서 동질화 된 것도 기자 이후의 일이라는 것이다. 그의 말을 들어보자.

> 기자가 봉함을 받은 뒤로 홍범(洪範)의 유교(遺敎)가 오래도록 추락하지 아니하며, 당나라는 '군자의 나라'라고 부르고, 송나라는 '예의(禮義)의 나라'라고 불렀으며, 문헌의 아름다움이 중화와 비슷하게 되었다.[17]

말하자면 기자가 우리나라에 와서 홍범(洪範)의 가르침을 가지고 8조교(八條敎)를 설시한 뒤로, 동국의 제도와 윤리가 중화와 동질적 인 것이 되어 중국인으로부터 '군자지국', '예의지방(禮義之邦)' 등의 칭송을 얻게 되었다는 것이다.

우리와 중국문화의 동질성에 대한 의식은 이른바 '소중화'의 개념으로도 표출되었다.[18] 곧 동국의 문화는 중화문화와 기본적으로 동질·동급이라는 점에서 중화는 하나가 아니라 둘이며, 다만 국력의 크기에 따라 대소의 구별이 있을 뿐이라는 것이다.

소중화사상은 동시에 중국만이 중화요, 그 나머지는 모두 이적 (夷狄; 오랑캐)이라고 멸시하는 중화유일사상에 대한 도전이기도 하다. 말하자면 우리나라는 일찍부터 오랑캐가 아니라고 믿는 문화자존의식이 전제되어 있는 것이다.

그러나, 양성지는 이렇듯 한중(韓中)을 일체로 하는 존화의식(尊華意識)을 지니고 있으면서도 다른 한편으로는 우리의 고유한 언어·

---

17) 《눌재집》 권2 〈便宜二十四事〉.
18) 위의 책 속편 권1 〈請罷中國置鎭開州疏〉.

의관·풍속의 유지를 적극 옹호했으며, 나아가서는 서하(西夏)·몽고·
금나라·거란 등 북방 민족이 추구한 국속(國俗) 유지 정책을 찬양
하고 부분적으로는 북방 민족의 풍습도 배울 필요가 있다고 주장
했다. 그는 세조에게 올린 〈논군도12사〉에서 국속을 유지해야 할
필요성에 관하여 다음과 같이 말했다.[19]

신이 들건대 서하(西夏)는 국속을 바꾸지 않아 수백 년을 유지했
으니 이원호(李元昊)는 영웅입니다. 그는 말하기를 "비단옷과 맛있는
음식은 번성(藩性)에 맞지 않는다"고 했습니다. 금나라 세종도 또한
늘 상경(上京)의 풍속을 생각하여 죽을 때까지 잊지 아니했습니다.
요나라는 남북부(南北府)를 두었으며, 원나라는 몽관(蒙官)과 한관(漢
官)을 따로 두었습니다. 원나라 사람들은 근본을 중하게 여겼던 까
닭에, 비록 중원을 잃었으나 사막 이북은 옛날과 같았습니다.
우리 동방은 세세로 요수의 동쪽을 차지하여 만리지국(萬里之國)이
라고 칭했으며, 삼면이 바다에 막히고 일면이 산을 등지고 있어서
구역이 스스로 나뉘고, 풍기(風氣)가 또한 달랐습니다. 단군 이래로
관(官)을 설치하고 주(州)를 설치하여 스스로 성교(聲敎)를 했습니다.
전조(前朝)의 태조는 신서(信書; 훈요십조)를 지어서 나라 사람들을
가르쳤는데, 의관과 언어는 모두 본속(本俗)을 지키도록 했습니다.
만약 의관과 언어가 중국과 같다면 민심이 안정되지 않아서 제(齊)
나라나 노(魯)나라와 같이 됩니다……바라옵건대, 의관은 조복(朝服)
을 제외하고는 반드시 모두 중국의 복제를 따를 필요가 없으며, 언
어는 통사(通事) 말고는 반드시 옛 풍속을 모두 바꿀 필요가 없습니
다. 비록 연등(燃燈)이나 척석(擲石)과 같은 것은 또한 고속(古俗)을
따르더라도 불가할 바가 없을 것입니다.

---

19) 《세조실록》 권1 세조 즉위년 7월 5일 戊寅 및 《눌재집》 권1 奏議 〈論君道十二事〉.

말하자면 문화가 전반적으로 중국화하게 되면 민심이 안정되지 않아서, 제(齊)나라나 노(魯)나라와 같은 중국 영토 안의 한 제후국처럼 완전히 동화되어 버릴 우려가 있으므로, 이를 막기 위해서는 북방 민족이나 고려 태조가 그랬던 것처럼 자기의 고유한 국속을 유지하는 정책을 써야 한다는 것이다.

자주적 문화정책은 이를테면 정체성 보전을 위한 한 방책인 것으로서 적어도 언어와 의관과 풍속은 중국화하지 말아야 한다는 것이 그의 주장이었다. 특히 고유 풍속으로서 그가 유지하기를 희망하는 것은 고려시대에 이뤄지던 연등회와 척석(擲石; 돌팔매놀이)이며, 이밖에도 요나라와 금나라의 고사를 본떠서 봄가을마다 대사례(大射禮)를 하자고 요청했다.[20] 이러한 풍속들은 모두가 국민의 사기와 상무정신(尙武精神)을 진작시키고 호국정신을 기르는 데 이바지할 수 있다는 것이었다.[21]

양성지의 국속옹호 주장은 중국 문화의 수용을 전반적으로 거부하자는 배타 고립주의는 결코 아니다. 그는 도리어 관각(館閣) 소속의 유신(儒臣) 가운데 우수한 자를 유학생으로 뽑아, 중국의 새로운 문물을 조직적으로 배워 오자고까지 했다.[22] 또한 다른 유학자와 마찬가지로 중국의 당우삼대(唐虞三代)를 이상시대로 생각하여 삼대문화의 부흥에 진력하기를 추구했다.

그러나, 양성지는 결코 중국 문화에만 심취한 것이 아니라, 우리나라의 전통문화나 북방민족의 문화 가운데서도 배울 것이 많음을 알았고, 중국 문화라 하더라도 삼대문화에서만 배울 것이 있는 것이 아니라, 한·당·송 등에서도 취할 점이 많다고 주장했다.[23]

---

20) 《세조실록》 권3 세조 2년 3월 28일 丁酉 및 《눌재집》 권2 〈便宜二十四事〉.
21) 위와 같음.
22) 《세조실록》 권3 세조 2년 3월 28일 丁酉 및 《눌재집》 권2 〈便宜二十四事〉.
23) 《세조실록》 권1 세조 즉위년 7월 5일 戊寅 및 《눌재집》 권1 奏議 〈論君道十二事〉.

이와 같은 그의 폭넓은 문화 수용 자세는, 우리의 국속이나 북방문화를 오랑캐 풍속으로 멸시하고 오직 중국 문화에만 심취하여 맹종하려는 일부 학자의 자세와는 다른 것이었다. 그는 우리의 전통문화를 천시 또는 경시하고 중국 문화만을 숭상하려는 일부 학자의 비주체적 자세를 다음과 같이 비판했다.

　　동방 사람들은 헛되이 중국의 성(盛)함은 알고 있으나 동국(東國)의 일을 살피는 것은 알지 못하고 있으니, 이것은 심히 옳지 못합니다. 바라건대 전조(前朝) 태조의 구민(救民)과 성종의 제도 제정, 현종의 수성(守成), 문종의 양민(養民)을 본받아야 합니다. 또한 의종이 시주(詩酒)를 즐긴 것이나, 충렬왕이 사냥을 좋아한 것, 충혜왕이 놀이를 즐긴 것, 그리고 공민왕이 신돈을 등용한 것 등은 경계를 삼아야 합니다. 그러나 전대(고려시대)에서 구하는 것은 조종(祖宗; 조선왕조)에서 구하는 것만 같지 못합니다. 원컨대 태조의 용기와 지혜, 태종의 영명함, 세종의 제례작악(制禮作樂), 문종의 숭문열무(崇文閱武)를 본받는다면 반드시 다른 데서 멀리 구하지 않더라도 정치하는 길이 모두 여기에 있을 것입니다.[24]

여기서 그는 고려시대의 여러 임금이나 조선 초기의 여러 임금의 치적 가운데서도 배울 것이 얼마든지 있다는 것을 구체적으로 지적하고 있다.

중국 문화를 지나치게 숭상하고 우리 문화를 지나치게 비하하는 데 대한 비판은 세조 2년(1456)에 올린 〈편의24사〉 가운데도 절실하게 나타나 있다. 그는 우리나라 학자로서 성균관 문묘에 모셔진 인물이 지나치게 적은 것을 비판하고, 고려의 쌍기(雙冀), 최충, 이제현, 정몽주, 그리고 조선 초기의 권근 등을 새로이 추가 배향할

---

24) 《세조실록》 권1 세조 즉위년 7월 5일 戊寅 및 《눌재집》 권1 奏議 〈論君道十二事〉.

것을 주장하면서 다음과 같이 말했다.

> 만약 동방의 현자(賢者)가 어찌 중국의 옛 사람과 같을 것이냐고
> 말한다면, 공자와 맹자 뒤에 또한 정자(程子)와 주자(朱子)가 있지 아
> 니합니까? 또한 현자 되기가 이렇게 어려운 것이라면, 후세인들이
> 무엇을 배워서 성현(聖賢)이 될 수 있겠습니까? 중국의 배향자(配享
> 者)는 과연 모두가 공자, 맹자, 정자, 주자와 같은 사람들입니까? 동
> 방의 선비는 모두가 중국인만 같지 못하다는 것입니까?[25]

그는 성현이 중국에만 있는 것처럼 생각하는 사고방식을 통박하
고 우리나라에도 얼마든지 성현이 있음을 주장한 것이다.

요컨대 양성지는 중국 문화의 우수성을 인정하고 그 폭넓은 수
용을 찬성하면서도, 동시에 우리 전통 문화의 우수성에도 깊은 자
긍심을 가지고 이를 중국 문화와 조화시키면서 유지 발전시켜 나
가야 한다고 보았다.

양성지에 따르면, 우리나라가 역대로 정치적 자치를 누려온 것
도 그 주요한 원동력의 하나가 문화적 자주성이라고 한다. 원나라
세조가 우리로 하여금 "의(儀)는 구속(舊俗)을 따르도록 허용한 것"
이나, 명나라 고황제가 우리에게 "성교(聲敎)의 자유"를 허락한 것
은, 저들과 우리가 언어와 습속이 다른 데에도 한 원인이 있다고
보는 것이다.[26] 그는 민족문화의 발달과 국가의 발전이 서로 표리
관계에 있다는 사실을 깊이 인식하고 있었다.

끝으로, 양성지의 문화의식과 관련하여 빼놓을 수 없는 것이 서
적 편찬과 그 보존에 관한 비상한 관심이다. 그는 외국에서 들여

---

25) 《세조실록》 권3 세조 2년 3월 28일 丁酉 및 《눌재집》 권2 〈便宜二十四事〉.
26) 위와 같음.

온 서적의 보존도 중요하게 생각했으나, 외서(外書)는 혹시 유실되더라도 다시 들여올 수 있으므로 국내에서 편찬된 서적만큼 그 보존이 절실하다고 보지는 않았다. 그의 말에 따르면, 우리나라는 단군시대부터 조선왕조에 이르기까지 역대로 문적(文籍)을 가지고 있어서 요·금·서하 등과 같은 번국들과는 비교가 되지 않는 문헌의 나라라고 한다.[27] 그러나 전통문화를 길이 보존하는 동시에 문화의 폭을 더욱 넓히며, 정치 수준을 향상시키고, 국민 교화를 강화시키자면 더 많은 문헌을 편찬해야 할 뿐 아니라, 이미 간행된 문헌을 더욱 안전하게 보존하는 방책을 강구해야 한다고 생각했다.

이런 관점에서 양성지는 역학·시문·운서(韻書)·자체(字體)·악보·천문·풍수·의약·복서(卜筮)·농상(農桑)·축목(畜牧) 등에 관한 서적은 물론이요, 역사·병서·지리·지도 등 국가 운영에 절대 필요한 서적들도 아울러 편찬할 것을 세조에게 역설했으며,[28] 또 그 자신이 이러한 서적들을 직접 편찬했음은 이미 설명한 바와 같다.

서적을 안전하고 영구적으로 보존하는 방안으로 양성지는 무엇보다도 도서수장(圖書守藏)을 전문적으로 관장하는 국가기관의 설치를 중요시했다. 따라서 그는 세조 대에 군주의 어제시문만을 수장하는 도서기관으로서 규장각을, 그리고 그 밖의 여러 책들을 수장하는 기관으로서 홍문관의 설치를 주장하고, 이를 관리하는 신하들을 두자고 건의했다.[29] 홍문관은 그의 주장대로 성종 대에 설치되었으며, 규장각은 비록 제도적으로 설치되지는 않았으나, 경복궁 인지당 별실에 어제시문을 보관하는 집을 따로 두었던 것이다. 정조의 규장각 설치가 여기서 비롯되었다는 것은 이미 설명한 바와

---

27) 《세조실록》 권40 세조 12년 11월 17일 乙酉 및 《눌재집》 권3 〈書籍十事〉.
28) 《세조실록》 권40 세조 12년 11월 4일 壬申 및 《눌재집》 권3 奏議 〈諸書撰輯時請並撰史記·兵書·地圖〉.
29) 《세조실록》 권30 세조 9년 5월 30일 戊午 및 《눌재집》 권2 〈請建弘文館〉.

같다.

그 다음, 귀중도서를 보존하는 또 하나의 방법으로서 양성지는 국가의 중요 관문서(官文書)는 물론이요, 제자(諸子)의 문집과 나아가서는 주군(州郡)의 도적(圖籍)도 국가가 구입하여 3건씩 인출한 뒤 명산(名山), 예컨대 지방의 세 사고 등에 분산 수장하기를 요청했다.[30) 또 세 사고의 위치도 전주·성주·충주와 같은 대도시가 아니라, 남원의 지리산·선산의 금오산·청풍의 월악산 등과 같은 더 깊은 산속으로 이전하기를 주장했다.[31)

이러한 그의 주장은 당대에는 실현되지 않았으나, 임진왜란 때 지방 사고들이 불타고 나서야 그의 주장이 새삼 주목을 끌어 평창의 오대산, 무주의 적상산, 봉화의 태백산, 강화의 정족산 등에 사고가 설치되기에 이른 것이다. 그의 선견지명이 얼마나 뛰어났던가를 알 수 있다.

3) 사전(祀典) 개편과 왕실 칭호 격상론

(1) 환구단 제천 주장

국가의 자주성을 높이기 위해서는 국사와 전통문화에 대한 학술적인 이해를 깊이 하고, 그것을 새로이 창조 발전시키는 일도 중요하지만, 국가나 군주의 대외적 위신을 높이고, 위대한 선인(先人)들에 대한 국가적 숭배를 강화하는 것도 한 가지 방법이 될 수 있다.

양성지는 세조 2년(1456) 3월 28일에 올린 〈편의24사〉에서 국가의 위신을 높이기 위한 여러 시책을 건의했는데,[32) 그 가운데 하

---

30) 《눌재집》 권3 〈書籍十事〉.
31) 위와 같음.

나가 제사규범 곧 사전(祀典)의 개혁이다.

제사와 관련해서 그는 제천례(祭天禮)를 적극 주장했다. 유교적 명분론에 따르면, 하늘에 대한 제사는 오직 중국 천자만이 가능하고, 제후는 자기가 관할하는 국내 산천에 대해서만 제사가 가능했다. 그러나 양성지는 우리나라가 이미 삼국시대부터 고려시대에 이르기까지 '교천향제(郊天饗帝)' 곧 교외에서 제천행사를 실시해 온 전례를 들면서, 조선 초기에 일시 중단되었던 제천행사의 부활을 적극 촉구하고 나섰다.[33]

제천행사는 국가의 위신을 높이는 문제와도 관련이 있지만, 기우(祈雨)·기청(祈晴)과 같은 농업생산과 관련된 현실적 필요성도 있어서 이를 전면적으로 폐지한다는 것은 큰 문제가 있었다. 그러나 명분을 중요시하는 성리학의 관점에서 볼 때 천자가 아닌 제후로서 천자의 제천례를 행하는 것은 명분을 무너뜨리는 일로 생각되었다. 여기에서 명분과 현실의 갈등이 빚어지고 그 때문에 제천례를 둘러싼 찬반양론이 국초부터 시끄럽게 논의되어 제천행사도 이에 따라 시행과 중단을 거듭했다.[34] 태종 대 제천을 둘러싼 논란이 일어나자 이를 적극 시행할 것을 주장한 이는 변계량이었는데, 그는 왕권 강화를 주장한 왕당파에 속하는 인물이었다. 그 뒤로 제천론을 다시 주장한 이가 바로 양성지이다.

세조는 양성지의 건의를 받아들여 재위 3년(1457) 1월 15일에 세자와 종친, 그리고 백관들을 거느리고 제1차로 환구단에 나아가 제천례를 거행했으며,[35] 이어 재위 10년(1464) 1월 15일에도 제2차

---

32) 《세조실록》 권3 세조 2년 3월 28일 丁酉.

33) 《눌재집》 권3 〈書籍十事〉.

34) 조선 초기의 제천 논의에 관해서는 김태영, 〈조선초기 사전(祀典)의 성립에 대하여〉, 《역사학보》 58, 1973, 참조.

35) 《세조실록》 권6 세조 3년 1월 15일 庚辰.

로 제천행사를 거행했다.

환구단 제천에 대해서는 《세조실록》에 자세한 기록이 보인다. 이에 따르면, 임금은 하늘을 상징하는 호천상제(昊天上帝)와 땅을 상징하는 황지기(皇地祇), 그리고 태조(이성계)의 위패에 술잔을 올리고, 세자는 대명(大明; 태양)과 풍운뇌우(風雲雷雨)의 위패에 예를 올렸으며, 영의정 정인지는 야명(夜明; 달)·사해(四海)·악독(嶽瀆)·산천(山川)의 위패에 예를 올렸다.

특히 세조 10년의 제천례에서는 세종이 만든 〈보태평(保太平)〉과 〈정대업(定大業)〉의 음악을 악학제조인 양성지와 성임으로 하여금 정비하게 하여, 음악과 춤으로 다시 연출함으로써 제천행사의 격을 한층 높였다. 이때 환구단에 모셔진 위패는 호천상제와 황지지, 조선 태조, 그리고 대명신(大明神), 야명신(夜明神), 성신신(星辰神), 사해신(四海神), 악독신(嶽瀆神), 명산대천신(名山大川神) 등이었다. 그러니까 천신(天神)과 지신(地神)을 비롯하여 조선 태조와 우리나라 명산대천과 악해독(樂海瀆) 등 국토의 모든 자연신에 대한 제사가 함께 이루어진 것이다. 세조 10년 1월의 제천이 끝난 뒤에 세조는 음악과 춤을 정리한 양성지에게 상을 내려 그의 공로를 치하했다. 양성지가 제천례를 적극 주장한 이유는, 기청·기우의 필요보다도 국가위신의 높임, 곧 명나라와의 사대관계에서 위축되기 쉬운 국가의 위신을 높이려는 데 더 큰 목적이 있었던 것이다.

세조가 실행했던 환구단 제천은 그 뒤 유교적 명분론이 강화되면서 '제천'이라는 말을 쓰지 않고, 풍운뇌우산천성황단(風雲雷雨山川城隍壇)이라는 이름으로 기우제의 형식으로 집행되었으며, 이것이 성종 대 편찬된 《국조오례의》에는 길례(吉禮)의 하나로 등재되었다. 이 책에는 단(壇)의 모습이 그려져 있다.

이렇게 기우제의 형식을 띠고 조선왕조 말기까지 이어진 제천행

사는 1897년에 대한제국이 성립하면서 다시 환구단 제천으로 부활
했다. 고종은 황제가 되기 전에는 용산의 남단(南壇)에서 제천을 했
으나, 나중에는 지금의 서울 소공동 조선호텔 자리(당시 남별궁)에
황제의 격에 맞는 환구단을 새로 짓고, 이해 10월 13일 제천을 거
행해 황제의 자리에 오르는 의식을 치렀던 것이다.[36]

(2) 국토신에 대한 제사 ── 악진해독, 명산대천

양성지는 앞에서 소개한대로 세조 2년에 올린 〈편의24사〉에서
국토의 악(嶽; 큰 산), 진(鎭; 큰 요새지), 해(海), 독(瀆; 큰 강)과 명산대
천에 대한 국가의 제사 대상을 전면적으로 개편할 것을 주장하였
다. 국내의 명산대천에 대한 제사는 영토 관념이나 호국사상과 관
련이 있는 것으로서, 이미 신라시대부터 5악(五嶽) 숭배가 있었고[37]
고려시대에도 악(嶽), 해(海), 독(瀆)에 대한 제사가 있었다.[38]

조선 개국 이후에는 강역의 확대와 정치세력의 변동에 맞추어
악, 해, 독이 정비 개편되어 5례(五禮) 가운데 길례(吉禮)로서 정립되
었다. 태종~세종 대에 허조(許稠)가 편찬한 〈길례〉 가운데 변사(辨
祀)에 따르면, 4악·3해·7독을 중사(中祀)에 편입시키고, 25곳의 명산
과 대천을 소사(小祀)에 편제했다.[39] 이것은 고려시대의 그것에 견
주면 제사 대상도 많이 늘어나고 체제도 비교적 정비된 것이었으
나, 중국 고제(古制)에 보이는 것과 같은 완벽한 체제에는 미치지
못한 것이었고, 아직 고려적 잔재를 모두 청산하지 못한 것이었다.

---

36) 한영우,《명성황후, 제국을 일으키다》, 효형출판, 2001, 참고.
37) 신라의 5악에 대해서는 이기백,《신라정치사회사연구》, 일조각, 1997, 194~214쪽
    을 참고.
38) 고려 태조의 〈훈요십조〉에는 팔관(八關)에 관한 설명으로서 '천령(天靈)·5악(五嶽)·
    명산·대천·용신(龍神)을 섬긴다고 되어 있다.
39)《세종실록》권128 부록 五禮 吉禮條.

이러한 한계성을 극복하여 중국 고제에 합당하고, 고려와 다른 조선의 현실을 반영하는 사전(祀典)으로 면목을 일신하려 한 사람이 바로 양성지였다. 특히 고려는 개성을 중심에 두고 사전을 만들었으며, 또 압록강과 두만강 유역을 아직 완전히 국토에 편입시키지 못하였지만, 조선왕조는 수도가 한양으로 바뀌고 세종조에 영토가 크게 확장되었으므로 이에 합당한 제사규범이 새로이 만들어질 필요가 있었던 것이다.

양성지는 바로 이와 같은 변화를 민첩하게 포착하여 누구보다 먼저 사전의 개편을 주장하고 나섰다. 그는 일대(一代)가 일어날 때에는 일대의 제도가 있어야 한다는 대전제 아래, 5악(五嶽)·5진(五鎭)·4해(四海)·4독(四瀆)·8산(八山)·8천(八川)의 새로운 사전 개편안을 제시했다.

양성지가 주장한 사전 개편안에 따르면, 옛것을 그대로 계승하는 곳이 17개로서 전체의 반이요, 나머지 17곳 가운데 4개는 이제(移祭), 13곳은 새로이 추가된 것이었다. 그리고 종전의 치제(致祭) 대상 가운데 13곳의 혁파가 포함되어 있다.[40] 이를 일람표로 작성해 보면 '표'와 같다.

《오례》 吉禮 岳海瀆			양성지의 개편안		
종류	산 천	위 치(방위)	종류	산 천	위 치(방위)
4악	삼각산	한성부(중악)	5악	삼각산	한성부(중악)
	지리산	전라도 남원(남악)		지리산	전라도(남악)
	송악산	경기도 개성(서악)		구월산*	황해도(서악)
	비백산	함길도 정평(북악)		금강산*	강원도(동악)

---

40) 《눌재집》 권2 〈便宜二十四事〉.

				장백산*	갑산 이북(북악)
3해	동 해 동남해 남서해	강원도 양주 전라도 나주 황해도 풍천	4해	동해신 서해신 남해신 북해신	강 릉 인 천 순 천 갑산(압록강)
7독	웅진강 가야진 한 강 덕진강 평양강 압록강 두만강	충 청 도 경 상 도 경 기 도 〃 평 안 도 〃 함 길 도	4독	용 진 대동강 한 강 두만강	경기도(동독) 평안도(서독) 경기도(남독) 함길도(북독)
명산 (14)	치악산 계룡산 죽령산 우불산 주흘산 전주 성황 금성산 목멱산 오관산 송 림 우이산 감악산 의관령 영흥 성황	강 원 도 충 청 도 〃 경 상 도 〃 전 라 도 〃 한 성 부 경 기 도 〃 황 해 도 경 기 도 강 원 도 함 길 도	5진	백악산* 태백산* 송악산 금성산 묘향산*	한성부(중진) 경상도(동진) 경기도(서진) 전라도(남진) 평안도(북진)
			명산 (8)	목멱산 감악산 오관산 계룡산 오대산 치악산 의관령 죽령산	한 성 부 경 기 도 〃 충 청 도 강 원 도 〃 〃 충 청 도

대천 (11)	양진 명소	충 청 도	대천 (8)	웅 진	충 청 도
	양 진	경 기 도		임 진*	경 기 도
	장산곶	황 해 도		보리진*	강 원 도
	아사진 송곶	〃		용흥강*	함 길 도
	청천강	평 안 도		청천강	평 안 도
	구진 익수	〃		박천강*	〃
	덕진 명소	강 원 도		낙동강*	경 상 도
	비류수	함 길 도		섬진강*	전 라 도

* 표시는 새로 추가된 것

‘표’의 내용을 다시 구체적으로 살펴보자.

먼저, 4악(四嶽)을 5악(五嶽)으로 바꾼 것은 동악(東嶽)이 빠진 것을 보충한 것으로, 그 이름이 천하에 알려진 금강산을 넣었다. 다음에 중악(中嶽)은 서울의 삼각산(북한산)은 그대로 두고, 남악(南嶽)도 전라도 지리산을 그대로 두었다. 그러나 서악(西嶽)은 개성의 송악산을 빼고 그 대신 황해도 구월산을 넣었다. 이는 송악산이 서울의 바로 북쪽에 있어 방위도 맞지 않으려니와, 구월산에는 단군을 제사지내는 단군사(檀君祠)가 있어 단군신앙이 깃들어 있음을 존중한 것이다. 다음에 북악(北嶽)을 함경도 정평(定平)의 비백산(鼻白山)에서 선춘령(先春嶺) 남쪽과 갑산 이북에 걸쳐 있는 장백산으로 바꾼 것도 의미심장하다.

장백산은 바로 지금의 백두산으로서 백두산을 우리나라 산으로 확정하려는 의미가 담겨 있기 때문이다. 그가 항상 우리나라를 ‘만리의 나라’로 자부하는 영토의식이 반영된 것이다.

둘째로, 종전에 없던 5진(五鎭)을 새로 추가한 것은 양성지의 국

방에 대한 비상한 관심을 반영한다. 5진은 곧 서울을 후방에서 방
어하는 다섯 개의 요새지를 말하는 것으로, 서울의 백악산(白嶽山)
을 중진(中鎭)으로 설정하고, 경상도 영주 태백산을 동진(東鎭)으로,
개성 송악산을 서진(西鎭)으로, 전라도 나주 금성산(錦城山)을 남진
(南鎭)으로, 평안도 영변 묘향산을 북진(北鎭)으로 넣었다. 여기서 묘
향산을 북진으로 넣은 것은 이곳에서 단군이 일어난 것을 아울러
고려한 바이다.41) 곧 환웅이 하늘에서 내려온 삼위태백을 양성지
는 일연(一然;《삼국유사》의 찬자)의 주석에 따라 묘향산으로 본 것
이다.

셋째, 종전의 3해(三海)를 4해(四海)로 확대했다. 비록 우리나라는
북쪽에 바다가 없지만 그래도 4해를 만들어야 격이 높아진다고 본
것이다. 그리고 4해의 위치도 바꾸었다. 그래서 압록강 상류를 북
해로 설정하여 그 북해신(北海神)의 위패를 갑산에 두고, 동해를 양
주(襄州; 양양)에서 강릉으로 옮겼다. 나주로 설정된 동남해를 없애
고 그 대신 전라도 순천을 남해로, 황해도 풍천으로 설정된 남서
해를 없애고 그 대신 인천을 서해로 각각 바꾸었다. 이는 우리나
라 지리에 한층 적합한 배치라고 할 수 있다.

특히 압록강을 북해로 설정한 것은 압록강을 우리 영토로 확정
하려는 뜻이 담겨 있다고도 볼 수 있다. 실제로 세조 3년(1457) 1
월 10일에 예조는 양성지의 건의를 받아들여 북해를 설치할 것을
임금에게 요청하여 허락을 받았다.42)

넷째, 종전의 7독(七瀆)을 4독(四瀆)으로 바꾸었다. '독'이란 큰 강
을 가리키는 것으로 종전의 7독은 숫자상으로도 격에 맞지 않고,

---

41) 황해도 구월산은 단군사(檀君祠), 태백산은 단군신사(檀君神祠)가 있으며, 묘향산은
  단군이 일어난 곳이라 한다(〈편의24사〉).
42) 《세조실록》 권6 세조 3년 1월 10일 乙亥.

강의 크기로 보더라도 적절치 않다고 생각한 것이다. 그래서 양성지는 4독을 새로 설정하여 경기도 용진강(龍津江; 남한강)을 동독(東瀆)으로, 평안도 대동강을 서독(西瀆)으로, 경기도 한강을 남독(南瀆)으로, 함길도 두만강을 북독(北瀆)으로 각각 설정했다.

다섯째, 명산을 종전의 14곳에서 8곳으로 바꾸었다. 이것도 격에 맞추기 위함이었다. 여기서 명산은 서울의 목멱산(남산)을 중심에 두고, 서울 북쪽으로는 경기도 적성 감악산(紺嶽山)과 장단 오관산(五冠山)을 넣고, 서울 동쪽으로는 강원도 평창 오대산과 원주 치악산 및 의관령(義館嶺), 서울 남쪽으로는 충청도 계룡산과 죽령산(竹嶺山)을 넣었다.

여섯째, 대천을 종전의 11곳에서 역시 8곳으로 줄여 격을 맞추었다. 이를 소개하면 경기도의 임진강, 충청도의 웅진강(熊津江; 금강), 강원도의 보리진(菩提津), 경상도의 낙동강, 전라도의 섬진강, 평안도의 청천강과 박천강, 함길도의 용흥강이 그것이다.

양성지의 이 개편안은 종전의 사전에 견주어 국토에 대한 팽창의식이 한층 강렬하게 반영된 것이며, 단군에 대한 관심이 들어간 것, 그리고 국토의 균형을 고려했다는 점이 특징이라고 하겠다.

(3) 역대 위인에 대한 제사

양성지는 〈편의24사〉에서 국토에 대한 제사규범뿐만 아니라 역사적 위인에 대한 제사규범의 개편도 아울러 주장했다. 그는 국가나 문화의 발전에 현저한 공을 남긴 위인들을 대대적으로 제사하여 그 공을 기리고 살려나가는 일이 중요하다고 역설했다. 이러한 취지에서 양성지가 제사 대상으로 천거한 전대의 군주, 장군과 재상, 학자 및 기타 위인들의 명단과 그들의 공로를 보면 다음과 같다.[43]

군 주

단군(전조선왕. 개국시조)

기자(후조선왕. 교화지주)

박혁거세(신라 시조)

태종왕(신라 제29대 왕. 고구려와 백제를 통합)

문무왕(신라 제30대 왕. 삼국 통일)

동명왕(고구려 시조)

영양왕(고구려 제26대 왕. 수나라 격퇴)

온조왕(백제 시조)

태조(왕건. 고려 시조)

성종(고려 제6대 왕. 거란 격퇴)

현종(고려 제8대 왕. 거란 격퇴)

충렬왕(고려 제25대 왕. 대몽항쟁)

상신(相臣) - 무성묘 배향

김유신(신라. 당나라 격퇴, 삼국 통일)

을지문덕(고구려. 수나라 격퇴)

김인문(신라. 삼국 통일)

흑치상지(백제. 반당항쟁)

유금필(庾黔弼; 고려. 후삼국 통일)

강감찬(고려. 거란 격퇴)

양규(楊規; 고려. 거란 격퇴)

윤관(고려. 여진 격퇴)

조충(趙冲; 고려. 대몽항쟁)

김취려(金就礪; 고려. 대몽항쟁)

김경손(金慶孫; 고려. 대몽항쟁)

박서(朴犀; 고려. 대몽항쟁)

---

43) 《세조실록》 권3 세조 2년 3월 28일 丁酉 및 《눌재집》 권2 〈便宜二十四事〉.

김방경(金方慶; 고려. 대몽항쟁)

안우(安祐; 고려. 홍건군 격퇴)

김득배(金得培; 고려. 홍건군 격퇴)

이방실(李芳實; 고려. 홍건군 격퇴)

최영(고려. 왜구 격퇴)

정지(鄭地; 고려, 왜구 격퇴)

한희유(韓希愈; 고려. 합단 격퇴)

나유(羅裕; 고려. 합단 격퇴)

하경복(河敬復; 조선, 야인 격퇴)

최윤덕(崔潤德; 조선, 야인 격퇴)

문인·학자 – 문묘 배향 (*표는 종전의 문묘 배향자)

설총*(신라. 이두 창시)

최치원*(신라. 유학자)

안향*(安珦; 고려. 성리학자)

쌍기(雙冀; 고려. 과거제도 시작)

최충(崔冲; 고려. 구재학당 설치)

이제현(李齊賢; 고려. 성리학자)

정몽주(고려. 성리학자)

권근(權近; 조선. 성리학자)

기 타

문익점(고려. 목면 전래)

최무선(고려. 화약 제조)

역대 시조나 애국 장상(將相), 문인과 학자에 대한 제사는 종전에
도 없었던 것이 아니지만, 양성지는 그 대상 인원을 크게 늘린 점
에 특징이 있고, 특히 무인을 문인과 동등하게 기리기 위하여 문

인들을 문묘에 배향하듯이 22명에 이르는 역대의 무인들을 위한 무성묘를 훈련관 안에 세우고 제사하자는 주장은 매우 이색적이라 하겠다.

또한 원나라에서 목면을 가져온 문익점과 화약 무기를 제조한 최무선의 공로를 기리기 위해 따로 사당을 세워 제사하자는 주장은 그의 민생과 국방에 대한 배려를 반영하는 바라 하겠다.

종전의 인물 숭배는 주로 중국인에 치우친 감이 없지 않았으나 양성지는 동방의 현인(賢人)이 결코 중국인에 뒤질 것이 없다는 자부심과, 우리나라 위인들의 애국 애족적 활동을 국민에게 주지 선양시켜야 한다는 취지에서 제사 대상을 그토록 확대한 것이다.

(4) 왕실 칭호 격상, 번부악 설치

양성지는 세조 3년(1457) 3월 15일에 올린 〈편의12사〉에서 국가 위신을 높이기 위해 군주와 왕실의 여러 칭호를 격상하자고 주장했다.[44] 첫째, 군주의 생일을 '탄일(誕日)'에서 '절일(節日)'로 바꿔 부르자고 주장했다. 그에 따르면, 본래 고대의 제왕은 모두 생일을 절일로 불러서 부모에 대한 은혜를 존중하고 효치(孝治)를 베풀었으며, 우리나라도 고려 성종 대부터 생일을 '천추절(千秋節)'이라 했고 그 뒤에도 역대로 모두 그러한 명칭을 지켜왔으며, 충렬왕 대에는 '수원절(壽元節)'이라 바꾸었다.[45] 그리고 임금의 생일을 절일로 부르던 시기에는 "요나라와 금나라가 사신을 파견해 와서 생신을 축하하여 그 행사가 매우 성스러웠다"고 한다. 그럼에도 조선에 들어와서 임금의 생일을 탄일로 부르게 된 것은 국가 위신의 격하를 의미하는 것으로 정당하지 못하다는 것이다.

---

44) 《세조실록》 권7 세조 3년 3월 15일 戊寅.
45) 위와 같음.

양성지는 중국과의 사대관계에서 어느 정도 칭호의 제약이 불가피하다고 보았다. 이를테면 연호를 따로 세우는 일은 곤란하다고 생각했다. 그러나 '절일'은 가능한 것으로 여겼다. 그의 말을 들어보자.

우리 동방은 요(堯)와 더불어 나란히 일어났는데 나라의 폭원이 만 리나 되고 생취(生聚; 인구)가 번성하며, 사마(士馬; 군대)가 강하고, 백관의 제도가 성(盛)하므로 비록 연호를 따로 세울 수는 없다 하더라도 어찌 고려의 옛 제도를 계승하여 '절일'을 칭하는 것이 불가한 일이겠습니까.[46]

군주의 생일에 대한 칭호뿐 아니라, 양성지는 임금의 어머니인 대왕대비에 대한 칭호도 고려시대처럼 '태왕태후(太王太后)'로 격상할 것과 왕실의 조상에 대해서 높은 존시(尊諡)를 덧붙여 올릴 것을 주장하였다.[47]

국가 위신을 드높이는 목적과 관련하여 양성지가 제시한 또 하나의 시책은 번부악(藩部樂)의 설치이다. 그에 따르면, 중국에는 아악(雅樂)·속악(俗樂)·여악(女樂), 그리고 주변 국가를 위한 이부악(夷部樂)이 있다. 그런데 우리나라는 아악과 속악은 이미 바르게 되어 있으나 주변 국가를 위한 번악(藩樂)이 제정되어 있지 아니하다. 그는 세조 2년(1456) 3월 28일에 올린 〈편의24사〉에서 번악제도의 필요성을 이렇게 설명한다.

우리나라는 지금 동쪽 이웃(일본 – 필자)이 보배를 바쳐오고 있으며, 북국(北國; 여진)이 관문(關門)을 두드리고 있습니다……방금 성상께서

---

46) 《세조실록》 권7 세조 3년 3월 15일 戊寅.
47) 위와 같음.

대위(大位)에 새로이 오르시매, 일본과 여진의 사신이 와서 즉위를 축하하는 자가 항상 수백 명이며, 그들이 대궐의 뜰에 엎드려 이마가 땅에 닿도록 절을 하고 있으니, 해동의 문물이 이보다 성(盛)한 때가 없습니다. 바라옵건대, 일본의 가무로서 동부악(東部樂)을 삼고 여진의 가무로서 북부악(北部樂)을 삼아서, 일본악(日本樂)은 삼포의 왜인에게서 익히게 하고 여진악(女眞樂)은 5진(五鎭)의 야인에게 익히게 하소서 …… 동쪽 사신을 향연할 때에는 북악(北樂)을 겸용하되 동악(東樂)을 쓰지 말 것이며, 북사(北使)를 향연할 때에는 동악을 겸용하되 북악을 쓰지 말 것입니다. 중국 사신을 향연할 때는 동악과 북악을 겸용하되, 이것을 조정에서 쓰고 종묘에서 연주함으로써 태평의 치(治)를 아름답게 꾸미고 우리 조종의 왕업을 빛나게 한다면 매우 다행이겠습니다.[48]

번부악의 제정은 말하자면, 중국이 주변의 이번국가(夷藩國家; 오랑캐)를 거느리는 위치에서 이부악을 제정하였듯이, 우리나라도 여진과 일본을 번국으로 거느리는 위치에서 번부악을 제정하여 그것으로써 나라의 위신을 높여야 한다는 것이다.

(5) 5경과 4보 설치

양성지는 국가 위신을 높이고 국방을 강화하기 위한 조치의 하나로서 5경제(五京制)를 제안했다. 앞서 소개한 〈편의24사〉에서 그는 옛날의 요나라·금나라·발해가 모두 5경(五京)을 두었고, 고려시대에도 또한 4경(개경·서경·동경·남경)을 두었는데, 본조(조선)는 다만 한성과 개성의 양경(兩京)만을 두고 있는 것은 불합리하다고 보았다. 왜냐하면 우리나라는 영토의 크기와 지형으로 보아서 양경만으로는 국방상 난점이 있다는 것이다. "대동(大東)은 산과 바다가

---

48) 《세조실록》 권3 세조 2년 3월 28일 丁酉 및 《눌재집》 권2 〈便宜二十四事〉.

험하며 주부(州府)가 번성한데, 다만 양경(兩京)만으로는 어찌 부족하지 아니하겠습니까"[49]라고 그는 반문한다.

그 밖에 5경제 설치의 또 하나의 필요성은 국가 위신을 높이기 위함이다. 우리나라는 중국의 복리(腹裏)가 아닌 당당한 황복제후(荒服諸侯) 곧 자주독립 국가이므로 독립국가의 체모에 합당한 5경제를 두어야 한다는 것이다.

그가 제안한 5경은 상경(上京)으로서 경도한성부(京都漢城府)를 제외하고, 개성부를 중경(中京)으로, 경주를 동경(東京)으로, 전주를 남경(南京)으로, 평양을 서경(西京), 함흥을 북경(北京)으로 하자는 것이다. 여기에 증치(增置)된 4경은 남방에 2경, 북방에 2경으로서 중부의 2경과 더불어 전국을 균형 있게 포괄할 수 있다.

양성지는 5경에 대하여 각각 토관(土官)을 설치하고 군병(軍兵)을 증가할 것을 주장했다. 말하자면 5경을 국방과 행정의 요지로 삼고, 그곳 토착민의 행정 및 국방상 참여를 확대하자는 것이다.

그러나 서울의 군사적 방어는 5경만으로는 불충분하다고 보았다. 그래서 그 대안으로 고려시대에 좌보(左輔)와 우보(右輔)를 둔 것을 본받아 4보제도(四輔制度)의 설치를 제안했다. 곧 서울 주변의 네 곳에 큰 군사요새지로서 보(輔; 巨鎭)를 건설하자는 것이다.

서울에는 북한산성이 있는데, 이곳은 참으로 천하의 요새지다. 그러나 지방에는 진관체제(鎭管體制)에 따라 익진(翼鎭)을 두고 있으면서 서울과 기내(畿內)에는 오직 3진(鎭)만 두고 있는 것은 문제가 있다. 따라서 앞으로 양주를 후보(後輔; 北輔)로, 수원을 전보(前輔; 南輔)로, 광주를 좌보(左輔; 東輔)로, 원평(지금의 파주)을 우보(右輔; 西輔)로 하자는 것이다. 이렇게 되면 동보(광주)와 남보(수원)는 모두 한

---

49) 《세조실록》 권3 세조 2년 3월 28일 丁酉 및 《눌재집》 권2 〈便宜二十四事〉.

강 밖에 있게 되고, 서보(원평)와 북보(양주)는 모두 강 안에 있게 되어 남북의 형세가 균형을 이루고, 서울의 형세가 더욱 장엄해질 것이라고 하였다.

양성지가 주장한 5경과 4보는 실현되지 않았으나, 조선 후기에 이르러 개성, 광주, 강화도에 각각 유수부(留守府)가 설치되고, 정조대에 이르러 수원에도 유수부가 설치되어 이를 묶어 삼보황도(三輔黃圖)로 부른 것을 주목할 필요가 있다.[50] 여기서 특히 광주와 수원이 유수부로 된 것은 양성지의 건의와 맥을 같이한다.

(6) 대사례와 친경 주장

양성지는 세조 2년(1456)에 올린 〈편의24사〉에서 대사례(大射禮)의 시행을 주장하고,[51] 다시 세조 3년(1457)에 올린 〈편의12사〉에서는 친경(親耕)의 시행을 주장하고 나섰다.[52]

먼저, 대사례란 임금이 교외에 나아가 신하들과 더불어 활쏘기를 하는 행사를 말한다. 그것은 상무정신을 기르면서 동시에 정신수양을 위한 것이었다. 양성지는 대사례의 전통을 요나라와 금나라에서 찾았다. 금나라는 요나라의 풍속을 계승하여 3월 3일과 9월 9일에 하늘에 제사하면서 활을 쏘는 풍습이 있었는데, 이는 비록 중원(中原)의 제도는 아니지만 번국의 성사(盛事)라는 것이다. 우리나라도 해동에 웅거하여 삼국시대부터 제천을 하는 등 거리끼는 일이 없었으므로 이런 전통을 계승하여 임금이 봄가을로 교외에 나가 대사례를 한다면 무사들의 사기를 올려줄 뿐 아니라, 일대의 풍속이 되리라고 했다.

---

50) 한영우,《정조의 화성행차 그 8일》, 효형출판, 1998, 참고.
51)《세조실록》권3 세조 2년 3월 28일 丁酉.
52) 위의 책 권7 세조 3년 3월 15일 戊寅.

양성지가 세조에게 올린 이 건의는 세조 당시에는 실행되지 않았으나 성종 8년(1477)에 이르러 성균관에서 시행되었으며, 양성지는 이를 칭송하여 〈친사문묘송〉을 지어 바쳤음은 앞에서 이미 설명한 바 있다. 대사례는 그 뒤 연산군과 중종 대에도 시행되었으나 한동안 중단되었다가, 조선 후기에 이르러 영조가 재위 19년(1743)에 성균관에 가서 이 행사를 치렀다. 그 보고서가 지금 남아있는 《대사례의궤(大射禮儀軌)》이다.[53]

친경은 백성들의 권농정신을 키우고자 임금이 봄철에 교외에 있는 적전(籍田)에 나아가 직접 쟁기를 잡고 밭갈이하는 행사를 말한다. 이는 규범이 정해져 있어서, 천자는 쟁기를 아홉 번 밀어 이를 9추(九推)라 하고, 제후는 등급에 따라 여섯 번 또는 세 번을 밀어 이를 6추(六推) 또는 3추(三推)라고 하여 차등을 두었다.

세조는 대사례와 친경에 대해 매우 공감하면서도 이를 실천하지 못했다. 그 자세한 이유는 알 수 없으나, 대사례는 교외에서 백관들과 더불어 무기(활)를 다루는 행사이고, 친경은 적전의 농민들과 함께 밭갈이를 하는 행사였으므로 신변의 안위를 염려한 때문으로 짐작된다. 제천은 비록 교외의 행사이지만, 위험성이 큰 행사는 아니었으므로 이를 실천한 것으로 보인다.

실제로 친경은 성종 6년(1477)과 19년(1488)에 걸쳐 두 차례 시행되고, 연산군 10년(1504)과 중종 8년(1513)에도 시행됐다. 그 뒤 한동안 중단됐다가 조선 후기 영조가, 재위 15년(1739)·29년(1753)·40년(1764)·43년(1767)에 네 차례나 동적전(東籍田)의 선농단(先農壇)에 나아가 친경을 했다. 이 가운데 영조 15년에 시행한 친경에 관한 기록이 《친경의궤(親耕儀軌)》로 남아 있다.[54]

---

53) 한영우, 《조선왕조 의궤》, 일지사, 2005, 267~274쪽 참고.
54) 위의 책 257~259쪽 참고.

2. 정치사상

1) 군주는 황극(皇極)과 군사(君師)

양성지의 시대는 조선왕조 통치체제의 기틀이 잡히고, 사회질서가 비교적 안정되었던 이른바 수성기(守成期)였다. 그리고 중요한 것은 개혁의 주도권을 군주가 쥐고 있었다는 것이다. 세종이 그러하고, 세조가 그러했으며, 성종도 그러했다. 다시 말해 정도전 등 재상이 주도권을 쥐고 있던 태조 대의 상황과는 많이 달랐다는 것이다. 따라서 왕권이 가장 강했던 시절에 군주를 보필하는 처지에 있었던 양성지는 자연히 체제옹호적이고 왕권강화론적인 정치사상을 갖게 되었다.

양성지는 군주의 권위를 높이기 위한 여러 시책을 누누이 상소문을 통해 강조했는데, 위에 설명한 임금의 친경, 왕비의 친잠(親蠶), 문묘에서의 친사(親祀), 교외에서의 대사례 등도 이와 관련된 것들이다. 어제·어필을 보관하는 규장각의 설치를 주장한 것도 물론 이와 관련이 있다.

양성지는 더 나아가 왕실과 관련된 칭호를 높일 것을 주장했다. 예를 들면 임금의 생일을 '탄일'에서 '절일'로 바꾸고, '대비'를 '태후'로 바꿀 것을 주장하기도 했음은 앞에서 이미 설명한 바와 같다. 또, 임금에게 존호를 올리고, 역대 임금의 능묘(陵墓)를 잘 수호하고, 사당(祠堂)을 세워 제사를 지내자고 주장한 것 등도 마찬가지다.

양성지가 문종과 대담하는 자리에서, 쇠약해진 왕실의 위상을 높이고자 종실(宗室; 大君)들의 정치참여를 권했던 것도 그의 정치적 입장을 이해하는데 도움을 준다.

양성지는 이와 같이 임금과 왕실의 권위를 높이기 위한 구체적인 시책을 건의했을 뿐만 아니라, 정치사상적으로도 임금의 위상을 높게 정립하기 위한 이론을 제시했다. 그것이 곧 임금을 '황극(皇極)'과 '군사(君師)'로 표현한 것이다.

'황극'은 그가 단종에게 올린 〈논군도〉에서 나오는 표현이며, '군사'는 성종 8년(1477)에 임금에게 올린 〈친사문묘송〉에서 보이는 말이다. 그가 〈친사문묘송〉에서 태조를 '황성(皇聖)' 또는 '황태조(皇太祖)'로 표현한 것도 이런 맥락에서 의미심장하다.

'황극'은 원래 《서경》 홍범조(洪範條)에 보이는 말로서 삼대(三代)의 제왕을 하늘(태양) 또는 북극성에 비유하여, 대중지정(大中至正)한 위치에서 만민을 평등하게 다스려야 한다는 뜻에서 나온 말이다. 황극사상을 철학적으로 정리한 것은 북송 대 학자 소옹(邵雍)으로서, 그는 《황극경세서(皇極經世書)》를 편찬하여 황극에 입각한 상수철학(象數哲學)과 역사의식을 정리한 바 있다.

조선시대에는 양성지 이후로 17세기 초 성리학자 정구(鄭逑; 1543~1620)가 《황극경세서》를 본받아 《역대기년(歷代紀年)》이라는 역사책을 쓰고, 같은 시대의 학자 신익성(申翊聖; 1588~1644)은 《황극경세서》를 보완하여 《황극경세서보편(皇極經世書補編)》을 편찬한 바 있다. 그 뒤 18세기에는 영조와 정조가 이를 적극적으로 받아들여 '임금은 하늘처럼 초월적인 존재로서 만민을 탕탕평평(蕩蕩平平)하게 다스려야 한다'는 이론이 나오는데, 그것이 바로 탕평 이론이다.

군사론(君師論)은, 삼대의 제왕인 요(堯)·순(舜)과 주공(周公) 등이 군도(君道)와 사도(師道)를 합친 존재로서, 백성을 권력으로만 다스린 것이 아니고 교육을 통해서 도덕적으로 다스렸다는 뜻에서 나온 말이다. 그래서 삼대의 제왕은 곧 성인(聖人)이다. 그러나 삼대 이후에는 임금이 사도(師道)를 잃고 치도(治道)만을 지니게 되었고, 사도는 공자·맹자·주자 등 재야의 학자들을 통해서 전해져 왔다고 본다. 그래서 임금이 사도를 잃으면서 세상이 어지럽게 되었다고 보는 것이다. 율곡의 《성학집요》 도통론(道統論)에 그러한 사상이 잘 정리되어 있다.

조선 후기 영조와 정조는 바로 '군사론'을 받아들여 자신이 치통(治統)과 도통(道統)을 겸비한 성인군주(聖人君主)임을 자처하면서 왕권을 강화하고, 이를 바탕으로 백성을 적극적으로 배려하는 민국(民國)의 정치를 펴 나갔던 것이다. 여기서 '민국'이란 정치의 중심을 백성과 나라에 둔다는 것과, 백성의 나라를 지향한다는 뜻이 담긴 것으로, 양반 중심의 정치를 벗어나겠다는 의지가 동시에 담겨 있는 말이었다.

조선 후기 왕권강화 이론을 뒷받침한 '군사론'이 300년 앞서 양성지에 의해 제기되었다는 것은 의미심장하다. 그가 임금을 '군사'로 표현한 것은 임금을 곧 성인(聖人)으로 자리매김한 것이며, 그래서 '황성(皇聖)'으로도 표현했던 것이다. 여기서 '황극'은 곧 '군사'이며, '군사'는 곧 '성인' 또는 '황성'이라는 등식이 나온다. 그러니까 황극사상과 군사론은 손바닥의 양면과 같다고 할 수 있다.

양성지는 임금을 보는 이와 같은 관점에서 새로운 왕이 즉위할 때마다 치국의 큰 방향을 제시하는 상소를 올렸다. 단종 원년(1453)에 올린 〈논군도〉와 단종 2년(1454)에 올린 〈황극치평도〉, 세조 즉위년(1455)에 올린 〈논군도20사〉, 그리고 성종 원년(1470)에 올린 〈편의16사〉 등이 그것이다. 이 가운데 〈황극치평도〉는 형식상 단종에게 올린 것이지만, 실제로는 장차 보위에 오를 것이 확실한 수양대군에게 올린 것이라 해도 지나친 말이 아닐 것이다. 어쨌든

이 글은 이해하기 쉽도록 치국의 원리를 간결하게 도표로 만든 것이 특징이다.

양성지가 올린 군도론(君道論) 가운데 가장 정리가 잘 된 〈황극치평도〉는 어떤 내용을 담고 있는가?

앞에서도 이미 설명한 바 있으나 이를 다시 정리하면 다음과 같다. 황극(皇極)을 중심에 두고, 치평(治平) 곧 치국(治國)과 평천하(平天下)의 요령을 도표로써 설명한 것인데, 19강 91목으로 구성되어 있다.[1]

19강은 ① 황극(皇極), ② 경천(敬天), ③ 애민(愛民), ④ 봉선(奉先), ⑤ 사대(事大), ⑥ 교린(交隣), ⑦ 비변(備邊), ⑧ 정심(正心), ⑨ 수신(修身), ⑩ 제가(齊家), ⑪ 치국(治國), ⑫ 임인(任人), ⑬ 납간(納諫), ⑭ 상선(賞善), ⑮ 벌악(罰惡), ⑯ 내정백관(內正百官), ⑰ 치동도 망불흥(治同道 罔不興), ⑱ 외무팔도(外撫八道), ⑲ 난동도 망불망(亂同道 罔不亡) 등이다.

그 내용은 《대학》의 정심(正心), 수신(修身), 제가(齊家), 치국(治國), 평천하(平天下)의 논리를 바탕으로 한 것이지만, 여기에 《서경》 홍범조에 보이는 '황극'을 도입하는 한편 현실적인 시책을 첨가한 것이라고 볼 수 있다. 훗날 율곡 이이가 쓴 《성학집요》의 선구가 되는 내용이라고 할 수 있다.

앞에 소개한 상소들에서 양성지는 한결같이 임금의 '강명(剛明)'을 강조했다. '강명'이란 임금의 "굳센 마음과 밝은 마음"을 가리키는데, 이는 임금의 군사적(君師的) 위상을 염두에 둔 것으로 보인다. 그러면서도 임금의 독주나 전제는 온당치 않은 것으로 보았다. 곧 신하들의 자율성을 가능한 한 높여 군신공치(君臣共治)의 관료정치를 정착시키려는 꿈을 담은 것이다.

---

1) 《눌재집》 속편 권2 雜著 〈皇極治平圖序〉.

2) 황극의 정치 —— 인(仁), 경(敬), 명(明), 강(剛)

양성지는 군주의 통치윤리로서 인(仁), 경(敬), 명(明), 강(剛)을 가장 중요시했다. 〈황극치평도〉에 따르면 "인(仁)으로써 존심(存心; 마음을 간직)하고, 경(敬)으로써 작소(作所; 의탁할 곳을 정함)하고, 명(明)으로써 시비를 가리고, 강(剛)으로써 간녕(奸佞; 아첨꾼)을 제압한다"고 쓰고 있다. 단종 원년(1453)에 올린 〈논군도〉에서는 임금이 마음을 두어야 할 요체로서 인(仁), 명(明), 강(剛)의 셋을 들었다.

인(仁)이란 백성을 애양(愛養)함을 말하며, 명(明)이란 선악을 분별함을 말하며, 강(剛)이란 소인을 배척하여 멀리함을 말합니다.

세조 즉위년(1455)에 올린 〈논군도12사〉에서도 다시 인(仁), 강(剛), 명(明)의 중요성을 이렇게 설명한다.

인군의 덕은 인(仁)보다 큰 것이 없습니다. 인(仁)이 두터우면 강명(剛明)과 상반되는 것 같습니다. 그러나 강명이 없으면 내알(內謁; 아첨)이 성행하고, 중귀(中貴; 내시)가 교활하게 횡행하며 소수(小竪; 환관)가 마음대로 행동하고, 척리(戚里)가 은혜를 믿고, 권신(權臣)이 권병(權柄)을 훔치고, 사신(詞臣; 말 잘하는 신하)이 총애를 받으며, 간신(姦臣)과 영신(佞臣; 아첨하는 신하)이 좌우에서 봉영(逢迎)하고 아첨이 뜻을 얻게 되니, 비록 인후(仁厚)한 정치를 한다 하더라도 그 뜻대로 되기가 어렵습니다. 이것이 인군의 덕이 마땅히 강명해야 하는 까닭입니다.

말하자면, 통치 윤리에 있어서는 백성을 애양(愛養)하는 인(仁)이 가장 근본이 되는 것이지만, 그와 동시에 시비와 선악을 분별하는 명(明)과 악인(소인)을 배척하는 강(剛)이 겸비되어야 한다는 것이다. 이것은 바꾸어 말하자면 인정(仁政)과 왕도와 덕치를 기본으로 하되, 형벌에 따른 법치와 힘을 구사하는 패도를 겸용해야 된다는 뜻으로도 해석할 수 있다. 이것을 양성지는 강(剛)과 유(柔)의 조화라고도 불렀다.[2]

그 다음 경(敬)은 인간에 대한 경과 하늘에 대한 경으로 나뉜다. 인간에 대한 경은 이른바 작소(作所), 곧 인간이 각각 의탁할 곳을 갖게 하려는 마음이다. 하늘에 대한 경은 곧 경천(敬天)으로서, 경천은 일정(一政), 일사(一事)를 천심과 천리에 위배되지 않게 하는 것과, 천재지변을 만났을 때에 두려운 마음으로 자신을 수양하여 하늘을 두려워하고 경계함을 뜻한다. 말하자면, 경천은 하늘의 이치를 따르고 하늘을 두려워할 줄 아는 천도정치(天道政治)를 이름이라 하겠다.

통치 윤리의 근본을 이루는 인(仁)은 백성을 애양하는 마음이라 했으므로, '인'에서 자연히 애민(愛民)의 논리가 도출되게 마련이다. 애민은 결국 백성을 위하는 것이므로, 위민(爲民)이라고도 부르며, 위민은 백성을 기르는 것도 되므로 양민(養民)과도 연결된다. 한편 애민은 백성이 나라의 근본이라는 이른바 민본사상(民本思想)의 뿌리가 되는 것이기도 했다. 그에 따르면, "사람은 천지의 마음이요, 백성은 방국(邦國)의 근본으로서 민심이 편안하지 않으면 천지의 기(氣)가 불화해지고 나라의 근본이 또한 위태로워진다"[3]는 것이다. 말하자면 백성은 나라의 근본인 동시에 천지의 마음이므로, 하늘과 나라를 편안하게 하려면 백성을 위하는 일이 불가피하게 요청된다는 것이다.

---

2)《눌재집》권4 〈便宜十六事〉.
3) 위의 책 권1 〈請罷行城兼備南方〉.

민본사상은 본래 《서경》에서 "민유방본(民惟邦本) 본고방녕(本固邦寧)" 곧 "백성이 나라의 근본으로서 근본이 튼튼해야 나라가 편안해진다"라고 한 데서 비롯된 것이지만, 양성지는 민본의 뜻을 다음과 같이 더욱 적극적으로 풀이한다.

> 고금의 제왕은 국가를 다스림에 있어서 다만 한 사람의 이해(利害)만을 헛되이 헤아리지 아니하고 반드시 만민의 이해를 헤아리며, 일시의 이해를 헤아리지 않고 반드시 만세의 이해를 헤아린다……《서경》에 '백성이 나라의 근본'이라 하고, 전(傳)에 '사직(社稷)이 중(重)하다'고 한 것은 바로 이를 뜻하는 바이다.[4]

민본(民本)의 참뜻은 곧 한 사람과 한때의 이해를 초월하여 만민과 만세의 이익을 위하는 길임을 주장한다.

민본과 애민은 백성을 위한 것이기에 당연히 민심의 수습을 중요시한다. 만약 민심을 얻지 못하는 정치를 한다면 그것은 애민이나 위민이라 할 수 없다. 그래서 양성지는 정치에서 민심의 수습을 중요시하고, 국가 운명의 길고 짧음은 민심의 수습 여부에 좌우된다고 했다.[5] 그에 따르면, 중국의 한·당·송이나 고려왕조 등이 그토록 수백 년 동안 왕업을 이어갈 수 있었던 것은 애민의 정치를 행하여 민심을 수습하는 군주가 있었기 때문이라고 한다.[6] 그는 민심의 중요성을 또 이렇게도 말한다.

> 대저 고금 천하 국가의 일은 자치(自治)보다 큰 것이 없다. 자치가 엄해지면 비록 외침이 있더라도 근심할 필요가 없다. 자치의 길은

---

4) 《눌재집》 권4 〈事大芻斥遠人〉.
5) 《세조실록》 권1 세조 즉위년 7월 5일 戊寅 및 《눌재집》 권1 〈論君道十二事〉.
6) 위와 같음.

다른 것에 있는 것이 아니라, 민심을 잃지 않는데 있을 따름이다. 민심이란 나라의 근본이다.[7)]

여기서 자치(自治)라 함은 말하자면 '정치적 자주' 또는 '정치적 민주화'를 뜻한다고 볼 수 있다. 그는 관리를 두는 것도 백성을 위해서라고 했다.[8)]

그렇다면 민본, 애민, 위민의 구체적 방법은 무엇인가. 그는 〈황극치평도〉에서 애민의 항목으로서, ① 형벌을 줄여서 백성의 수명을 길게 하는 것, ② 부렴(賦斂; 조세를 매겨 거두는 일)을 가볍게 하여 백성을 부유하게 하는 것, ③ 역역(力役)을 줄여서 백성을 편안하게 하는 것, ④ 농상(農桑)을 장려하여 의식(衣食)을 충족시키는 것, ⑤ 학교를 진흥시켜 충효의 도덕을 기르는 것 등 다섯 가지를 들고 있다. 그는 〈논군도12사〉에서도 애민을 첫머리에 두고 이를 강조했다. 그는 '애민은 위국(爲國)의 근본'으로서, '애민의 길은 다른 것이 아니라 요역을 가볍게 해주고, 부(賦)를 가볍게 해주고, 형벌을 줄이는 세 가지에 지나지 않을 따름이다'라고 하였다.

결국 애민은 백성의 수(壽; 장수)·부(富)·일욕(逸欲; 편안함)을 만족시켜 주는 것으로서, 이 세 가지는 인정(仁政)의 3대 요소이며 고대 삼왕(三王)이 배려했던 것인 만큼, 군주는 이 세 가지를 특별히 유의해야 한다고 〈논군도〉에서도 강조하고 있다. 애민의 본질이 수·부·일욕의 충족에 있다면, 그것은 결국 민생을 안정시키는 양민으로 연결되게 마련인데, 양민에 관해서는 그의 경제사상을 검토하는 자리에서 다시 살피기로 한다.

---

7) 《세종실록》 권127 세종 32년 1월 15일 辛卯 및 《눌재집》 권1 〈備邊十策〉.
8) 위의 책 권3 세조 2년 3월 28일 丁酉 및 《눌재집》 권2 〈便宜二十四事〉.

3) 정심(正心), 수신(修身), 제가(齊家), 치국(治國)

통치 윤리에는 군주를 포함한 치자(治者) 전체의 일반적 통치 윤리, 군주의 처지에서 특수한 통치 윤리가 있을 수 있다. 양성지는 〈황극치평도〉에서 군주의 특수한 통치윤리로서 정심(正心), 수신(修身), 제가(齊家), 치국(治國)을 제시한다. 이는 《대학》의 기본 사상에서 빌려 온 것이다. 물론 이 네 가지는 무릇 군주에게만 적용되는 것이 아니라 모든 선비에게 공통적으로 요구되는 윤리 도덕의 실천 과정을 의미하는 것이지만, 군주의 경우에는 최고통치자로서 특수한 행동 규범이 요청되지 않을 수 없는 것이다.

정심(正心)

먼저 '정심'은 문자 그대로 군주의 마음을 바르게 간직하는 것인데, 여기에는 구체적으로 다음과 같은 열한 가지 행동규범이 요구된다.

1) 공정(公正)과 관용을 존중할 것.

2) 시(詩), 주(酒)를 경계할 것.9)

3) 놀이를 금할 것이니, 수나라가 이 때문에 망한 사실을 경계해야 한다.10)

4) 성색(聲色; 여색)을 멀리할 것이니, 당나라가 양귀비의 내총(內寵)으로 망한 것을 귀감으로 삼아야 한다.11)

5) 응견(鷹犬; 매와 개를 이용한 사냥)을 물리쳐야 하는 것이니, 요나라가 망한 까닭이 이 때문임을 경계할 것이다.12)

---

9) 《세조실록》 권1 세조 즉위년 7월 5일 戊寅 및 《눌재집》 권1 〈論君道十二事〉에도 언급되어 있다.
10) 위와 같음.
11) 위와 같음.

6) 정학(正學) 곧 성리학을 부지런히 할 것이다.[13]

7) 정인(正人)을 가까이할 것.[14]

8) 토목(土木)을 줄여서 백성의 노고를 덜어 주어야 한다.[15]

9) 불신(佛神)을 배척할 것. 양(梁)나라는 숭불 때문에 망했다.

10) 병전(兵戰)을 삼가야 할 것이니, 고구려는 강함을 믿고 병(兵)을 다 소모시킨 결과 망했던 것이다.

11) 화리(貨利)를 배척해야 하는 것이니, 군주가 이익을 추구해서는 안 된다.

수신(修身)

수신과 관련된 항목으로서는 다음 다섯 가지를 들고 있다.

1) 공검(恭儉; 절약)에 부지런히 힘쓸 것,

2) 위의(威儀; 위엄)를 본받을 것.

3) 언어를 준행할 것. 곧 자기가 한 말은 꼭 실천할 것.

4) 여거(輿居)에 절도가 있을 것. 곧 탈 것과 주택에 절도가 있어야 한다.

5) 섭양(攝養; 음식)에 도를 지킬 것. 곧 너무 맛있는 음식을 먹지 말라는 말이다.

제가(齊家)

제가에는 다음 8개 항목이 제시된다.

1) 저사(儲嗣; 왕세자)를 존중할 것이니, 이것은 왕세자 책봉을

---

12) 《세조실록》권1 세조 즉위년 7월 5일 戊寅 및 《눌재집》권1 〈論君道十二事〉에도 언급되어 있다.

13) 《눌재집》권4 〈便宜十六事〉(성종 원년) 및 《눌재집》속편 권1 〈便宜二十八事〉.

14) 위의 책 권4 〈便宜十六事〉 및 권1 〈論君道〉.

15) 위의 책 권1 〈論君道十二事〉.

신중히 해야 함을 뜻한다.

2) 적(嫡)과 첩(妾)을 분명히 해야 한다. 곧 비(妃)와 빈(嬪; 첩)의 구별을 엄격히 하여 빈이 비(왕비)를 능멸하지 않도록 해야 한다는 뜻이다.

3) 중관(中官)을 제어해야 한다. 다시 말해 환관의 발호를 막아야 한다.

4) 소수(小豎)를 통제해야 한다. 말하자면 환관, 내시 등을 포함한 궁중의 하위직 관리들의 횡포를 막아야 한다는 뜻이다.16)

5) 종친과 친목을 도모하여 정치 간여를 막아야 한다. 위(魏)나라는 종실의 발호 때문에 망했다.

6) 외척을 잘 대우하되 그들의 정치 간여를 막을 것이다. 전한(前漢)은 외척 때문에 망했다.17)

7·8) 내외(內外)를 구별하고 간교한 고발을 금절해야 한다. 내외의 구별은 왕비의 정치 간여를 막아야 한다는 뜻이며, 간교한 고발의 금절은 간교한 자가 임금에게 남을 무고하여 임금의 총명을 흐리게 하지 말아야 한다는 것이다.

치국(治國)

끝으로 치국과 관련되는 규범에는 열두 가지가 있다.

1) 법도를 세울 것. 이와 관련하여 일대의 제도와 자손만대의 준칙이 될 만한 법전의 편찬이 필요하다.18) 이것은 곧 《경국대전》의 편찬을 의미하는 것이다.

2) 호령(號令; 꾸짖음)을 신중하게 할 것.

---

16) 《눌재집》 권1 〈論君道十二事〉.
17) 위의 책 권1 〈論君道十二事〉.
18) 《세조실록》 권1 세조 즉위년 7월 5일 戊寅 및 《눌재집》 권1 〈論君道十二事〉.

3) 호상(好尚)을 삼갈 것.

4) 명기(名器)를 아낄 것.

5) 완급(緩急; 급한 일과 급하지 않은 일)을 살필 것.

6) 분경(奔競; 인사청탁)을 막을 것,

7) 예악(禮樂)을 밝힐 것.

8) 풍속을 두터이 할 것. 이와 관련하여 삼강(三綱)의 유지가 필요하다.[19]

9) 권강(權綱)을 수립할 것.

10) 가찰(苛察; 지나친 사찰)을 경계할 것.

11) 신하를 예우할 것. 이와 관련하여 신료의 형벌을 신중하게 하는 일이 필요하다.[20]

12) 문무를 똑같이 대우할 것. 문은 하늘의 경(經)이요, 무는 땅의 위(緯)에 해당하므로 한쪽에 치우쳐서는 안 된다. 무를 차별하여 고려 무신란이 일어났음을 경계할 것이다.[21]

4) 관료 임용과 언론의 중요성

양성지는 치국(治國)의 요체로서 앞에서 설명한 열두 가지 마음가짐을 제시했는데, 치국은 이러한 마음가짐으로 끝나는 것이 아니라 구체적인 제도의 뒷받침이 필요하다고 믿었다. 특히 그는 치국을 위한 제도로서 임인(任人)과 종간(從諫)을 중요시했다.

먼저, '임인'이란 신하에게 직임을 맡기는 것으로 그 필요성을

---

19) 《세조실록》 권9 세조 3년 10월 22일 壬子 및 《눌재집》 권2 〈便宜四事〉. 《세조실록》 권7 세조 3년 3월 15일 戊寅 및 《눌재집》 권2 〈便宜十二事〉.
20) 《눌재집》 권4 〈便宜十六事〉 및 권1 〈論君道十二事〉.
21) 위의 책 권1 〈論君道十二事〉 및 권2 〈便宜二十四事〉.

다음과 같이 말한다.

　　오호 하늘이 백성을 내셨으나, 능히 스스로 다스릴 수 없었으므로 군주에게 맡긴 것이다. 군주는 이 백성을 어루만지나, 능히 홀로 다스릴 수가 없어 이를 신하에게 맡기게 되었다.[22]

　따라서 군주가 신하(관리)를 잘 쓰느냐 못 쓰느냐에 따라서 정치의 성패가 좌우된다고 보는 것이다. 이것은 군주의 독단에 따라서 정치가 좌우될 수 없으며, 결국 왕명의 수행자인 관리 집단에 힘입어 통치가 운영됨을 지적한 것이라고 하겠다. 임인이 중요한 까닭이 여기에 있다.

　그러면 관리 등용은 어떠한 원칙으로 해야 하는가? 양성지는 〈황극치평도〉에서 임인의 요령으로서 네 가지를 들고 있다.

　첫째, 군자를 나아가게 하고, 소인을 물러나게 할 것. 곧 인재 평가의 가치 기준을 군자와 소인으로 나누어, 소인을 멀리하고 군자를 등용해야 한다.

　둘째, '구지광 택지정(求之廣 擇之精)'을 해야 한다. 인재를 널리 구하되 정선해야 한다는 뜻이다. 넓은 대상 중에서 인재를 정선하는 가장 효율적인 방법은 고시제도, 곧 과거(科擧)로서, 그는 "과거는 고금 천하에 있어서 인재를 뽑는 상법(常法)"[23]이라며 같은 의미에서 과거 실시를 주창한 고려의 쌍기를 높이 숭상했다.[24] 과거는 원칙적으로 능력주의를 존중하는 관리 선발 제도이지만, 양성지는 천인(賤人)과 서얼(庶孽)의 등용을 반대하므로 그 능력주의 원칙도 신분적 제약을 전적으로 초월하는 것은 아니다.

---

22) 《단종실록》 권5 단종 원년 1월 7일 乙丑 및 《눌재집》 권1 〈論君道〉.
23) 《눌재집》 속편 권1 〈便宜二十八事〉(예종 원년).
24) 《세조실록》 권3 세조 2년 3월 28일 丁酉 및 《눌재집》 권2 〈便宜二十四事〉.

셋째, '용지신 임지전(用之愼 任之專)'이다. 인재 등용은 신중히 하되 일단 인재를 뽑은 다음에는 자기의 재능을 충분히 펼 수 있도록 직책을 전적으로 신임하여 맡기라는 것이다. 이는 지나치게 빈번한 인사이동을 반대한다는 뜻이다.

끝으로, '물간참 물편신(勿間讒 勿偏信)'이다. 곧 참언(讒言)에 따라서 관리를 의심하지도 말 것이며, 또 그렇다고 지나치게 한 쪽만을 신임하는 것도 좋지 않다는 것이다.

그 다음 신하들의 간쟁(諫諍)을 받아들이는 납간(納諫)에 관해서 양성지는 〈황극치평도〉에서 다음의 네 가지 조건을 제시한다.

첫째, 말하는 사람의 현부(賢否)를 가리지 말 것.

둘째, 말의 소자(所自; 의도)를 묻지 말 것.

셋째, 나라의 악(惡)을 드러낸다고 말하지 말 것.

넷째, 자기의 정직을 판다고 말하지 말 것.

이러한 네 가지 조건 아래 오직 간쟁의 장점만을 취하고 그 단점은 책하지 않는 것이 납간의 도리이다. 이것은 말하자면 언론 곧 간쟁의 절대자유권을 요구하는 것이라 하겠다.

양성지는 이렇듯 간쟁을 중요시하는 관점에서 자신의 상소문 곳곳에서 언로(言路)를 넓게 열 것을 주장했다. 그는 단종에게 올린 〈논군도〉에서 치국(治國)의 세 요소로서 임인(任人), 상벌과 동시에 종간(從諫)을 들고 있으며 "간쟁을 좇으면 만 가지 선(善)이 모여든다"고 하여 간쟁이 만선(萬善), 곧 중지(衆智)를 모으는 수단이 됨을 지적하였다.[25]

그는 성종 원년(1470)에 올린 〈편의16사〉에서도 '납간쟁(納諫諍)'을 한 가지 항목으로 제시하고 그 중요성을 이렇게 설명한다.

---

25) 《단종실록》 권5 단종 원년 1월 7일 乙丑 및 《눌재집》 권1 〈論君道〉.

인주(人主)는 구중(九重) 위에 있으면서 만기(萬機)를 총관(總管)한다
…… 만약 언자(言者)가 없다면, 조정의 득실과 민간의 편안함과 어
려움을 어떻게 알 것인가. 또한 인주의 세(勢)는 천지와 같고 우레와
같은 것이며, 상과 벌의 칼자루를 쥐고 있다. 비록 목마르듯이 구하
고, 싫어하지 않고 들으며, 그 말을 받아들이고, 그 사람을 총애하더
라도 오히려 말을 다 하지 못함을 걱정해야 하겠거늘, 하물며 말을
구하는 데도 힘쓰지 아니하고, 말을 듣는 데에도 기뻐하지 아니하
며, 그 말을 물리치고, 그 사람을 죄 준다면, 누가 즐거이 자기의 목
숨을 아까워하지 아니하고 부모처자를 돌아보지 아니한 채 위엄(威
嚴)을 무릅쓰고 말을 바치겠는가. 말을 하는 사람이 있으면, 그 사람
이 자기를 드러내려는 잘못이 있다고 해서는 안 되며, 명예를 구하
고 벼슬을 구한다고 말해도 안 된다. 항상 허심탄회하게 듣고 받아
들여서 중언(衆言)을 모아가지고 이를 써야 한다. 이렇게 한다면 중
심(衆心)이 흡연히 기뻐할 것이며, 조야가 화평해질 것이다. 만약 언
로가 막힌다면 국가의 일이 그르쳐질 것이다.26)

간단히 말하자면, 언론은 중선(衆善)을 모으고 여론을 반영하는
수단이 되기 때문에, 군주는 언론의 자유를 최대로 보장하여 중심
(衆心)을 기쁘게 하고 조야의 평화를 가져오게 해야 한다는 것이다.
따라서 "언로가 막히면 국가의 일을 그르치게 된다"는 결론이 자
연스럽게 도출된다.

이상 양성지의 치국 이념을 다시 정리하면 한마디로 군주의 강
력한 리더십을 존중하면서, 다른 한편으로는 군주의 독단을 막고
신하들의 중지를 모을 수 있는 군신공치(君臣共治)를 이상으로 내세
우고 있다고 할 수 있다.

---

26) 《눌재집》 권4 〈便宜十六事〉.

5) 사대와 교린

사 대

양성지의 자주의식은 안으로는 왕실을 중심으로 국민을 단결시키고, 밖으로는 국가의 권위를 높이려는 데 근본 목적이 있었다. 그러나 그가 추구하는 국가의 권위는 결코 국제적 고립을 추구한다거나 국제적 우호와 선린을 배척하는 것은 아니었다. 그는 어디까지나 이웃 나라와의 선린 우호 관계 속에 국가의 권위를 지키려는 데 대외관계의 기본 목표를 두었다. 이것이 이른바 사대(事大)와 교린(交隣)이다.

사대란 명나라와의 관계를 뜻한다. 그는 "작은 것이 큰 것을 섬기는 것은 예(禮)의 상도(常道)로서 예로부터 그러했던 것"[27]이며 "작은 것이 큰 것을 섬기는 것은 나라를 지키는 규모(規模; 규범)"[28]라 했다. 말하자면 사대는 작은 나라와 큰 나라와의 관계에서 작은 나라가 국가를 보존하는 기본 원칙이며, 그렇기 때문에 그것은 고금을 통하여 정상적인 예가 된다고 본 것이다. 따라서 명나라가 대국이요, 우리가 소국인 이상, 사대로써 명나라와의 관계를 유지함이 국가를 보존하는 상책임은 당연한 일이다.

다만 여기에서 대소의 차이는 어디까지나 국력의 차이, 곧 물리적 역학관계의 강약을 말하는 것이지 결코 문화적 우열을 뜻하지 않는다. 그러기에 그는 우리가 '소중화'임을 누누이 강조하여 중국과 문화적인 우열이 없음을 강조한다. 그의 문화자존의식은 단순한 감정적 아집에서 연역적으로 도출된 것이 아니라, 4천 년 동국사에 대한 사실적 이해 체계 위에서 귀납적으로 성립된 것이라 함은

---

27) 《세조실록》 권1 세조 즉위년 7월 5일 戊寅 및 《눌재집》 권1 〈論君道十二事〉.
28) 《눌재집》 권4 〈事大國斥遠人〉(성종 8년).

앞에서 검토한 바와 같다.

양성지의 문화자존 의식은 단순한 문화에 대한 인식으로 그치는 것이 아니라 늘 국가의 자주성에 대한 인식과 연결되고 있다는 점에 유의할 필요가 있다. 그의 역사인식에 따르면, 4천 년 역사에서 우리가 다른 민족에게 자주독립이 침해된 사례가 없지 않으나 그것은 일시적인 것이요 궁극적으로는 자주독립을 면면히 유지해 왔다. 다만, 고려 말기에 이르러 원나라의 침략을 받아 신하국이 되었으나, 그래도 원나라와 생구(甥舅; 장인과 사위)관계를 유지하고 원나라 세조(쿠빌라이)가 '의종본속(儀從本俗)'을 허용하였다는 점에서 상당한 정도로 정치적·문화적 자주성을 보유했다고 보았다.

그 다음, 명나라와의 관계에서는 출병 위협과 사신 구속 등 물리적 압박으로 부득이 명나라의 번국이라는 지위로 정착되었으나, 이른바 번국은 자주권을 갖지 못한 중국 기내(畿內)의 제후와 다르고, 또 마땅히 달라야 한다는 대전제 아래 그의 대명(對明) 사대론은 전개된다.

다시 말하자면, 우리나라는 지리적 위치 자체가 중국 천자의 교화가 거의 미치지 않는 머나먼 황복(荒服)의 땅으로서 해가 뜨는 지역에 속할 뿐 아니라 산과 계곡이 험하여 누구도 신하로 복속시킨 일이 없다는 것이다.[29] 여기서 '황복'의 뜻을 좀더 자세히 알아볼 필요가 있다.

원래 주(周)나라는 거리를 기준으로 제후들을 5등급으로 나누었는데, 가까운 거리를 기준으로 전복(甸服), 후복(侯服), 유복(綏服), 요복(要服), 황복(荒服)으로 불렀다. 거리가 가까울수록 천자에 대한 복종이 높고, 거리가 멀수록 천자에 대한 복종이 낮은 것으로 생각

---

29) 《세조실록》 권1 세조 즉위년 7월 5일 戊寅 및 《눌재집》 권1 〈論君道十二事〉.

했다. 그러니까 황복은 거리가 가장 먼 제후로서 천자의 교화가 직접 미치지 않는 화외지역(化外地域)이다.

그래서 우리나라는 중국 기내의 제후와 다르고, 중국의 복리(服裏)도 아니라고 양성지가 목소리를 높이는 것이다. 게다가 우리나라는 산천의 형세와 기후가 중국과 달라서 따로 독립된 건곤(천지)을 이루고 있기 때문에, 역사적으로 자주독립을 지켜온 중요한 요인의 하나가 되었으며,[30] 이같은 지리적 독자성과 정치적 독립성은 중국(명나라) 천자 자신도 인정하여 '자위성교(自爲聲敎)'를 허락했으므로,[31] 대명관계도 이러한 조건 속에서 전개되어야 함은 더 말할 나위도 없다고 보는 것이다.

그러나, 아무리 우리의 자주독립이 강조된다 하더라도 물리적인 힘의 차이가 분명한 이상 사대관계의 설정은 불가피한 현실이며, 번국=제후는 역시 명분상 제후로서의 제약을 받지 않으면 안 된다. 여기에서 양성지의 사대론은 제후로서의 명분을 감수하면서, 어떻게 하면 그 제약을 최소한도로 줄이고 자주독립을 최대로 보장하느냐의 문제에 집중되고 있다. 이러한 관점에서 그는 대명사대의 기본 원칙을 다음과 같이 제시한다.

첫째, 명나라와의 국경을 명백히 하여 상호 분쟁을 없애야 한다. 국경은 이상적으로는 요하를 경계로 하여 요동과 장백(長白) 이남을 포함하는 만 리의 강토를 우리 영토로 만들어야 할 것이나, 우선은 적어도 명나라 황제가 스스로 약속한 것처럼 요동의 180리에 위치한 연산(連山; 지금의 만주 本溪縣)을 경계로 확정지어야 한다는 것이다.[32]

---

30)《성종실록》권134 성종 12년 10월 17일 戊午 및《눌재집》속편 권1〈請罷中國置鎭開州疏〉.
31)《성종실록》권134 성종 12년 10월 17일 戊午 및《눌재집》권2〈便宜二十四事〉.
32)《성종실록》권134 성종 12년 10월 17일 戊午 및《눌재집》권2〈便宜二十四事〉.

따라서 명나라가 요동의 동팔참로(東八站路)에 장장(長墻)을 설치
하고, 개주(開州; 지금의 만주 鳳城)에 진(鎭)을 설치하려는 계획을 폐
기하도록 요청하는 한편,[33] 북방의 경비를 철저히 강화해야 한다.
말하자면, 원대한 이상으로서는 우리의 옛 땅인 요동 수복을 목표
로 하면서, 현실적으로는 명나라가 이 지역으로 세력을 뻗어오는
것을 막아 최소한 연산 동쪽의 땅을 고수해야 한다는 것이다.

둘째로, 제후의 명분에 어긋나는 각종 칭호라도 참칭을 무릅쓰
고 사용해야 한다. 예컨대 일상적으로 독자적인 연호를 사용하는
것은 곤란하다 하더라도, 국가가 수장하고 있는 도서에 독자적인
연호를 표기할 것[34]과 군주의 생일을 탄일(誕日)에서 절일(節日)로,
대왕대비를 태왕태후(太王太后)로 바꿀 것이며,《고려사》편찬에 있
어서 참칭에 얽매이지 말고 사실대로 기록하여 편찬하기를 주장한
것[35] 등이 그것이다.

셋째, 사신 파견의 빈도수를 정월 초하루에 보내는 정조성절사
(正朝聖節使)를 빼고는 종전의 3분의 1로 줄여서 사대의 체통을 세
우고 경비를 절약할 것.[36]

넷째, 명나라 사신에 대한 대접을 지나치게 우대하지 말 것이며,
중국 황제에 대한 진상품의 액수를 줄이고, 금·은·주옥 등 우리나
라에서 잘 생산되지 않는 품목의 진헌은 그 수량을 줄여서 재력이
텅 비지 않도록 할 것.[37]

그 다음으로 앞에서 살핀 바 있는 자주적 문화정책, 이를테면
제천행사, 대사례, 친경, 악진해독 개편, 번부악 제정 등도 중국을

---

33)《성종실록》권134 성종 12년 10월 17일 戊午 및《눌재집》권2〈便宜二十四事〉.
34)《눌재집》권2〈請建弘文舘〉.
35) 위의 책 속편 권1〈便宜二十八事〉.
36)《세조실록》권40 세조 12년 11월 2일 庚午 및《눌재집》권3〈軍國便宜十事〉.
37) 위와 같음 및《눌재집》권4〈便宜十六事〉및〈事大國所遠人〉.

의식하고 중국과 대등한 국가 위신을 세우려는 데 목적을 둔 것으로, 간접적으로는 사대의 원칙을 정하는 것과 관련이 있다고 할 수 있다.

요컨대 양성지의 사대론은 우리가 중국의 '번국'임을 인정하면서도 실질적으로는 중국과 거의 동등한 위치로 국가 위신을 끌어올리고, 조공의 측면에서도 국리민복에 별다른 저해를 초래하지 않는 한도 안에서 해결하고자 하는 데 근본 취지가 있다고 하겠다. 그래서 그는 사대는 어디까지나 성의와 예로써 하는 것이어야 한다는 점을 누차 강조하고, 한 사람이나 한 시대의 이해에 좌우되어 사대정책이 결정될 것이 아니라 만세와 만민의 이해를 바탕으로 해야 한다는 점을 힘주어 말한다.[38]

교 린

사대와 더불어 대외 관계의 또 하나의 원칙으로 내세워지는 교린(交隣)이란 어떤 것인가? 그는 사대에 못지않게 교린에 대해서도 비상한 관심을 기울이고 "사대와 교린은 모두 국가의 중대사"라고 단정한다.

교린의 주요 상대국은 야인(여진)과 왜인(일본)이다. 야인과 왜인은 문화적으로 우리보다 떨어지므로 그들과의 관계는 사대가 될 수 없다. 그러나 양성지는 그들을 군사적으로 지나치게 가벼이 보고 천대하는 것은 온당하지 못하다고 판단했다. 앞에서 봤듯이 양성지는 중국 문화를 존숭하면서도 다른 한편으로는 이른바 이적(夷狄)이라 불리는 요나라, 금나라, 서하, 원나라 등에서도 본받아야 할 점이 있음을 중요시했다. 그것은 토속(土俗)과 국풍(國風)을 유지

---

38) 《눌재집》 권4 〈事大國斥遠人〉.

해 종족을 보전한 문화정책 면에서 특히 그러하다.

양성지는 이른바 오랑캐라고 해서 문화적으로 중국에 크게 뒤지는 것으로 인식하지는 않았으며, 군사적인 면에서는 중국인을 능가하는 것으로 인정했다. 우리나라 고금의 전쟁사를 보더라도 중국과의 전쟁에서는 7대 3으로 우리가 우세했으나, 여진과의 전쟁에서는 5대 5로 동률이며, 일본과의 전쟁에서는 도리어 3대 7로 우리가 열세였다고 판단했다.[39]

따라서 여진이나 일본과 평화 관계를 유지하려면, 일면 국방을 강화하여 군사적인 우세를 유지하는 일이 중요할 뿐 아니라, 다른 한편으로는 회유와 포섭 정책을 써서 투화자(投化者)에게 관작과 토지를 주는 등 우대하여 우리 국민으로 동화시키고, 때로는 통혼정책(通婚政策)으로 동화시키는 것이 필요하다고 주장했다.[40] 이를테면 오랑캐국가와의 교린에 있어서는 화(和)·전(戰), 곧 강(強)·온(穩) 양면정책이 모두 필요한 것이다. 다만 한 가지 경계해야 할 것은 오랑캐는 오직 예(禮)나 신(信)으로써만 대해서는 안 된다는 것이다. 적이 쳐들어오면, 비사후폐(卑辭厚幣; 몸을 낮추고 예물을 많이 줌)로서 위기를 모면하려는 사람들이 있으나 그것은 잘못이다. 적은 우리의 병력이 맞상대할 만큼 강하다는 사실을 알아야 비로소 가벼이 침략을 하지 않게 되며, 우리가 반드시 한번 대승을 거둔 뒤에라야 수호를 맺게 된다고 보았다. 따라서 오랑캐의 침략에 대비한 국방 강화는 필수불가결의 조건으로서 양성지가 비변책(備邊策)에 대하여 비상한 관심을 기울이는 이유의 하나가 여기에 있었던 것이다.

요컨대, 사대와 교린은 다 같이 자주와 독립을 전제로 평화적 대외관계를 추구하는 데 근본 목표가 있다는 점에서는 같지만, 그

---

39) 《세종실록》 권127 세종 32년 1월 15일 辛卯 및 《눌재집》 권1 〈軍政十策〉.
40) 《세조실록》 권40 세조 12년 11월 2일 庚午 및 《눌재집》 권3 〈軍國便宜十事〉.

자주독립을 지키기 위한 물리적 바탕으로서 먼저 강력한 국방체제를 확립하고, 그 위에서 사대와 교린의 평화적 대외정책을 추구해야 한다고 생각한 점에 양성지 대외관의 특색이 있다고 하겠다.

3. 신분사상

1) 강상(綱常) 옹호론

성리학의 우주론과 인성론에 따르면, 우주자연과 인간은 평등과 불평등을 동시에 갖추고 있으면서 질서를 형성한다. 평등은 이(理)의 세계이며, 불평등은 기(氣)의 세계이다. 그런데 기는 말(末)이요 이는 본(本)이라는 점에서, 평등은 일차적이요 불평등은 이차적이다. 하지만, 평등과 불평등을 하나의 테두리 안에서 어쩔 수 없이 공존할 수밖에 없는 것으로 용인할 때, 평등은 불평등으로 말미암아 제약되기 마련이요, 불평등 또한 평등으로 말미암아 제약을 받지 않을 수 없다. 곧 절대적 평등이 아니라 상대적 평등인 것이다.

유교 윤리의 중핵을 이루는 인(仁)과 애(愛)의 개념이나 이른바 삼강(三綱)과 오륜(五倫)도, 기본적으로 이와 같이 평등 속에서 불평등을 인정하는 성리철학의 우주론과 인성론을 바탕으로 전개됨은 더 말할 나위도 없다. 삼강은 아비가 자식의 강(綱; 벼리. 그물의 큰 줄)이 되고, 임금은 신하의 강이 되고, 남편은 부인의 강이 된다는 이론이다. 삼강은 요컨대 아비, 임금, 남편의 권위를 높이는 윤리임은 두말할 필요가 없다.

특히 성리학의 신분 계급관에서 불평등이 용인되는 것은 질서의 유지와 깊은 관련이 있다. 근본적으로 질서는 순서를 전제로 해서 가능한 것인데, 순서는 불평등을 용인하지 않고는 불가능하다고 보는 것이다.

인간은 태어나면서 기(氣)의 차이에 따라 현(賢)·우(愚)의 차별을 갖게 되므로, 이와 같은 현·우의 차이를 바탕으로 상하·존비·귀천의 등급을 정하는 일이 중요하다. 인간이 태어난 바에 따라 상하, 존비, 귀천의 차별을 갖는 것이 곧 '분(分)'이며, 이같은 '분'을 바탕으로 일사불란한 계급질서와 위계질서를 확립하고자 하는 것이 다름 아닌 삼강오륜의 윤리사상이다.

양성지의 신분계급관도 이러한 성리학적 윤리관 위에서 전개되고 있다는 점에서 다른 성리학자와 전혀 다를 것이 없다. 그에 따르면, 하늘과 땅이 건곤(乾坤)·존비(尊卑)의 차별을 가짐으로써 우주 자연의 질서가 유지되듯이, 인간사회도 상하·존비·귀천의 구별을 둠으로써 민지(民志)와 인심(人心)이 안정되고 명분이 정해지며, 풍속이 순후해지고 교화가 밝아지는 것이라고 한다. 만약 존비가 순서를 잃고, 귀천의 위치가 뒤바뀌어 각자 자기의 분을 지키지 않는다면 풍속이 무너지고 국가가 어지럽게 된다고 한다. 그의 말을 직접 들어보자.

> 존비와 귀천이 각각 그 질서를 지켜 서로 분(分)을 넘어서지 않은 뒤에라야 상하가 구별되고, 민지(民志)가 안정되며, 국가가 치안(治安)해진다 …… 진실로 상하를 나눠 민지를 안정시키고 존비를 밝혀서 귀천을 차등하는 것이 왕정(王政)의 선무(先務)이다.[1]

인간 사회에 이렇듯 계급질서의 확립이 매우 중요하다고 할 때, 상하 계급 사이의 상호 관계는 어떻게 되는 것인가? 이 점에 대하여 양성지는 지배-복종과 동시에 상호 조화를 중요시한다. 곧 '위는 아래에 임(臨)하고, 아래는 위를 받들며'[2] '위는 아래를 부리고,

---

1) 《세조실록》 권43 세조 13년 9월 28일 庚寅 및 《눌재집》 속편 권1 〈論柳子光不宜兵曹正郎疏〉.
2) 《세조실록》 권37 세조 11년 11월 15일 己未 및 《눌재집》 권3 〈軍國便宜十事〉.

아래는 위를 받드는'3) '임사(臨使)'와 '봉승(奉承)'의 관계가 성립되는 것이니, 이것은 곧 지배－복종 관계를 뜻한다고 하겠다.

그러나 한편, "초석이 기둥을 받들고, 기둥이 동량을 받침으로써 비로소 상하가 서로 의지하여 집이 오래 지탱될 수 있는 것"4)처럼 인간관계도 상하가 서로 협조하는 데서 원만한 계급질서가 유지될 수 있다고 본다. 이것이 곧 '존비상승(尊卑相承)'5)이다. 그리고 여기에서 상위 계급자의 하위 계급자에 대한 일정한 양보와 포용이 요구되는 것이다.

양성지는 이와 같은 계급질서를 옹호하는 처지에서 삼강오륜의 확립을 강력히 지지한다. 그는 "풍속이란 삼강을 유지하는 데 지나지 않는 것"6)이며, 우리나라가 예로부터 '예의지방(禮義之邦)', '군자지국(君子之國)' 등으로 불리고 소중화로서 높은 문화 수준을 유지해 온 것도 기본적으로는 삼강오륜을 지켜온 데 연유하는 것으로 인식했다.

삼강은 말할 것도 없이 군신·부자·부부 관계를 등급 지우려는 계급사상이지만, 이것이 확대되어 상전과 노비, 수령과 백성, 적자와 서자 등 모든 인간관계에 삼강의 윤리가 적용된다고 본다. 여기에서 삼강은 단순한 군신, 부자, 부부 사이의 윤리로서 그치는 것이 아니라 모든 인간을 등급화하는 신분계급사상의 의미를 지니게 되는 것이다.

---

3) 《세조실록》 권46 세조 14년 6월 18일 丙午 및 《눌재집》 속편 권1 〈應旨上時弊六事〉.

4) 위와 같음.

5) 위와 같음.

6) 《세조실록》 권9 세조 3년 10월 22일 壬子 및 《눌재집》 권2 〈便宜四事〉 및 〈便宜十二事〉.

2) 노비제 옹호론

양성지는 노비제에 대해 어떤 생각을 가지고 있었는가? 그에 따르면, "노비와 주인의 분(分)은 임금과 신하의 분과 같은 것"[7]으로서 "노비와 주인의 분은 백세토록 바꾸지 말아야 한다"[8]고 한다. 따라서 노비제도는 폐지되어서는 안 되며, 노비와 주인 사이에는 군신(君臣)의 윤리가 적용되어 노비가 주인을 배신하고 능욕해서도 안 되며, 노비는 어디까지나 주인을 위하여 충성을 다 바쳐야 한다. 노비가 주인을 배신하고 능욕하는 것은 신하로서 군주를 배반하는 적신(賊臣)과 같다.[9]

노비제도를 이렇듯 옹호하는 처지에서 양성지는 양인과 천인 사이의 혼란을 극력 배격한다. 하지만 그는 노비제도를 옹호한다고 해서 노비가 양인보다 많아지기를 희망하는 것은 아니며, 노비가 양인이 되는 길을 철저하게 막자는 것도 아니었다. 노비 가운데 주인을 위해서 헌신적으로 충성을 바친 자나, 재주가 있어서 시험에 합격하여 장용대(壯勇隊)에 소속된 자는 양인으로 해방시켜 주어도 무방하다고 보았다.[10] 말하자면, 비록 제한된 것이긴 하지만 성실하고 유능한 노비는 양인으로 만들어주는 길을 터주는 것이, 노비제도의 존속을 위해서도 효과적인 일이라고 그는 믿은 것 같다.

그가 이렇듯 노비제도를 옹호하는 것은 누구를 위해서인가. 그것은 말할 것도 없이 노비소유자 곧 상전을 위해서다. 그러면 노

---

7) 《세조실록》 권9 세조 3년 10월 22일 壬子 및 《눌재집》 권2 〈便宜四事〉 및 〈便宜十二事〉.
8) 《세조실록》 권43 세조 13년 8월 6일 己亥 및 《눌재집》 속편 권1 〈北方備禦三疏四策〉.
9) 《눌재집》 권2 〈便宜四事〉.
10) 《눌재집》 권2 〈便宜十二事〉 및 《세조실록》 권43 세조 13년 7월 26일 己丑.

비소유자는 누가 되는 것인가? 공노비의 주인은 말할 것도 없이 국가이지만, 사노비는 기본적으로 사대부, 대가세족, 또는 선비를 위해서 존재하는 것이라고 한다. 그의 말을 다시 들어보자.

> 대저 대가세족이 대가세족으로 되는 것은 그들이 노비를 가졌기 때문이다. 이로써 내외·상하의 분(分)을 갖게 되고, 예의와 염치를 기르게 되며, 기력(氣力)이 이루어지고, 명망이 드러나게 된다.[11]

> 우리나라의 노비법은 그 유래가 오래되었는데, 사대부가 이것에 의지하여 살아가는 것이다 …… 대저 전지(田地)는 사람의 노맥(路脈)이며, 노비는 사(士)의 수족으로서 경중이 서로 같아서 어느 한 쪽에 치우칠 수 없는 것이다.[12]

말하자면 노비는, 사(士; 선비)나 사대부 또는 대가세족의 수족으로서 토지와 더불어 없어서는 안 되는 존재이며, 그들이 생산노동에서 해방되어 도덕생활을 영위할 수 있는 물질적 기초를 이룬다. 이것은 양성지가 사, 사대부, 대가세족이 토지 경영을 양인 전호(佃戶)에 의존하기보다는 주로 노비에 의존하려는 의도를 반영한 바라고 하겠다.

3) 공신, 세신(世臣), 대가세족 보호론

노비제 옹호론에서도 이미 양성지의 계급적 관점이 어느 정도

---

11) 《세조실록》 권43 세조 13년 7월 26일 己丑.
12) 위의 책 권42 세조 13년 5월 28일 壬辰.

분명히 드러났지만, 그는 노비 소유자 계층 가운데서도 특히 대가
세족을 국가가 보호 육성하여 이들로 하여금 국방과 치안의 중추
세력이 되게 해야 한다고 믿었다. 말하자면 노비소유자 계층은 지
배층으로서 보호 육성되어야 할 뿐 아니라, 국가를 보위하고 사직
을 옹호하는 적극적인 책임을 담당해야 한다는 것이 그의 지론이
었다.

양성지에 따르면, 하늘에는 일월성신(日月星辰)이 주체가 되고, 땅
에서는 악진해독(嶽鎭海瀆) 곧 산과 진과 바다와 강이 주체가 되듯
이, 대국이 대국됨은 대가세족이 몸이 되는 때문이라면서 다음과
같이 말한다.

　　대가세족이 있으면 비록 간웅(姦雄)이 있더라도 그 틈을 엿볼 수
　가 없으니, 이것이 내란이 일어나지 못하는 까닭입니다. 대가세족이
　있으면 마치 주춧돌이나 장성(長城)처럼 서로 더불어 우러러 추대하
　여 지키니, 이것이 바로 외침이 일어나지 않는 까닭입니다 …… 그
　런즉 세가지신(世家之臣)은 진실로 많은 것이 귀한 것이요, 적은 것
　이 귀한 것이 아닙니다.[13]

여기서 양성지는 대가세족이 많을수록 건물의 기둥이나 장성이
버티고 있듯이 한 나라의 국방과 치안이 더욱 튼튼해진다고 주장
한다. 그는 중국이 요(堯)에서 명(明)에 이르기까지 23대(왕조)가 바
뀌었음에도, 우리나라는 단군에서 7대(왕조)만이 바뀐 것도 대가세
족이 국가를 유지하고 협보(挾輔)한 까닭이라고 말한다.[14]

그러면 대가세족은 구체적으로 어떤 사람들을 말하는가? 그것은

---

13) 《눌재집》 권4 〈便宜十六事〉.
14) 위의 책 권4 〈請封功臣〉.

곧 공신(功臣)들을 뜻한다. 양성지에 따르면, 맹자가 중요시한 삼신(三臣), 곧 세신(世臣), 친신(親臣), 사직지신(社稷之臣)은 공신을 말하는 것으로서,[15] 국가는 비단 국가에 공훈이 뚜렷한 신하뿐 아니라 기력과 충성과 가세가 있는 조신(朝臣)을 망라해 공신으로 책봉한 다음에, 이들을 중앙과 지방에 퍼뜨려 놓아서 군주의 이목과 심복, 고굉(股肱; 팔)과 조아(爪牙; 이빨)의 구실을 갖도록 해야 한다고 주장했다.[16]

공신이 이렇듯 중추적 근왕세력(勤王勢力)으로서 국방과 치안의 주춧돌이 된다고 할 때, 그 구체적 방법은 무엇인가? 양성지는 말하기를, 국방상 요지인 양계 또는 평안도의 주군을 공신에게 식읍으로 나눠주어 주군의 일을 수령과 협의하여 처리하도록 함으로써 중앙과 지방이 서로 돕도록 하는 것이 효과적이라고 하였다.

식읍은 본래 조세를 받는 것을 목적으로 하지만, 이 경우의 식읍은 조세 받는 것을 금지하고, 다만 세시(歲時)마다 연락인을 보내고 1호의 호자(好子)를 두어서 중앙(공신)과의 연락 관계를 긴밀히 하는 데 중점을 둔 것이었다.[17] 말하자면 식읍의 설치는 경제적 수혜에 일차적 목적이 있는 것이 아니라 토성(土姓), 곧 토착세력이

---

15) 《세조실록》 권44 세조 13년 12월 18일 庚戌 및 권46 세조 14년 6월 18일 丙午.

16) 위의 책 권44 세조 13년 12월 18일 庚戌.

17) 공신에게 식읍을 주자는 주장은 세 차례에 걸쳐서 상주되었는데, 세조 12년(1466) 11월에 올린 〈군국편의십사〉와 〈진시정6책(陳時政六策)〉에서는 함흥 이북의 여러 주와 군을 당상관 이상의 종친에게 향(鄕)으로 주고, 평안도 여러 군을 종친공신과 원종공신 2품 이상자에게 최고 1000호에서 최저 100호에 이르는 차등을 두어 식읍으로 나누어 주자는 것이었다. 그러나 식읍에서의 조세는 받지 않고, 다만 세시로 연락하고 호자(好子) 1호를 두어서 지방의 일을 한마음으로 처리함으로써 내외가 서로 유지하고 체통이 서로 상제하도록 하는 데 그치는 것이다.
　한편, 성종 2년(1471)에 올린 〈편의32사〉에서는 이와 약간 다른 내용이 보이고 있다. 곧 성종 원년(1470)에 봉해진 75인의 좌리공신에게 62개의 양계 주·군을 식읍으로 나누어 주되 50호 이하의 식실봉(食實封)을 차등 있게 지급하자는 것이다. 이것은 전자에 없던 경제적 수혜가 배려되고 있으나, 그 근본 목적은 역시 양계의 국방 강화를 위한 중앙과 지방의 협조체제 구축에 있었다.

미약한 변방 지역을 공신의 통제 아래에 둠으로써 국방과 치안을 강화하자는 데 근본 목적이 있었던 것이다.

그에 따르면, 고려시대에 최탄(崔坦)·한신(韓愼)의 반란사건이 일어난 것이나, 세조 때 이시애의 길주 반란사건 같은 것은 모두가 북방 지역을 국가가 허술하게 통제한 데 원인이 있는 것으로서, 만약 수십 호의 세신(世臣)이 양계에 있었다면 이러한 사건은 일어나지 않았을 것이라 한다.[18] 그 반면 몽고 간섭시기에 종사를 안정시킨 것은 권부(權溥), 이제현 등과 같은 세가(世家)가 사직을 유지하였기 때문이라는 것이다.[19]

양성지가 이렇듯 공신에 대한 식읍 지급을 요청하면서 북방의 경비 강화를 주장한 것은 자신의 이해와는 어떤 관련이 있는 것일까? 이 의문을 풀기 위해서는 그가 공신과 어떤 관계에 있었던가를 먼저 이해하지 않으면 안 된다. 그가 공신에 대한 식읍 분사를 최초로 주장한 것은 세조 12년(1466)인데 이때는 양성지 자신이 공신이 아니었다. 따라서 식읍 분사와 자신의 이해관계는 성립되기 어렵다고 하겠다.

그 다음, 성종 2년(1471)에 다시 좌리공신(佐理功臣)에 대한 식읍 지급을 요청했는데,[20] 이때는 이미 그 자신이 좌리공신 3등에 봉해진 뒤의 일이었다. 따라서 이번의 식읍 문제는 자신의 이해와 어느 정도 관련되지 않을 수 없다. 그는 좌리공신으로서 10결의 공신전(功臣田)을 받았는데, 이것은 공신전으로서는 매우 적은 편이다. 그가 좌리공신에 대한 식읍 분사를 요청하면서 최고 50호(정1품)에서 최저 10호에 이르는 식실봉(食實封)의 지급을 주장한 것은

---

18) 《눌재집》 속편 권1 〈北方備禦三疏四策〉.
19) 위와 같음.
20) 《눌재집》 권4 〈便宜三十二事〉.

종전에 없던 사실로서, 자신을 포함한 좌리공신에 대한 일정한 수혜를 배려한 바로 보인다. 그러나 이것으로써 공신에 대한 우대만이 식읍 분사의 유일한 목적이라고 보기는 어려우며, 역시 국방문제가 보다 큰 의미를 지닌다고 하겠다.

4) 사민론(四民論)

사회신분의 상층에 사(士), 사대부 또는 대가세족이 있고, 그 맨 아래에 노비가 있어서 이들이 상층 신분의 소유가 된다 함은 앞에서 살핀 바와 같다. 그러나 사와 노비의 중간에는 또한 농(農)·공(工)·상(商)이 존재한다. 사와 농·공·상은 본래 직업의 구별을 의미할 뿐, 신분의 구별을 뜻하는 것은 아니다. 따라서 노비도 그 직업을 가지고 말한다면 농·공·상에 포함시킬 수 있다. 그러나 법제적 신분이 자유민인 양인과 부자유민인 노비로 양분되어 있어서 직업 선택의 자유를 갖지 못한 노비는 비록 농·공·상에 종사한다 하더라도 양인으로서의 농·공·상과는 구별되지 않을 수 없다.

그런데, 사·농·공·상의 큰 테두리 속에서, 양인이라고 해서 그들 사이에 차별이 없는 것은 아니다. 양성지에 따르면, "사·농·공·상은 각각 생생(生生)의 도(道)"[21]를 가지고 있는 떳떳한 직업인으로서, 여기에 소속되지 않는 놀고먹는 유수(遊手)의 인간은 생생의 이(利)를 끊어버리는 도적이나 다름없다고 본다.

사·농·공·상은 이렇듯 모두가 생생의 길을 가는 필수불가결한 직업이지만, 특히 공·상은 '공상천예지도(工商賤隷之徒)'[22]라 하여 노

---

21) 《눌재집》 권4 〈便宜三十二事〉.
22) 위와 같음.

비와 거의 동격으로 인정하였다. 물론 법제적으로 공·상인이 노비와 동등해야 한다는 것은 아니지만, 관념상으로는 노비와 거의 비슷한 무리로 본 것만은 사실이었다. 이러한 천시 관념은, 복색에 있어서 공·상인과 공사노비(公私奴婢)를 같은 색깔로 통일하자고 주장한 일이나,[23] 공상·천예(賤隷)로서 잡직(雜職)에 임용된 자에 대하여 '원(員)'이라는 칭호를 붙이지 말 것을 요청한 사실에서도 엿보인다.[24] 공·상인은 양인이면서도 현실적으로 교육과 벼슬길이 적잖이 제한되었는데, 이 점에 대해서도 양성지는 아무런 이의를 제기하지 않았다.

그러나 사(士)와 농(農)에 대해서는 뚜렷한 차별을 인정하지 아니하였다. 그가 말하는 사(士)는 사대부·사족·양반 등과 거의 같은 의미를 갖는 것으로서, 재야의 독서인, 곧 순수한 유자(儒者)를 의미한다기보다는 대체로 조정의 관리를 뜻했다. 그는 순수하게 학문이나 도덕 수양에만 전념하는 사(士)에 대해서는 별다른 언급이 없다. 그에 따르면, 관리가 아닌 범인(凡人) 곧 공·상을 뺀 일반 서민은 자신의 희망에 따라서 유(儒), 무(武), 천문, 지리, 의약, 복서(卜筮) 등 다양한 직업을 선택할 수 있는 것으로 생각하였다. 그의 말을 들어보자.

> 신(臣)이 가만히 생각하건대, 범인이 독서를 하면 유(儒)가 되고, 활쏘기를 배우면 무(武)가 되며, 천문·지리·의약·복서에 이르기까지 각각 소업(所業)이 있습니다.[25]

곧 유자나 무인이나 그 밖의 천문, 지리, 복서 등 기술직은 보통

---

23) 《눌재집》 권2 〈便宜二十四事〉.
24) 위의 책 권4 〈校正大典四十五事〉.
25) 《눌재집》 권4 〈便宜三十二事〉.

사람들이 자유스럽게 선택하는 직업으로서, 그러한 직업을 거쳐서 관리가 되면 그것이 곧 사(士)인 것이었다. 유(儒)가 특별히 우대되고 무(武)나 기술직이 천시 차별되어야 한다는 것은 그에게서 찾아볼 수 없다. 도리어 문무를 동등하게 대우해야 한다는 것은 그의 정치사상에서 살핀 바와 같다.

이렇듯 유(儒), 무(武), 기술직을 마음대로 선택할 수 있는 이른바 '보통 사람'은, 바꾸어 말하면 농민에 다름 아니다. 농민은 농사에 종사하는 것이 기본적인 직업이지만 공·상인처럼 교육과 벼슬에 제약이 따르지 않는 자유민이므로 재능과 경제력만 갖춰지면 교육과 벼슬의 권리를 향유할 수 있다. 따라서 사(관리)는 농민에게서 나오는 것이 원칙이며 이것을 그는 '사출어농(士出於農)'이라고 불렀다. 향리 자제가 3정(丁) 1자(子)에 한해 과거에 응시할 수 있는 것도 '사출어농'의 유의(遺意)로서 긍정했다.[26]

사(士)는 농(農)에서 나오는 것이므로, 사가 또한 농업에 종사하는 것도 그는 중요시했다. 그는 군주가 적전에서 친경하는 것을 칭송하면서, 그 효과로서 "사서(士庶)가 우러러보고 농사의 지중함을 알게 되어 즐거이 남무(南畝)로 돌아가게 된다"[27]고 하여 농사가 사서인(士庶人)의 공통된 직업이 될 수 있음을 지적했다.

여기서 말하는 사는 물론 현직 관리를 이르는 것은 아닐 터이다. 이것은 퇴직 관리를 뜻하거나, 아니면 독서에 종사하는 유자를 의미할 것이다. 그 어느 쪽인지 확실하지는 않지만 어쨌든 사가 농사에 종사(겸업)할 수도 있다는 사실은 분명하다. 요컨대 양성지에게 있어서, 사와 농은 원칙적으로 직업과 신분이 다르면서도 양자 사이에는 상호 이동과 겸업이 인정된다는 점에서 사와 농민 사

---

26) 《눌재집》 권2 〈便宜二十四事〉.
27) 위의 책 권2 〈便宜十二事〉.

이의 엄격한 차별은 부인되고 있었다.

5) 적서(嫡庶) 차별론

강상(綱常), 곧 삼강(三綱)을 존중하는 양성지의 윤리관은 적처(嫡妻)와 서첩(庶妾)에 대해서도 엄격한 구별을 주장했다. 그에 따르면, 적처와 첩을 나누는 것은 하늘과 땅을 나누는 일과 같은 이치로, 서로 혼란을 가져와서는 안 된다고 하였다. 따라서 첩의 자손인 서얼은 출세에 제약을 받아야 하는 것이 마땅하다. 그들은 비록 재주가 있다 하더라도 재상이나 정조(政曹; 이조와 병조), 대성(臺省; 사헌부와 사간원)과 같은 요직에는 임용될 수 없다고 했다. 세조 13년(1467) 9월에 첩손인 유자광을 병조정랑에 임용하는 것에 대하여 그가 극력 반대한 것은 이러한 이유에서였다.[28]

양성지는 관리 임용에 있어서 능력만을 평가하는 것이 아니라 가세(家世)와 문지(門地)도 아울러 평가해야 한다고 하면서, 가세와 문지가 나쁜 사람, 예컨대 첩의 자손, 자녀(恣女; 행실이 부정한 여자)의 자손, 장리(贓吏; 탐관오리)의 자손 등에 대해서는 비록 벼슬길을 허통한다 하더라도 요직에 임용해서는 안 된다고 주장했다.[29] 여기서 그가 가세와 문지의 흠으로 인정하는 장리(贓吏)와 자녀(恣女), 그리고 첩(妾) 등은 강상(綱常)의 도덕규범을 위반한 사람들을 의미한다. 따라서 강상죄인의 자손을 중용한다는 것은 비록 그 자손에게는 죄가 없다고 하더라도 강상의 풍속을 국가가 스스로 무너뜨

---

28) 《세조실록》 권43 세조 13년 9월 28일 庚辰 및 《눌재집》 속편 권1 〈論柳子光不宜
   兵曹正郞疏〉.
29) 위와 같음.

리는 것일 뿐만 아니라, 조정과 국가의 체면을 손상시키는 일이라고 주장했다.

양성지는 이렇듯 강상을 존중하는 견지에서 첩의 자손을 비롯한 강상죄인의 자손에 대한 차별을 주장했지만, 그들의 벼슬길을 전적으로 막자는 것은 아니었다. 다만 요직 등용을 반대하는 것이며, 벼슬길을 터주는 그 자체는 반대하지 않았다.

4. 경제사상

1) 무농(務農), 과전 부활

양성지가 통치 윤리로서 강조한 민본사상과 그것을 바탕으로 나타난 위민(爲民)과 애민(愛民)의 논리는, 민생 안정을 추구하는 이른바 양민(養民)의 경제사상으로 이어진다. 다시 말하자면, 백성이 나라의 근본으로서 백성을 사랑하고, 백성을 위하는 정치 윤리가 아무리 강조된다 하더라도, 현실적으로 백성이 헐벗고 굶주린다면 그것은 아무런 의미가 없다는 것이다.

유가(儒家)는 정치와 경제를 분리시키지 않고, 또 경제생활의 안정을 통해서 윤리 도덕의 실현을 추구한다는 점에 사회사상의 공통점이 있지만, 논자에 따라서는 그 가운데 어느 한 부분에 역점을 두고 나머지를 소홀히 하는 경우가 없지 않다. 양성지의 경우는 15세기 관료파 성리학자들이 거의 공통적으로 그러하듯이 경제(부국과 안민)를 중시하는 논자 가운데 하나였다.

양성지는 "백성은 나라의 근본이요, 먹는 것이 백성의 하늘"[1]이라는 점을 거듭 힘주어 말하면서 통치자의 기본 임무는 바로 백성의 의식주를 해결하는 데 있음을 지적한다. 그의 말을 들어보자.

하늘은 백성을 만들고 사목(司牧; 관리)을 세워서 백성을 입고 먹게 하여 배고픔과 추위에 이르지 않게 하는 것이며……제왕의 직책은

---

1) 《세조실록》 권40 세조 12년 11월 2일 庚午 및 《눌재집》 권3 〈軍國便宜十事〉 및 권4 〈便宜三十二事〉.

이러한 일들에 지나지 않는다. 공자가 말하기를 정치는 "족식(足食), 족병(足兵), 민신지(民信之)" 하는 것이라고 했고, 또 "백성을 번성하고 부유하게 만들고 나서 교화한다"고 하였다. 백성이 부유해지면 식량이 풍족하고, 백성이 번식하면 병(兵)이 풍족해진다.[2]

　　예로부터 인주(人主)가 …… 가장 먼저 힘써야 할 것은 족식과 족병의 두 가지이다. 족식(足食)하면 백성의 생명을 기르게 되고, 족병(足兵)하면 백성의 해를 제거할 수 있다. 이 두 가지 가운데 어느 것도 소홀히 해서는 안 된다.[3]

여기서 그는 공자가 위정(爲政)의 요체로 지적한 세 가지 사항 곧 족식(足食)·족병(足兵)·민신지(民信之)를 들면서, 이 가운데서 특히 족식과 족병, 다시 말해 민생 안정과 국방 확립을 임금을 비롯한 통치자의 2대 기본 임무로 생각한 것이다.

그러면 민생의 안정, 곧 양민(養民)은 어떻게 하는 것인가? 양성지에 따르면, 양민은 농업생산력의 증대와 분배의 공정화라는 두 가지 방법이 가장 중요하다. 그 가운데서도 양성지는 토지생산력의 증대를 당면 과업으로 인식하고 있다.

　　인군의 직책은 양민(養民)보다 큰 것이 없고, 양민은 농사에 힘쓰는 것보다 중요한 것이 없다.[4]

여기서 양민은 우선 무농(務農) 곧 농사에 힘쓰는 것에서 출발하는데, 무농은 말할 것도 없이 농업생산력의 증대를 의미한다.

---

2) 《세조실록》 권40 세조 12년 11월 2일 庚午 및 《눌재집》 권3 〈軍國便宜十事〉 및 권4 〈便宜三十二事〉.
3) 《세조실록》 권9 세조 3년 10월 22일 壬子 및 《눌재집》 권2 〈便宜四事〉.
4) 《세조실록》 권36 세조 11년 6월 1일 丁丑 및 《눌재집》 권3 〈勸農四事〉.

그러면 무농은 어떻게 하는가? 그에 따르면 "무농의 근본은 지력(地力)을 다하는 데 있는데", 지력을 높이려면 첫째 제언(堤堰), 해택(海澤), 방천(防川), 색포(塞浦)의 수축, 곧 경지 면적의 확대와 수리시설의 확충이 중요하다. 둘째, 무역유수인(無役遊手人)을 제거하여 놀고먹는 사람을 없애 농업노동력을 확대해야 한다. 셋째, 농우(農牛)를 함부로 도살하는 것을 막아야 한다. 특히 그는 농우 도살에 비상한 관심을 가지고 법을 어기고 도살하는 자를 엄벌에 처할 것을 거듭 진언했다. 넷째, 양종(糧種)을 비축하고 대여해야 한다. 이상 네 가지 방안이 매우 중요하다.[5]

그 밖에 권농 정책의 하나로, 국왕이 친히 농사의 시범을 보임으로써 사서인(士庶人)의 중농의식을 고취시키기 위해 적전에서 친경을 할 것을 강조하고,[6] 수령의 임무로서 권농과 후생을 일차적으로 중요시했다.[7]

다음으로, 분배론에 있어서는 토지제도와 수취체제에 대하여 관심을 두었다. 먼저 토지제도와 관련해서 그가 가장 관심을 둔 것은 과전(科田)의 부활이었다. 그는 세조 때 시행된 직전법(職田法)이 퇴직자나 죽은 관리들의 가족 생활에 미치는 타격을 우려하고, 옛날대로 과전을 부활하는 것이 사대부에 대한 정당한 대우가 될 뿐아니라 직전에서 전주(田主)가 조호(租戶; 농민)를 수탈하는 일을 막는 길도 된다고 판단했다.[8]

만약 과전의 부활이 어려우면, 그 대신 직전의 액수를 늘리든가 녹봉의 액수를 늘리기를 주장했다.[9] 요컨대 현직 관리건 퇴직 또

---

5) 《세조실록》 권36 세조 11년 6월 1일 丁丑 및 《눌재집》 권3 〈勸農四事〉

6) 《세조실록》 권7 세조 3년 3월 15일 戊寅 및 《눌재집》 권2 〈便宜十二事〉.

7) 《단종실록》 권5 단종 원년 1월 7일 乙丑 및 《눌재집》 권1 〈論君道〉.

8) 《세조실록》 권40 세조 12년 11월 2일 庚午 및 《눌재집》 권3 〈軍國便宜十事〉 및 권4 〈便宜三十二事〉(성종 2년), 〈校正大典四十五事〉(성종 3년).

는 사망한 관리건 간에 국가가 세록(世祿)으로서 본인 및 그 가족의 생계를 보장해 주어야 한다는 것이 양성지의 기본적인 생각이었다.

그러나, 그는 토지겸병이나 병작제도, 그리고 이러한 것들을 가능하게 하는 사전제(私田制)에 대해서는 반대하는 태도를 가졌다. 세조 즉위년(1455)에 올린 상소에서 그는 전정(田政)의 개정을 요구하면서 공전제(公田制)가 무너져 사전제(私田制)가 나타난 후세의 전제를 비판했으며,10) 예종 원년(1469)에 올린 상소에서는 귀가(貴家)에 방해가 될까 하여 전산(田産)을 제한하지 못하는 것은 대의에 어긋나는 일임을 지적하고 있다.11)

또한 그는 경기도와 하삼도에서 힘 있고 교활한 자들이 양전(良田)을 널리 점령하여 대인전작(代人佃作), 곧 병작(并作)하는 사례를 비판하기도 했다.12)

양성지가 살던 15세기 말은 토지겸병과 병작제도의 문제가 차츰 떠오르고 있기는 했으나 전반적인 전제개혁을 단행해야 할 만큼 절박한 상황은 아니었으므로, 양성지가 토지제도에 비교적 큰 관심을 기울이지 아니한 것은 이러한 상황과 관련이 있을 터이다.

2) 방납(防納) 비판

민생과 관련하여 양성지가 가장 큰 관심을 보인 것은 공물 방납(防納)과 사창(社倉)의 폐단이었다. 특히 그는 방납의 폐단에 대해

---

9) 《눌재집》 권4 〈校正大典四十五事〉.
10) 《세조실록》 권1 세조 즉위년 7월 5일 戊寅 및 《눌재집》 권1 〈論君道十二事〉.
11) 《세조실록》 권45 세조 14년 2월 6일 辛卯 및 《눌재집》 속편 권1 〈論實職超階未便疏〉.
12) 《세조실록》 권9 세조 3년 10월 22일 壬子 및 《눌재집》 권2 〈便宜四事〉.

비상한 관심을 가지고 여러 차례에 걸쳐 그 폐단을 시정하는 방안을 건의했다.

양성지는 먼저 지중추원사로 있던 세조 10년(1464) 5월 28일에 올린 〈청파방납(請罷防納)〉이라는 상소에서 농민 부담의 약 6할이 공물 대납임을 지적하고, 국가(호조)는 부상(富商)들에게 대납을 맡기고 있는데 부상들은 정해진 법도를 넘어서 이득을 취하고 있을 뿐 아니라, 간사를 맡은 관리는 용재(用財)에 절제가 없어서 백성과 국가가 다 같이 곤란을 당하고 있다고 했다.[13]

양성지가 제시한 개혁안에 따르면, 한(漢)나라의 균수법(均輸法)과 고려시대의 삼사제(三司制)를 참고하여 삼사겸전운사(三司兼轉運司)를 설치하고, 여기에 영삼사(領三司; 정1품)·판삼사(判三司; 종1품)·좌사(左使; 정2품. 호조판사 겸임)·우사(右使; 정2품)·좌윤(左尹; 종3품)·우윤(右尹; 종3품)·좌승(左丞; 정7품)·우승(右丞; 정7품. 서반 겸직) 등의 관직을 두고, 이를 다시 좌사(左司)와 우사(右司)로 나누어 좌사는 경중(京中)의 부상(富商)으로 하여금 경상도와 황해도의 공물을 대납케 하고, 우사는 개성부 부상으로 하여금 전라도와 충청도의 공물을 대납케 하자는 것이다.[14]

대납의 구체적 방법은 다음과 같다. 대납자가 가령 황금 1전(면포 3필)을 대납할 경우 9필의 급가(給價)를 주면, 6필은 스스로 사용하고 3필은 국가에 바쳐 주군(州郡)이 스스로 받도록 한다. 그리하여 좌사의 수입은 10년 동안 각 도의 의창(義倉)에 보태주고, 10년 이후에는 경창(京倉)의 군수(軍需)에 보태준다. 한편, 우사의 수입은 7분(七分)을 간경비(刊經費)로 쓰고, 1분은 전교서(典校署)에서, 1분은 귀후소(歸厚所)에서 쓰며, 1분은 군기감(軍器監)에 귀속시켜 평안도

---

13)《세조실록》권33 세조 10년 5월 28일 庚辰. 및《눌재집》권2〈請罷防納〉.
14) 위와 같음.

강변 군사 가운데 옷이 없는 자에게 지급한다. 한 가지 물건과 한 가마의 미곡이라도 모두 삼사가 알게 하고, 만약 삼사를 거치지 않으면 서울과 지방의 관리 및 대납인을 모두 벌주고, 대납인의 재산을 몰수하여 그 절반을 고발자에게 주어 횡령을 막아야 한다.

말하자면, 공물 대납 자체를 완전히 철폐하자는 것이 아니라, 대납제를 국가가 합리적으로 감독 통제하여 민폐를 제거하는 동시에 국가 수입을 도모하자는 취지였다.

그러나 개혁안이 받아들여지지 않고 방납의 폐단이 계속되자 양성지는 세조 12년(1466) 11월 2일에 올린 〈군국편의10사〉에서 방납 문제를 가장 먼저 거론하고,[15) 이어 세조 14년(1469) 6월 18일에 올린 응지상소(應旨上疏)에서도 '시폐6사(時弊六事)' 가운데 하나로서 대납의 폐단을 더욱 절실하게 비판했다.[16)

먼저, 세조 12년 11월에 대사헌으로 있으면서 올린 상소에서 그는 부상대고(富商大賈)들이 방납을 빙자하여 만 가지로 백성을 침탈하여 백성들이 '앙사부육(仰事俯育; 위로 부모를 섬기고 아래로 자식을 키움)'하지 못하고 있음을 개탄했다. 그러면서 구체적으로 방납에서 가장 해가 큰 물품으로서 지둔(紙芚; 종이와 돗자리), 유밀(油蜜; 기름과 꿀), 백저(白楮; 닥나무), 정철(正鐵), 죽목(竹木), 공포(貢布; 포목), 탄소목(炭燒木; 숯과 땔나무), 토목(吐木; 기와구이용 땔감), 부등방목(不等方木; 건축자재), 표피(豹皮), 선척(船隻) 등을 들고 있다. 그리고 청초(靑草; 풀) 같은 것은 전국 어느 곳에서나 생산되는데도 백성들이 스스로 바치지 않으려 하며, 전세는 국가의 큰 세금인데도 간혹 대납하는 경우가 있다고 한탄했다. 이어 그는 이를 시정하는 방안을 다음과 같이 건의했다.

---

15) 《세조실록》 권40 세조 12년 11월 2일 庚午 및 《눌재집》 권3 〈軍國便宜十事〉.
16) 《세조실록》 권46 세조 14년 6월 18일 丙午 및 《눌재집》 속편 권1 〈應旨上時弊六事〉.

전하께서는 대신들과 상의하여 결단을 내려 경장(更張)하십시오. 먼저, 공안(貢案; 공물을 적은 문서)을 놓고 일일이 강구하여 바다와 육지에서 생산되는 물품을 각각 그 생산처에 정해 주고, 긴급하지 않은 물품은 생략하십시오. 그리고 어떤 물품은 관에서 스스로 조달하고, 어떤 물품은 백성들이 바치게 하며, 백성들이 부득이 바칠 수 없는 것은 자세하게 정하여 여러 읍에서 포화(布貨)로 바치게 하여 해당 관청에서 사서 쓰게 하십시오. 예를 들면, 지둔·유밀·백저는 백성들이 직접 바칠 수 있고, 표피는 관에서 스스로 준비해 바치고, 죽목은 바다를 통해 배로 운반하고, 공포는 강을 통해 배로 운반하고 정철은 황해도의 여러 읍에서 바치게 하고, 선척·탄소목·부등방목은 산군(山郡)에서 바치고, 청초는 어느 곳에서나 바치고, 쌀은 민간에서 소유한 것으로 모래나 돌이 섞이지 않은 것을 바치게 하소서. 서울의 여러 관청에서 때에 맞추어 납부하지 않는 자는 관리와 고자(庫子)를 모두 무거운 법으로 다스리고, 지방의 수령으로서 강제로 대납시키는 자와 조관(朝官)으로서 스스로 대납하는 자는 장(杖) 100대에다 수군(水軍)으로 충정하여 영구히 벼슬길을 막으소서. 그리고 이익을 탐하는 자와 색리(色吏)는 강도율(強盜律)로 다스리고, 그 재산을 몰수하여 고발자에게 상으로 주소서.

이 상소는 구체적으로 현물로 공납할 물품과 대납할 물품을 열거하면서 그 시정 방안을 제시한 것이 앞서 세조 10년에 올린 것보다 한층 구체적이다.

이어 세조 14년 6월에 대사헌으로서 올린 상소의 내용은 《경국대전》에 실린 대납 원칙이 실행되지 않고 있는 데 대한 비판이 중심을 이루고 있다.

대납은 본래 '있는 물건'과 '없는 물건'을 서로 돕고, 국가와 개인이 서로 편하며, 백성의 뜻을 따르고, 국가의 비용을 돕기 위한 것

입니다. 《경국대전》을 살펴보면, 백성이 대납하기를 요청하여 수가
(酬價)를 지불하면 관청이 이를 허락하여, 관(官)이 이를 거두어 바치
고, 이를 어긴 자는 장 100대에 가물(價物)을 관(官)에서 몰수하고,
수령은 3년 동안 서용하지 않으며, 또한 해의 풍흉을 보아 물품에
정가를 매긴다고 하였습니다. 법은 아름답지 않은 것이 아니고, 영
(令)은 엄하지 않은 것이 아니어서 이를 거행한다면 폐가 없을 것입
니다. 그러나 수령은 부상에게 의지하고, 권세가에게 휘둘려서 백성
들이 원하는 바, 예컨대 미두나 초목과 같은 것은 백성이 쉽게 갖출
수 있어서 대납을 바라는 것이 아닌데도 모두 강제로 문권(文券)을
만들어 대납케 하며, 대납가를 받아들일 때에는 관이 거두어 주지
않고, 대납인으로 하여금 촌락을 돌아다니며 마음대로 거두어들이게
합니다. 그리하여 발가벗겨 매를 때리는 등 횡포가 이르지 않는 데
가 없고, 가진 것이 텅 비어도 오히려 모자라서 친척이나 이웃 사람
에게까지 책임이 지워집니다. 이 때문에 강한 사람이나 약한 사람이
나 모두 불평이 자자하고, 맨몸이 되어 아침과 저녁을 잇기가 어렵
습니다. 그러나 장사하는 무리들은 화려한 옷을 입고 맛있는 것을
먹고 앉아서 그 이득을 누리니 부자는 더욱 부유해지고 가난한 자
는 더욱 가난해지고 있습니다. 전하께서 즉위하신 뒤로 한 가지 일
이라도 백성들에게 은혜를 입히지 않은 것이 없도록 누누이 명을
내리셨으나 백성들이 실혜(實惠)를 입지 못하고 있는 까닭은 대납
때문이 아니고 무엇이겠습니까. 만약 백성들의 뜻을 잘 알아 대납가
(代納價)를 받는데 법도가 있고, 이를 어기는 자는 죄를 주고 있으니
무슨 폐단이 있겠느냐고 한다면, 신(臣)은 이렇게 말씀드리고 싶습니
다. 향기가 있는 먹이 아래에는 물고기들이 피하지 못하며, 무거운
이득이 있는 곳에는 사람들이 죽음도 두려워하지 않습니다. 무거운
이득을 사랑하는 자는 바로 권세 있는 사람과 상인과 수령들입니다.
민생을 사랑하는 분은 오직 전하 한 사람뿐입니다. 누가 가벼운 죄
를 두려워해 무거운 이득을 버리고 전하의 착한 마음을 본받아 법
을 좋게 쓰겠습니까. 신들이 듣건대, 그림자가 두려워 도망가는 것

은 그늘로 들어가는 것만 같지 못하다고 합니다. 바라건대 대납의
법을 영원히 없애 민폐를 끊으소서.

말하자면 대납의 물품은 본래 백성들의 희망에 따라 정해지는
것이고, 대납가도 법에 따라 정하게 되어 있으며, 이를 어긴 관리
는 엄한 벌을 받도록 《경국대전》에 정해져 있지만 현실은 그렇지
못하여 부익부 빈익빈을 키우는 결과를 가져오고 있다는 것이다.
따라서 이러한 대납제도 자체를 아예 없애자는 것이 양성지의 결
론이다.

양성지는 마지막으로 성종 9년(1479) 4월 3일에 공조판서로서 올
린 〈풍속학교12사〉에서도 방납의 폐단을 언급했다.[17] 여기서 그는
방납법이 크게 일어나면서 작게는 청초에서 크게는 세금으로 내는
곡식에 이르기까지 일체가 방납으로 되어 부상대고들이 권세가와
인연을 맺고 백성들의 고혈을 빨고 있는 참혹한 상황에 이르렀으
며, 시골 백성들이 거의 생(生)의 즐거움을 잃고 있다고 썼다.

양성지의 방납에 대한 비판은 세조~성종 대에 걸쳐 집요하게
제기되었으나, 궁극적인 해결을 보지 못하고 있다가 조선 후기에
이르러 그 대안으로 대동법(大同法)이 시행되기에 이른 것은 다 아
는 사실이다. 그러나 대동법은 양성지 등이 방납에 대한 문제제기
를 꾸준히 한 결과라는 것을 기억할 필요가 있겠다.

---

17) 《눌재집》 권4 〈風俗學校十二事〉.

3) 사창제 비판

민생 안정과 국가재정의 충실이라는 문제와 관련하여 양성지가 관심을 기울인 것은 사창제(社倉制)의 폐단이었다. 사창제는 본래 주자(朱子)가 향촌의 자치적 구휼을 위하여 실시한 것으로서, 이것이 우리나라에서는 문종 대에 처음으로 실시되기 시작했다. 사창제 실시 이전에 이미 관곡(官穀)을 수령 주재 아래 빈민에게 대여해 주는 의창제(義倉制)가 있었으나, 사림파 계열의 정통 성리학자들이 의창제의 폐단을 내세워서 사창제로 바꾼 것이었다.

이론상으로 보면, 사창제나 의창제나 다 같이 빈민구제를 목적으로 하는 곡식 대여 제도이지만, 그 방법에 있어서는 많은 차이가 있었다. 곧 의창제는 어디까지나 국가가 주도하는 구휼제도로서 관곡을 원본으로 하여 무이자로 대여한다. 이와 달리 사창제는 향촌사회가 주도하는 민간 중심의 구휼제도로서, 국가에서 임시로 관곡을 빌려 연 10분의 2의 이식(利息)을 붙여서 대여한 다음에, 이식이 불어나면 원본을 국가에 반환하고 나머지 증식된 곡식으로써 낮은 이자로 빈민에게 대여하는 제도이다. 따라서 이론상으로 본다면 무이자의 의창제가 이자가 붙는 사창제보다는 피급자에게 유리한 것이 사실이다.

그러나 현실적으로 의창제에는 관리의 협잡이 끼어들고, 창고가 향촌에서 먼 군치(郡治)나 현치(縣治)에 있는 관계로 수급자에게 적지 않은 불편이 발생하였다. 또한 제한된 수량의 관곡만으로는 빈민의 욕구를 충족시키기 어려운 점이 있었다. 이러한 사정이 사창제 실시의 명분을 제공한 것이지만, 실상 사창제 실시에 따른 폐단은 의창 못지않았다. 사창제는 그 운영의 주체가 향촌의 유지인 사장(社長)인 까닭에 운영자의 자질에 따라서 성패가 크게 좌우되게 마련이었다.

대체로 사창제 옹호론자들은 사창제뿐만 아니라 향약(鄕約)이나 유향소(留鄕所), 향사례(鄕射禮) 등과 같은 일련의 향촌자치제를 지지하는 경향이 많아서, 이를 반대하는 중앙집권 옹호론자들과 대립되는 형세를 이루고 있었다. 향촌자치를 반대하는 논자들은 대체로 향촌지주의 이익보다는 국가의 이익을 중요시했고, 향촌자치를 옹호하는 논자들은 향촌에서의 토착적 기반이 강하거나 또는 현재는 그 기반이 약하더라도 장차 그러한 기반을 구축하려는 의도를 가진 이가 많았다. 따라서 사창제를 비롯한 향촌자치제를 둘러싼 찬반양론에는 위와 같은 이해관계의 대립이 있었다.[18]

그러면, 이 문제에 관한 양성지의 생각은 어느 쪽이었나? 그는 철저한 사창제 반대론자였다. 세종 30년(1448)에 사림계 성리학자인 지대구군사(知大邱郡事) 이보흠이 건의한 사창제 실시 문제를 둘러싸고 집현전에서 찬반토론이 전개되었을 때, 그는 정창손·신석조(辛碩祖)·김예몽·하위지 등과 더불어 사창제 실시를 반대하는 편을 지지했다. 그 이유는, 사창제가 취식(取息)을 전제로 하고, 또 개인이 운영하는 것이기 때문에 운영자인 사장의 자질이 청렴하지 못할 때에는 백성에게 주는 혜택보다 폐해가 더 많으리라는 판단 때문이었다.[19]

그 뒤 사창제가 실시되면서 나타난 결과는 과연 양성지 등이 예

---

18) 조선 초기 사창제 실시 문제에 관해서는 다음 논문들이 참고가 된다.
송찬식, 〈이조시대 환자취모보용고〉, 《역사학보》 27, 1965.
이태진, 〈사림파의 유향소복립운동〉, 《진단학보》 34, 1972; 《진단학보》 35, 1973.
한영우, 〈조선전기 성리학파의 사회경제사상〉, 《한국사상대계 2》, 성균관대학교 대동문화연구원, 1976.
특히 이태진은 사창제 옹호론자의 주장을 존중하여 사창제를 의창제보다도 긍정적인 관점에서 다룬 것이 특징이다.
19) 《세종실록》 권120 세종 30년 5월 15일 己亥,

견한 대로였다. 세조 14년(1468)에 올린 응지상소에서 양성지는 시
폐의 하나로서 사창제의 폐단을 다음과 같이 지적했다.

　의창과 사창은 설치된 지가 오래되었습니다. 그러나 의창은 지금
행해지고 있지만 사창은 행해지기도 하고 행해지지 않기도 했습니
다. 폐단이 없는 것은 오래 존속하고, 폐단이 있는 것은 오래 존속
하지 못하는 것이 아니겠습니까? 대개 사창은 마을 안의 여러 곳에
설치하여 이를 사장(社長)에게 맡기는데, 그것을 대여할 때 자기의
친소(親疏)와 은원(恩怨)에 따라 많이 주기도 하고 적게 주기도 하여
홀아비, 과부, 고아, 독자는 받지 못하는 경우가 있습니다. 그것을
거두어들일 때에도 자기 집의 수확이 힘이 미치지 못하면, 같은 동
네 사람들이 영(令)을 또한 좇지 아니하여 금년에도 모두 거두지 못
하고 명년에도 또한 거두어들이지 아니합니다. 계권(契卷)이 헛되이
돌아올 뿐 실적이 없습니다. 사창을 보관할 때에도 공가(公家)의 곡
식을 자기 소유처럼 생각하여 마음대로 출납하고, 또는 곡식을 바꾸
기도 하고, 사사로이 훔치기도 합니다. 또한 인력이 부족하여 보관
을 소홀히 하여 도적을 불러오기도 하며, 세월이 오래 지나면 쌓아
놓은 것이 손상되어 없어집니다. 마침내 상환할 힘이 없게 되면 흔
적을 없애려고 꾀하고, 나아가서는 창고를 불 지른 다음에 도적이
불 질렀다고 /말합니다 …… 만약 사창이 나라에 유익하고 백성에게
폐단이 없는 것이라고 한다면, 요즘 전라도에서 번고(反庫; 창고에 있
는 물건을 뒤져 조사함)할 때 사창의 곡식이 손상되어 없어진 것이 적
지 않고, 이를 관장한 자가 상환하지 못하고 있는 것이 그 폐해의
명백한 증거라 하겠습니다 …… 의창은 실로 만세에 바꿀 수 없는
좋은 법입니다. 바라옵건대 의창을 다시 시행하는 것이 백성의 희망
입니다.[20]

---

20) 《눌재집》 속편 권1 〈應旨上時弊六事〉.

다소 지루한 인용이지만, 사창제가 국가나 빈민에게 다 같이 혜택을 주지 못하고 도리어 양쪽에 피해만 입히고 있는 실정이 사실적으로 묘사되고 있다. 결국 이러한 사창제에서 이득을 보고 있는 것은 그 운영책임자인 사장에 지나지 않았다. 따라서 사장을 폐지하고 의창을 복립(復立)하자는 것이 양성지의 결론이다.

양성지가 의창의 복립을 주장한 것은 더 말할 나위도 없이 국가재정과 빈민구제에 별다른 이익을 주지 못하는 사창제의 폐단에 대한 반발이지만, 그가 특히 의창제의 부활에서 기대하는 것은 국가재정의 충실이었던 듯하다. 그는 의창제가 실시되던 세조 초년에 여러 차례에 걸쳐 의창의 충실을 건의하고, 그 구체적인 방법으로서 일정한 기간 동안만 민간에서 따르고 있는 장리(長利)의 이율로서 이자를 받아들일 것을 제의하기도 했다.[21] 특히 그가 국가재정의 충실에 깊은 관심을 둔 이유는 군량미 확보에 있었던 것으로, 이것은 그가 국방 강화에 비상한 관심을 가졌던 사실과 관련이 있었다.

---

21) 《눌재집》 권2 〈便宜二十事〉 및 〈便宜四事〉.

5. 군정(軍政)사상

　15세기의 관료학자로서 양성지만큼 국방과 군사제도에 대하여 깊은 관심을 가지고 전반적인 군정(軍政) 개혁안을 제시한 이도 드물 것이다. 그는 수십 차에 걸쳐서 군정개혁을 요청하는 상소문을 올렸고, 그 밖의 상소문에서도 군정에 관하여 언급하지 않은 것이 없을 정도로 비상한 관심을 가지고 있었다.

　양성지가 군정에 관심을 갖게 된 직접적인 동기는 세종 31년(1449)에 있었던 '토목의 변'이었다. 이 사건은 명나라 영종(英宗) 황제가 50만의 군대를 이끌고 달단족을 정복하러 갔다가 포로로 잡혀 1년 만에 풀려난 사건이다. 양성지가 세종 32년(1450)에 처음으로 〈비변10책〉을 상소하여 군정에 관한 대책을 촉구한 것은 이 사건이 직접적 동기가 되었다.

　여기에 북방 여진족의 침투와 남방 왜구의 침략도 그치지 않아 조선왕조는 이러한 외압에 대비하면서 아울러 잃어버린 고구려의 옛 땅을 수복한다는 적극적인 팽창정책도 동시에 추구했다. 그리하여 그가 생존했던 15세기 후반기는 조선왕조 역사상 국방체제가 가장 잘 정비되고, 남북 외적의 침투를 격퇴하면서 잃어버린 땅을 회복하여 신라의 통일 이후 가장 넓은 영토를 확보했던 시기이기도 했다. 양성지의 군정사상은 이렇듯 조선왕조의 국세가 날로 팽창하는 여세를 휘몰아서 수복·확장된 국토를 수호하는데 더욱 만전을 기하고, 나아가서는 요동의 옛 땅을 수복하려는 원대한 이상을 실현하는 데 주안점을 두었다.

　양성지는 자신의 역사와 지리에 대한 해박한 지식을 바탕으로 당시의 국제정세를 분석하면서 이에 대처하는 포괄적인 군정개혁안을 개진했다. 그 개혁안은 군액(軍額) 증대, 부대 개편, 무기 정비, 군량미 확보, 방어진지 구축, 훈련 강화, 지휘관 양성, 군사에 대한 구휼 등 큰 문제에서 작은 문제에 이르기까지 세밀한 요소들이 배려되어 있다. 앞에서 말한 바 있는 문무의 동등한 대우라든가, 상무정신을 높이기 위한 척석(擲石)과 대사례(大射禮)의 실시, 그리고 애국심을 높이기 위한 문교정책의 혁신 등도 간접적으로 국방강화와 관련된다고 볼 수가 있다.

그 밖에 양계 지방을 종친과 공신에게 식읍으로 나누어 준다든가, 양경제(兩京制)를 6경제(六京制)로 확대한다든가, 서울의 방위를 강화하기 위해 4보(四輔)의 설치를 주장한 것 등도 국방 강화와 직결된 그의 개혁안 가운데 하나임은 더 말할 나위가 없다.

이제 양성지의 군정개혁사상 가운데서 중요한 것들만 추려서 검토해 보기로 한다.

1) 군액 증대론

양성지는 국방 강화에서 일차적으로 중요한 문제는 군액(軍額) 곧 군사의 숫자를 늘리는 일로 보았다. 고려 때 거란이나 여진 또는 홍건적과 싸워 이긴 이유가 모두 20만 또는 30만의 군사를 보유한 데 있다고 보았기 때문이다. 그런데 조선왕조에 들어와서 군사수가 줄어들어 세종 32년(1450) 현재 모두 10만여 명에 지나지 않았는데, 이 가운데 선군(船軍; 水軍)과 예비군인 연호잡색군을 빼고 나면 실제로 싸움에 나갈 수 있는 군인은 불과 수만 명에 지나지 않는다고 개탄했다.[1]

양성지가 이상적으로 생각하는 군액은 정병(精兵) 15만, 잡색군

(예비군) 15만 명으로 도합 30만 명이었다. 여기서 15만의 정병이라 함은 지방군 12만 명과 서울의 경군(京軍) 3만 명을 말하는 것이었다.

지방군은 다시 시위군(侍衛軍)과 진군(鎭軍) 6만 명, 수군 6만 명을 말하는 것이고, 3만 명의 경군은 갑사·별시위·내금위 등 고급 군인 1만 5천 명과 방패·섭육십·총통위 등 보병 1만 5천 명을 합한 것이었다. 그리고 예비군인 잡색군 15만은 다시 서울과 지방으로 나뉘어 전직 및 현직 관리와 문무과 출신·생원·진사·향리·노비를 포함한 모든 계층으로 구성되어야 한다고 주장했다.

이렇게 군액을 증대시키려면 군역 징발 대상자를 국가가 소상하게 파악하지 않으면 안 되고, 그러기 위해서는 호구법(戶口法)을 정비·강화하지 않으면 안 된다고 보았다. 양성지는 호구법이 분명하지 못하여 호적에 누락된 자가 많음을 개탄하고 호구법과 호패법을 재정비하고 강화할 것을 역설했다.

먼저 호구법과 호패법을 강화하기 위한 방안으로서, 그는 십오제(什伍制)의 실시와 위법자에 대한 북방 이주를 주장했다. 곧 전 국민을 5가(家) 또는 10가 단위의 통(統)으로 편제하고, 통내에서 호적에 탈루한 자가 생기는 경우에는 신분의 고하를 막론하고 본인은 물론이요 그 이웃과 감고(監考), 권농(勸農), 관령(管領) 등 행정 책임자들을 양계 지방에 보내 관노비(公私賤의 경우) 또는 군인(양반과 백성의 경우)으로 충속시키자는 것이다.[2] 위법자를 처벌하는 경우에 양반이라고 해서 특혜가 인정되지는 않는다. 그리하여 "국민으로서 한 사람도 적(호적 또는 군적)에서 빠지는 자가 없게 해야 한다"[3]는 것이 그의 한결같은 지론이었다. 이를테면, 신분을 초월

---

1) 《세종실록》 권127 세종 32년 1월 15일 후卯.
2) 《눌재집》 권1 〈備邊十策〉.

한 명실상부한 국민개병제의 확립에 군역 부과의 이상이 두어지고
있었다.

실제로 세조 때에는 양성지의 주장대로 호적법과 호패법이 어느
때보다도 강력히 추진되어 호구와 군액이 비약적으로 증대되었다.
그리하여 세조 7년(1461) 현재 군병은 27만 명, 조정(助丁; 保人)은
58만 명으로 도합 85만 명의 군정을 확보하게 되었다.[4] 이러한 숫
자는 양성지가 이상적으로 생각하는 군대수보다 훨씬 초과한 것으
로, 그는 오히려 그 지나침을 염려했다.

성종 대에도 성종 2년(1471), 4년(1473), 6년(1475)에 걸쳐 양성지
는 계속해서 15만 명의 정병(精兵)과 15만 명의 예비군(연호잡색군)
을 유지하자고 여러 차례의 상소를 통해 주장했는데, 이는 받아들
여지지 않았고 왕도주의를 주장하는 사람들이 등장하면서 오히려
군액이 감축되었다. 그리하여 성종 9년(1478) 현재 2만 명의 갑사
가 감축되었다. 양성지는 이를 한탄하는 상소를 올리기도 했다. 그
러나 사림정치가 발전할수록 군액 감축은 계속되었고, 급기야 선조
대에 '10만 양병설'을 주장하는 사태까지 이르게 된 것이다.

---

3) 《눌재집》 권3 〈軍政十策〉 및 〈軍國便宜十事〉 및 권4 〈便宜十六事〉 등.
4) 위의 책 권4 〈軍政四事〉 및 〈兵事六策〉. 〈軍政四事〉에서는 신사년(세조 7년)의 군액
이 별시위 3천, 갑사 1만 7천, 파적위 3천, 팽배·대졸 7천, 기정병(騎正兵) 3만, 보병
3만, 수군 6만을 합하여 정병(精兵)이 15만이고, 예비군은 15만(수성위 5만, 수성군
10만)이며, 이를 합하면 30만이라고 하였다. 그러나 〈兵事六策〉에서는 신사년의 군
액이 군병 27만, 조정 58만, 합하여 85만이라고 하였다. 두 기록 사이에는 군병의
수에 약간의 차이가 있으나, 이를 종합하면 27~30만이 된다.

2) 부대 개편론

군액이 확대되면 그에 따라 부대 편성에도 일정한 변화가 오지 않으면 안 되었다. 양성지는, 종전의 부대 편성은 그 인원이나 기능·명칭 등에 불합리한 점이 많아서 이런 문제들이 전반적으로 다시 조정되어야 한다고 주장했다.

그의 부대 개편안은 시기에 따라 조금씩 차이가 있었다. 세종 32년(1450)에 올린 〈비변10책〉은 최초로 제의한 부대 개편안이었다. 여기에서 그는 국방의 주체가 되는 지방군사가 연호잡색까지 합쳐서 10여만 명밖에 되지 못하고, 그나마 잡색군을 뺀 현역 군사는 수만 명에 지나지 않는 현실을 개탄하고, 적어도 15만의 정병(精兵)과 5~6만 호(대략 15만 명)의 연호잡색군(예비군)이 편성되어야 한다고 주장했다. 곧 30만 대군의 건설이 그의 기본 목표였다.

15만 명의 정병은 지역적으로는 경군과 지방군으로 나누고, 병종(兵種)으로는 기병과 보병을 각각 반반으로 하며, 이들을 다시 부대의 기능에 따라 지방군은 시위패(기병. 3만 명)·진군(보병. 3만 명)·선군(수군. 6만 명)으로 나누고, 경군은 1만 5천 명의 기병인 내금위·별시위·갑사와 방패(칼을 쓰는 보병. 9천 명)·섭육십(활을 쓰는 보병. 3천 명)·총통위(총을 쓰는 보병. 3천 명) 등으로 부대를 나눈다. 연호잡색군도 서울과 지방에 각각 따로 편성하되, 이들은 유사시에만 후방의 성을 지키는 임무를 맡고 평시에는 각각 본업에 종사하는 일종의 예비군 성격을 갖는다.

다만 이와 같은 부대 편성에 있어서 한 가지 유의해야 할 점은, 정병은 반드시 양민(품관 자제, 연장생도, 백정 등을 포함)으로서 징발하고,[5] 연호잡색군은 신분을 초월하여 현직 또는 생업에 종사하고 있는 각계각층의 백성들로 구성된다는 점이다.

〈비변10책〉의 부대 개편안

종류	지역	부대	인원	병종	기능
정병―양민군	경군	내금위	300명	기병	친병
		별시위	6,000명	〃	위병
		갑사	9,000명	〃	〃
		방패	9,000명	보병	공역군(칼)
		섭육십	3,000명	〃	사령군(활)
		총통위	3,000명	〃	총포
	지방군	시위패	3만 명	기병	번상정병
		진군	3만 명	보병	진수비군
		선군	6만 명	수군	수군
		합계	15만 명		
연호잡색군 연호잡색군	서울	도성위 · 문무백관 · 토지·음직을 받은 이들 · 성중애마 · 전직 품관 · 생원·진사 도성군 · 각사 이전 · 각종 장인 · 공사노비	? ?		유사시 도성 방위

---

5) 양성지는 "양민이 모두 쇄출(刷出; 샅샅이 조사하여 찾아냄)되면 사대부가 풍족해
진다"는 말을 곳곳에서 되뇌고 있다. 여기서 양민은 일반 농민만을 의미하는 것이
아니라 품관(한량관)의 자제, 연장생도(年壯生徒), 그리고 백정(재인·화척)까지를 포
함하는 넓은 계층, 곧 천인을 제외한 모든 백성을 뜻하는 것이다.

| 지 방 | 수성위
· 토지·음직을 받은 이들
· 전직 품관들 가운데 동반 6품 이상, 서반 4품 이상
· 문무과 출신
· 생원·진사
· 교도

수성군
· 향리·목자
· 역자(驛子)
· 진간(津干) | 5~6만 호
(약 15만 명) | 유사시 읍성 방위 |

　예컨대 연호잡색군은 위로는 수전유음인(受田有蔭人)과 전직 또는 현직 관리들로부터 아래로는 백정, 장인, 공사천인에 이르기까지 모든 신분의 백성들로 구성된다. 다만 생원, 진사 이상의 상위 신분은 그 부대 명칭을 '위(衛)'로 표시하고, 향리나 서리 이하의 하위 신분층은 '군(軍)'으로 불러 구별하는 것이 다를 뿐이다.[6]

　요컨대 양성지는 현역 군인으로서 15만의 정병과 유사시에 향토 방위를 담당하는 예비 군인으로서 약 15만의 연호잡색군을 합하여 도합 30만 대군의 확보를 목표로 했으며, 그러기 위해서는 현직 관리를 포함한 전 국민(장정)이 군역에 편제되어야 한다고 믿었다.

　다만 정병(精兵)을 양인 신분에만 국한시킨 것은, 정병이 잡색군과 달리 고급 군인으로서 일정한 급료와 품계가 부여되는 까닭이었다. 여기서 '양인'이란 농민만을 의미하는 것이 아니라 품관 및

---

6) 《눌재집》 권1 〈備邊十策〉.

그 자제와, 교생으로서 나이가 많은 연장생도(年壯生徒), 그리고 백정까지 포함하는 넓은 계층을 뜻하는 것이다.

바꾸어 말하자면 군역의 의무는 결코 순수한 농민에게만 지우는 것이 아니라는 점이다.

양성지의 정책을 적극적으로 수용한 세조 대에는 그가 생각한 목표를 웃도는 군액을 확보하게 되었으나, 성종 대에 가서는 사림들이 등장하면서 군액을 줄이자는 논의가 일어났다. 이때 양성지는 적극 반대하여 그가 목표로 한 군액을 계속 유지할 것을 주장하였으나[7] 받아들여지지 않았다. 성종 대에는 세조 대의 초신분적인 군역체제에 대한 반발이 일어나면서 군역제도도 점차 붕괴되어 갔던 것이다.

3) 보법 개혁

군사에 대한 경비를 국가가 전담하지 못하는 상황에서, 군사를 뒷바라지해 주는 조정(助丁)을 어떻게 편제하느냐의 문제는 군정의 중요 과제의 하나가 아닐 수 없었다. 양성지가 군정개혁안의 일환으로서 보법(保法)의 개혁을 주장하는 이유도 여기에 있었다. 세조 당시의 보법은 2정(丁)을 1보(保)로 하고, 보를 지급함에 있어서는 준전법(准田法)과 준정법(准丁法)을 병용하여 땅의 크고 작음과 인정의 많고 적음을 함께 헤아려서 보액의 차등을 두었다.

그러나 양성지는 이와 같은 당시의 보법은 불합리하다고 생각했다. 먼저 2정을 1보로 하게 되면 1인은 호주(戶主; 戶首)로서 치병(治

---

7)《눌재집》권4〈軍政四事〉및〈便宜三十二事〉.

兵; 군인이 됨)하고, 나머지 1인은 솔정(率丁)으로서 치농(治農; 농사를 지음)하여 여정(餘丁)이 없게 되며, 따라서 군호(軍戶)가 부실(不實)해진다는 것이다.

그러므로 군호를 부실(富實)하게 하려면 3정을 1보로 정하여, 1인은 호주로서 치병케 하고, 다른 1인은 솔정으로서 치농하며, 나머지 1인은 여정으로서 전이집사(轉移執事), 곧 경중(京中)을 맡거나, 산성을 지키거나 둔전을 경작하는 등의 일에 자유스럽게 충당되어야 한다.[8] 이렇게 하면 하나의 군호가 좀 더 여유를 가지고 군역의 의무를 이행할 수 있고, 생업에도 지장을 받지 않게 될 것으로 믿었다.

또한 하나의 군호에서 누구를 호수(戶首)로 하고 누구를 봉족(奉足; 助丁)으로 할 것이냐에 대해서는 대체로 군사적 재능이 있는 자를 호수로, 자산이 있는 자를 봉족으로 정할 것을 지지하였다.[9] 그래야만 군사의 정예화가 이루어지고, 군사에 대한 봉족의 경제적 지원이 원활하게 될 터이기 때문이다. 그러나 호수가 재능도 있고 부유할 경우에는 가난하고 재능이 없는 자를 조정으로 해도 무방하다고 보았다.[10] 요컨대 호수와 봉족은 빈자와 부자, 그리고 재주 있는 자와 재주 없는 자가 서로 조화 협조를 이루는 데서 이상적인 군호가 편성될 것으로 보았다.

그 다음, 군사에 지급하는 보(保)의 액수에 있어서는 부대에 따라 차등을 두어야 한다고 보았다. 예컨대 연호잡색이나 팽배(방패부대)·대졸(활 부대) 같은 비교적 역이 가벼운 보병은 한 군호(3인)가 한 사람의 병정을 지원하도록 하고, 선군이나 정병(正兵; 시위패

---

8) 《눌재집》 권3 〈軍政十策〉 및 〈軍國便宜十事〉 및 〈軍國便宜十事〉.
9) 《눌재집》 권4 〈軍政十策〉.
10) 위의 책 권3 〈軍國便宜十事〉.

기병)·진군(기병)과 같이 비교적 역이 무거운 부대는 2개의 군호(6인)가 한 병정을 지원하게 하며, 갑사·별시위 같은 무거운 역을 지는 기병 부대는 3군호(9인)가 하나의 병정을 지원하도록 해야 한다고 보았다.[11] 종전에는 기병에 대하여 4보(8인)가 지급되었으나 보 자체가 부실하였던 까닭에 제 기능을 다 발휘하지 못하였다.

양성지는 2정이 1보를 편성하는 것도 반대했으므로, 단정(單丁)이 한 군호를 이루는 것은 더욱 반대했다. 그래서 "한 사람의 병정이라도 단정으로서 군호를 만들어서는 안 된다"[12]는 것이 그의 한결같은 주장이었다. 요컨대 양성지의 보법 개혁안은 조정의 확대, 곧 군역 부담의 평준화를 통해 군병에 대한 조정의 경제적 부담과 군사적 보조 활동에 여유를 얻자는 데 근본 목적이 있다고 하겠다.

4) 대역제 반대, 군량미 확보책

양성지는 군사의 정예화 문제와 관련하여 일반 의무병사인 정병(正兵; 시위패)과 선군(船軍)에 대해서도 반드시 일정한 시험을 거쳐서 호수자(戶首者)를 선정할 것을 주장했으며,[13] 군역을 제삼자가 지게 하는 대립제(代立制)를 반대하여 대역자에 대한 처벌을 주장하기도 했다.[14] 이러한 그의 주장 가운데 특히 군역의 대립제는 성종 대를 전후하여 크게 유행하기 시작하여 이것이 국방체제를 붕괴시키는 하나의 원인이 되었다.

유사시를 만나서 대군을 동원하자면 군량미의 비축이 확보되어

---

11) 위의 책 권3 〈軍政十策〉 및 〈軍國便宜十事〉
12) 위의 책 권1 〈備邊十策〉 및 권3 〈軍政十策〉 및 〈軍國便宜十事〉.
13) 《눌재집》 권4 〈軍政四事〉 및 〈便宜三十二事〉.
14) 위의 책 속편 권1 〈北方備禦三疏四策〉.

야 함은 더 말할 나위도 없다. 양성지는 군자(軍資) 확보에 비상한 관심을 가지고 그 대책에 부심하였다. 그 구체적인 방법으로서 그가 제시한 것은 먼저 쓸데없는 관리인 용관(冗官)을 혁파하고, 농업을 진흥하며, 수리시설을 확충하고, 둔전(屯田)을 실시하며, 그리고 마지막으로 육작령(鬻爵令; 관작을 파는 일)의 실시를 주장했다.[15) 다만, 육작령은 임시변통으로는 좋지만 항구적인 방법은 되지 못하며, 공상천인(工商賤人)을 제외한 양인에 한해서 시행하되 함흥과 평양 이북 사람은 종9품에서 정5품에 이르는 서반군직을 100~1,000석의 곡식을 바치는 자에게 제수하자고 했다. 다만 내지(內地)에서 곡식을 바치는 자는 북방인의 두 배를 받도록 하자는 것이었다.[16)

이밖에도 양성지는 군량미를 축적하는 방법으로 군자곡을 백성들에게 대여하여 모미(耗米; 환곡을 받을 때 곡식을 쌓아 두는 동안 축날 것을 대비, 미리 몇 되씩 더 받아두던 것)를 수취할 것과,[17) 군자곡이 의창곡으로 전용됨으로써 군자의 부족을 초래하는 폐단을 시정하기 위하여 의창에서도 일시적으로 모미를 수납할 것, 민간의 장리(長利)에 해당하는 이식을 수취할 것을 주장하기도 했다.[18)

5) 성보 수축과 무기 정비

성보(城堡)의 수축도 국방 강화를 위한 필수적인 조처이다. 양성지는 당시 진행 중이던 북방 행성(行城)의 축조를 반대하고, 각 주진(州鎭)에 읍성을 빨리 수축할 것을 강력히 촉구했다.[19) 행성은 대

---

15) 《눌재집》 권1 〈備邊十策〉.
16) 위와 같음.
17) 《눌재집》 속편 권1 〈便宜二十八事〉.
18) 위의 책 권2 〈便宜十二事〉 및 〈便宜四事〉.

규모 적의 침략을 막는 데는 효과적이 아니므로 주진(主鎭)을 단위
로 한 지역 방어에 중점을 두어야 한다고 보았던 것이다. 그리고
지역방위 체제를 강화하기 위해서는 읍성의 수축과 더불어 전략적
중요성에 따라서 전국적으로 주진(主鎭)을 새로이 개편할 것을 주장
하기도 했다.[20]

　무기의 정비도 국방 강화를 위한 필수 조건의 하나임은 말할 나
위도 없다. 이에 양성지는 각종 무기의 제조와 혁신을 여러 번 강
조했다. 특히 역대로 우리의 장기로 인정되어 온 궁시(弓矢)의 기술
과 총통 기술을 외국인에게 폭로시키지 말 것[21]과 화포의 개량,
공성(攻城) 기계의 개발 등을 촉구했다.

　이 밖에도 그가 국방 강화를 위한 일련의 군정개혁안으로서 제
시한 여러 방안은 헤아릴 수 없이 많으나, 그 주요한 몇 가지만을
소개한다면 다음과 같다.

　1) 무인의 전문적 자질을 높이기 위해서 무과시험을 개혁하여
　　경서(유학서적) 과목을 줄이는 대신 《무경(武經)》 과목을 강화
　　할 것이다.
　2) 변방 인민의 사기를 높이기 위하여 양계의 자제와 제주도 지
　　방의 자제들을 동서반에 서용할 것이며, 토관제도(土官制度)를
　　강화할 것이다.
　3) 우수한 장수를 확보하기 위하여 조정의 신하들로 하여금 장
　　수가 될 만한 인물을 천거하여 장수록(將帥錄)을 작성해 두었
　　다가 유사시에 등용할 것.

---

19) 《눌재집》 권1 〈備邊十策〉.
20) 위의 책 권2 〈便宜二十四事〉.
21) 《눌재집》 권4 〈便宜三十二事〉.

4) 군호(軍戶)를 구휼하고 군정(軍丁)을 보호하여 군사의 사기를 올려줄 것.

5) 수시로 군사를 점열하고 훈련을 강화할 것.

6) 가볍고 질긴 종이로 갑옷과 대포 등을 만들어 사용할 것.

맺음말

　시대가 인물을 만드는가, 인물이 시대를 만드는가?

　양성지의 화려하면서도 기복이 많은 일생과 박식하면서도 실용적인 지혜를 더듬어 보면서 마지막으로 던지고 싶은 물음이 바로 이것이다.

　양성지는 세종이 길러낸 인물로서, 그의 지혜는 세조의 제갈량으로서 크게 빛을 발했다. 이렇게 본다면 세종 시대가 양성지를 만들었으며, 양성지가 세조시대를 만들었다고 해도 지나친 말이 아니다. 그러니 시대가 인물을 만든다는 말도 맞고, 인물이 시대를 만든다는 말도 틀린 것이 아닐 터이다.

　양성지는 물론 세종과 세조라는 두 임금만을 만난 것은 아니다. 문종, 단종, 예종, 성종의 네 임금을 더 만났다. 그러나 문종, 단종, 예종과의 만남은 기간이 너무 짧았고, 성종과의 만남은 가시밭길이었다. 정치 코드가 다른 사람이 나타나 그를 궁지로 몰아넣었기 때문이었다. 양성지의 뛰어난 경륜과 지혜는 뒷전으로 밀리고, 그가 누린 안정된 경제력만이 부정과 부패로 부각될 뿐이었다.

　그런데 300년이 지나 양성지는 중흥의 영주(英主) 정조를 다시 만나 화려하게 부활했다. 정조는 양성지의 수많은 글에서 실용적 지혜를 봤고, 그것을 되살려 왕조 중흥의 지표를 삼았다. 양성지의 지혜는 정조가 그토록 추구하던 '실학' 바로 그것이었다. 규장각은 정조가 양성지에게서 받은 가장 큰 선물이었다. 성종 대에 쓴 글에서 군주를 황극(皇極)과 군사(君師)로 바라본 양성지의 군주관(君主觀)도 정조는 놓쳤을 리 없다. 그래서 양성지의 문집인 《눌재집》이 왕명으로 규장각에서 화려하게 출간되었다.

그러면, 양성지는 왜 자신이 섬기던 성종을 '황극'과 '군사'로 바라보았을까. 그 대답은 그가 섬긴 군주의 자질과 그가 살았던 수성기(守成期)의 자신감에서 구할 수밖에 없다. 성종의 뛰어난 문치(文治)가 그를 감동시켰을 테지만, 세종에서 성종에 이르는 수성기의 자부심이 임금을 그렇게 바라보게 만들었다고 보아야 할 것이다. 조선왕조의 문물이 절정에 오른 시기를 살아본 그가 국가와 군주에 대한 자신감을 갖게 된 것은 이상할 것이 없다.

이런 자신감은 비단 그에게만 그치는 일은 아니었을 것이다. 그 시기를 이끌어간 조야의 지도자들이 지닌 공통된 정서였다고 보아도 좋다. 하지만 양성지는 그 가운데서도 특이한 존재였다. 그것은 그가 내보인 우리 역사 전반에 대한 자신감으로부터 비롯되는 것으로 보인다. 그는 특이하리만큼 역사의식이 투철한 인물이었다. 그의 경륜과 언설에는 언제나 우리 역사에 대한 해박한 지식과 자부심이 바탕에 깔려 있었다.

양성지는 세종 때에 집현전에서 왕명으로 《고려사》·《치평요람》·《용비어천가》 등을 편찬하고, 그의 가까운 인척인 권근의 《동국사략》 등을 접하면서 우리나라 및 중국사에 대한 해박한 지식을 얻게 되었다. 이어 그는 세조 대에도 《명황계감》을 편찬하고, 《동국통감》 편찬에도 주동적으로 참여하였다. 여기에 더하여 그의 역사의식을 더욱 깊게 만들어준 것은 세조 대 이후로 〈동국지도〉를 비롯한 수많은 지도와 지리지 편찬에 참여한 일이었다. 《동국여지승람》은 그 결정판이라 할 수 있다.

집현전 출신의 학자로는 양성지 말고도 정인지·신숙주·최항·서거정·노사신 등 뛰어난 학자들이 많았지만, 양성지만큼 역사와 지리 및 지도 사업에 많이 참여한 인물은 없다. 이러한 역사와 지도 및 지리지에 대한 지식은 국가와 국토에 대한 사랑을 깊게 만들고, 이러한 지식을 국가 경영에 반영하려는 의지를 더욱 굳게 만들었을 것이다. 바로 이 점이 양성지를 차별화된 인물로 만든 요인이었을 것이다.

양성지를 뛰어난 경륜가로 만든 또 하나의 요인은 그의 신체적 장애였던 것 같다. 말이 어눌하여 자신의 호를 '눌재(訥齋)'라고 했지만, 그는 자신의 약점을 글로 극복하고자 했다. 40년 동안 벼슬을 하면서도 의정부의 정승 반열에 들지 못한 것은 매우 이례적인 일인데, 이는 그의 언어적 장애와 무관하다고 보기 어렵다. 그러나 그는 자신의 경륜을 말이 아니라 글로서 정리했기 때문에 누구보다도 많은 상소문을 임금에게 진달했고, 10권에 달하는 《주의(奏議)》라는 책을 남긴 인물이 되었다.

양성지의 문집인 《눌재집》을 보면, 보통 《문집》과는 매우 다르다. 대부분의 문집은 시와 기행문, 서간문, 묘지명 등 신변잡기가 중심을 이루고 있으나, 《눌재집》은 거의 대부분 '주의'로 채워져 있다.

양성지의 '주의'는 관념적이거나 추상적인 명분론은 극히 드물고 거의 대부분 정치실무와 관련된 실용적 내용들로 채워져 있다. 물론 정치적 실무 안에는 군정(軍政)이 가장 많지만, 그 밖에 외교(대외교섭)·문교·풍속·경제에 관한 내용도 적지 않다.

양성지의 군정론(軍政論)은 문무일치(文武一致)를 통한 상무정신 진작, 무성묘(武成廟) 건설, 초신분적인 개병제(皆兵制)에 바탕을 둔 30만 대군의 양성, 3정(丁) 1보(保)의 보법(保法) 실시, 시험과 훈련을 통한 군사의 정예화, 지역 방어체제인 진관체제(鎭管體制)의 실시, 지방의 읍성 수축, 서울 주변에 4보(四輔) 설치, 군량미 확보, 무기 개선 등으로 정리할 수 있으며, 이를 바탕으로 한 강력한 국방체제의 강화로 요약된다. 이는 명나라·달단족·여진족 및 왜인의 도전에 대한 대응 정책이며, 공자가 위정(爲政)의 3대 과제의 하나로 지목한 족병(足兵)의 과제를 실천한 것이기도 하다.

양성지의 군정론을 누구보다도 신뢰하고 따랐던 세조가 그를 일러 "나의 제갈량"으로 부른 것도 결코 과장만은 아니었다.

양성지의 문교론(文敎論)도 매우 빛나는 내용이다. 그는 국가와 왕실의 권위를 높이는 일을 매우 중요한 정책 과제로 생각하여 이에 관련된 시책을 다각도로 진언했다. 군주의 위상을 황극(皇極)과 군사(君師)로 높이는 일부터 시작하여 왕실의 여러 칭호를 높이고, 군주의 글과 글씨인 어제와 어필을 존엄하게 관리하기 위한 규장각 설치, 군주의 환구단 제천과 친경(親耕) 및 대사례(大射禮) 실시, 역대 임금 및 능묘에 대한 제사 등을 틈틈이 요청했다.

그리고 국가와 국민의 자부심을 높이기 위한 방법으로 외적을 물리친 역대 애국 명장과 민족 통일의 영주(英主)들에 대한 제사, 역대 명유(名儒)들에 대한 제사, 목면을 도입한 문익점과 화약무기를 만든 최무선에 대한 제사, 그리고 국토의 대표적인 산·강·바다에 대한 제사를 5악(五嶽) 5독(五瀆)으로 격상하는 일, 전국에 5경(五京) 설치, 과거시험에 국사 과목 편입, 중국에 대한 사대 외교의 자중, 외국 사신을 위한 번부악 설치, 우리의 언어와 고유풍속 존중 등이 이에 속한다. 우리는 단군이 나라를 세운 이래로 국토의 폭원이 만 리에 이르는 대국이었다는 사실도 그가 누누이 자랑하는 일이었으며, 이에 바탕을 두고 잃어버린 만주에 대한 관심을 한시도 잊지 않았다.

이밖에 양성지는 문명국가의 필수조건인 도서(圖書)의 편찬과 보
관해 대해서도 비상한 관심을 쏟았다. 특히 지방의 사고(史庫)를 전
주, 성주, 충주 등 도시에서 깊은 산 속으로 옮기자는 주장은 당대
에는 실현되지 않았지만, 임진왜란을 겪고 나서 그대로 실현되었
다. 그의 선견지명이 빛나는 대목이다.

이러한 조치들은 우리나라가 비록 명분상 명나라의 '제후'이지
만, 내용상으로는 천자국에 버금하는 정치적 자주성, 문화적 독자
성, 그리고 국토의 독립성을 지닌 나라라는 자부심이 깔려 있다.
그리고 '우리가 비록 지금 중국보다 나라는 작지만, 아시아 세계에
서 중국과 어깨를 겨루는 소중화의 높은 문명국가'라는 자부심이
반영되어 있는 것이기도 하다. 여진이나 일본은 군사적으로는 무시
할 수 없는 나라이지만, 문명적으로는 우리의 맞수가 되지 못하다
는 생각이었다.

한편, 양성지는 당대 조선이 배워야 할 모범적인 대상으로 요·
순·우·주공 등 당우삼대(唐虞三代)나 당시의 명나라만이 아니라, 부
국강병과 민생안정을 가져온 한나라 무제·당나라 태종·송나라 태
조 등에게서도 배울 것이 있다고 보았다. 더 나아가 중국이 오랑
캐로 멸시해 온 요나라와 금나라의 세종, 서하(西夏), 원나라로부터
도 배울 바가 많다고 여겼다. 특히 국속(國俗)을 지키려는 노력은
중국 주변 국가에서 배울 것이 많다는 것이다. 이 나라들은 중원
을 정복하고서도 자신의 고유 풍속을 잃지 않았기 때문에 수백 년
의 역사를 지켜올 수 있었다고 보았다.

양성지의 민생에 대한 대책은 주로 공물 대납제인 방납의 폐단
에 집중되었다. 당시 민생을 해치는 가장 큰 고통은 실제로 방납
이었기 때문이다. 그는 모든 공물을 방납으로 할 것이 아니라 백
성들이 직접 바칠 수 있는 공물은 방납에서 뺄 것을 주장하고, 나

아가 방납하는 상인들의 협잡을 법으로 엄중하게 막을 것을 여러 차례 촉구했다.

또 가난한 사람들에게 곡식을 대여하는 제도로서 민간 자율기구인 사창제를 금하고, 그 대신 국가가 관곡을 가지고 대여하는 의창제의 실시를 주장했다. 사창제는 중간 관리자의 농간이 많다는 것이 반대의 이유였다. 이 밖에 농업을 해치는 살우(殺牛)의 금지와 사치의 억제도 여러 번 강조했다.

양성지가 군역제도로서 3정 1보의 보법(保法)을 주장한 것도 민생 안정을 위한 바였다. 세조조 당시에는 2정 1보 제도를 실시하고 있었는데, 양성지는 이를 두고 민생을 해치는 지나치게 무거운 군역제도로 이해했다.

이러한 민생에 대한 대책은, 공자가 말한 위정(爲政)의 3대 목표의 하나인 족식(足食)에 대한 관심을 그가 늦추지 않고 있었다는 증좌이다.

양성지가 또 하나 관심을 둔 풍속의 문제는 주로 삼강오륜의 신분질서를 확립하는 것에 초점이 두어지고 있었다. 그래서 신분에 따른 복색의 차등, 윗사람에 대한 아랫사람의 능멸 금지, 상전과 노비의 관계를 군신 관계로 정립하기, 적서차별 등을 강조하였다.

특히 양성지는 북방 지역의 방어문제와 관련하여 종친이나 공신들에게 식읍을 주는 등 일정한 특혜를 줄 것을 요청했다. 이는 특권세력을 키우자는 데 목적이 있는 것이 아니라 나라를 안정시키려면 교목세신(喬木世臣)이 강력하게 북방 지역을 장악하고 있어야 한다는 판단에 바탕을 둔 것이었다. 물론 그는 지방 인사들을 토관(土官)으로 임명하여 그들의 사기를 높여 주어야 한다는 것도 잊지 않았다.

또 양성지는 관료들의 생활 안정을 위해서 과전(科田) 지급이 그대로 유지되어야 할 것으로 보고 현직 관리에게만 토지를 지급하는 직전제(職田制)를 반대했다. 이는 퇴직 관료의 가족들이나 유족들에 대한 생계를 염려한 것인데, 토지가 부족한 당시의 사정에 비추어 과전의 부활은 실제로 어려운 일이었다.

이상 양성지의 신분관을 종합해 보면, 그는 만년에 이를수록 중앙의 관료층이나 공신 등 기성세력을 지나치게 우대하는 관점을 지닌 보수층의 대변자로 보인다. 그는 강력한 중앙집권체제 아래에서 왕조의 문물을 높은 수준으로 끌어 올린 이른바 훈신(勳臣)으로서의 자부심이 있었기 때문에 이러한 체제가 오래도록 유지되기를 희망했던 것이다.

그러나 15세기 말기의 성종 대에 이르면 사정은 달라지고 있었다. 중앙집권체제의 결과로 권력과 부가 중앙의 훈신에게 집중되는 역기능이 나타나고 있었다. 특히 세조 대의 지나친 부국강병 정책은 지방 세력의 희생을 강요하는 부작용을 낳았다. 바로 이런 점이 성종 대 이후로 지방에서 올라온 신진 사림이 양성지를 곱지 않은 눈으로 보게 되는 근본 원인이었다고 할 수 있다.

사림들이 지향하는 나라는 이제 사창이나 향약, 향사례, 유향소 등 향촌자치를 확대하자는 것이었으나 양성지는 이를 반대하는 견해를 지니고 있었다. 성종 대 이후 사림들이 양성지를 탄핵하고 나선 근본적인 이유는 여기에 있었다. 사실, 양성지 개인으로 본다면 특별하게 탄핵을 받을 만한 부정을 저지른 것은 없었다. 그가 가진 재부(財富)는 그의 뛰어난 공로에 따른 정당한 국가적 보상이었다. 하지만, 사림들은 그를 부정축재자의 유형에 몰아넣고 공격함으로써 시대 분위기를 반전시키려고 한 것이다.

결국 부정의 증거가 발견되지 않아 양성지는 벌을 받지 않고 자신의 농장에서 유유자적하면서 생애를 마감했다. 그러나 그가 국가에 바친 공로는 망각의 늪에 빠지고, 오직 임금에게 아첨하고 재물을 탐한 노인으로 비쳐지면서 300년의 세월이 흘렀다.

그러면 왜 양성지는 오랜 망각의 늪에서 300년 만에 빠져나와 위대한 실학자로 부활했을까? 그것은 시대가 또 한 번 반전한 데 원인이 있다. 그에게 오명을 씌운 도덕 지향의 사림 정치가 부작용을 낳으면서 왜란과 호란을 불러오고, 다시금 군주 중심의 강력한 지도력과 실용정치를 요구하는 시대가 온 것이다. 명분보다 실리를 중요시하고, 왕권 강화를 옹호하는 실학이 일어나는 이유가 여기에 있었고, 그 실학의 선구자로 양성지가 주목되는 것은 당연한 일이었다.

18세기 중흥의 영주 정조의 정치는 '계지술사(繼志述事)'와 '법고창신(法古創新)'을 바탕으로 한 실학정치로 집약된다. 선왕(先王)의 뜻과 옛것을 계승하면서 새로운 것을 가미하자는 뜻이다. 여기서 옛것과 선왕은 가까이는 할아버지 영조의 탕평정치를 말하기도 하지만, 조선 전기의 인물도 중요한 교훈으로 삼았다. 그래서 창업기의 정도전과 수성기의 양성지를 주목하게 되었고, 왜란을 전후하여 뛰어난 문장으로 일본과 명나라 사람들을 놀라게 한 차천로의 글에 감동받았으며, 왜란을 극복하는데 공이 큰 이순신, 양대박(梁大樸), 김덕령, 그리고 호란 때 맹활약한 임경업 등을 찾아내 그들의 문집 또는 전기를 편찬했다.

정조의 뒤를 이어 역사는 또 한 번의 반전을 겪으면서 19세기의 시작과 더불어 세도정치로 접어들고 나라는 휘청거렸다. 그러나 정조의 꿈은 19세기 후반 고종에 이르러 다시금 주목을 받아 규장각의 부활과 함께 왕조 중흥의 꿈으로 살아나면서 자주적 근대화가 추진되었다. 이렇게 본다면 정조와 규장각의 부활은 어떤 면에서는 양성지의 꿈이 다시 부활했다는 것으로 보아도 무방할 터이다.

이제 양성지 이야기에서 붓을 놓아야 하는 나도 지금 역사의 반전을 보면서 2008년을 가로지르고 있다. 민주화세력이 집권한 지난 10년을 '잃어버린 10년'으로 보는 새로운 보수세력이 정권을 창출하는데 성공했다. 그런데 그 민주화세력은 10년 전에 산업화세력을 수구반동으로 보면서 권력을 창출했었다. 냉정하게 보면, 산업화세력도 공로가 크고 민주화세력도 공로가 크다. 그러나 그들은 서로 상대의 약점만 바라보고 비판했다.

어쩌면 양성지를 바라보는 시대의 눈들이 역사의 반전 속에서 끊임없이 뒤바뀌면서 부침을 거듭해 오듯이, 오늘의 우리도 끊임없이 반전하는 시대의 눈을 피하지 못하면서 살아가고 있는 것은 아닐까?

양성지 연보(年譜)

1415년(태종 15)

부친 양구주(梁九疇; 예빈시윤)와 모친(후취) 안동권씨(권담의 딸) 사이에 장남으로 출생, 서울에서 성장.

1441년(세종 23), 27세

진사시, 생원시, 문과(3등)에 잇달아 합격, 경창부승(慶昌府丞), 성균주부(成均主簿), 집현전 부수찬(副修撰; 종6품)에 임명.

1443년(세종 25), 29세

사간원 좌정언(左正言; 정6품), 집현전 수찬(修撰; 정6품)에 임명, 공법(貢法) 토론

1444년(세종 26), 30세

과거 참시관(參試官).

1445년(세종 27), 31세

3월 《치평요람(治平要覽)》, 4월 《용비어천가(龍飛御天歌)》, 7월 《의방유취(醫方類聚)》 공동 찬진.

1448년(세종 30), 34세

5월 사대부의 적첩(嫡妾) 구별 주장, 5월 사창법(社倉法) 반대.

1449년(세종 31), 35세

2월 《고려사》 편찬 참여(지리지), 5월 집현전 부교리(副校理)로 북방 행성(行城) 건설 반대, 9월 중국에서 '토목(土木)의 변(變)' 발생.

1450년(세종 32), 36세

1월 '토목의 변'에 자극받아 〈비변10책(備邊十策)〉 상소.

1451년(문종 원년), 37세

1월 집현전 교리(校理; 정5품)로 〈동서양계일체비어(東西兩界一體備禦)〉 상소. 9월 집현전 응교(應敎; 정4품)로 승진.

1452년(단종 즉위년), 38세

집현전 직제학(直提學; 정3품)으로 승진.

1453년(단종 원년), 39세

1월 〈논군도(論君道)〉 상소. 10월 계유정란(癸酉靖亂)으로 수양대군 집권, 11월 압록강변 4군 가운데 3군 철폐 주장.

1454년(단종 2), 40세

1월 〈황극치평도(皇極治平圖)〉 찬진, 4월 〈경성지도(京城地圖)〉 제작, 10월 전국지도 제작 시작.

1455년(단종 3, 세조 원년), 41세

윤6월 세조 즉위, 7월 집현전 직제학으로 〈논군도12사(論君道十二事)〉 상소, 8월 11월 여연, 무창, 우예 3읍지도 찬진, 11월 〈평안도편의18사(平安道便宜十八事)〉 상소, 12월 원종공신(原從功臣) 2등에 책봉, 《문종실록》 편찬.

1456년(세조 2), 42세

1월 명나라 사신에게 선물을 많이 주지 말 것과 왜인에게 궁마(弓馬)를 주지 말 것을 건의, 2월 언로를 넓히고 형벌을 신중히 할 것을 건의, 3월 학문을 전문적으로 나누어 가르칠 것을 건의, 3월 〈편의24사(便宜二十四事)〉 상소, 5월 《의주(儀註)》 편찬 건의, 6월 사육신 사건으로 집현전 혁파.

1457년(세조 3), 43세

1월 환구단(圜丘壇) 제천(祭天) 거행, 3월 판서운관사(判書雲觀事)로 〈편의십이사(便宜十二事〉 상소, 6월 〈용비어천도(龍飛御天圖)〉 찬진, 10월 훈련관사(訓鍊觀事)로 〈편의4사(便宜四事)〉 상소, 10월 첨지중추원사(僉知中樞院事; 당상관)로 승진.

1458년(세조 4), 44세

가을 통진(通津) 대포곡(大浦谷)에 별서(別墅) 낙성, 서거정이 〈낙성기〉를 지음.

1459년(세조 5), 45세

10월 《잠서(蠶書)》 찬진, 11월 《의방유취》 교정.

1460년(세조 6), 46세

2월 행대호군(行大護軍; 종3품)으로 《손자주해(孫子註解》 교정, 3월~6월 주문사(奏聞使) 부사(副使)로 명나라에 가서 여진족 문제를 변명, 서책 목록 정리, 악학도감(樂學都監) 제조로 〈정대업〉, 〈보태평〉, 〈상봉래의〉 등 음악 정리.

1461년(세조 7), 47세

7월 동지중추원사(同知中樞院事; 종2품)로 승진, 7월 교서관(校書館) 제조, 8월 《명황계감(明皇誡鑑)》 번역.

1462년(세조 8), 48세

예문관 서책 정리.

1463년(세조 9), 49세

5월 규장각(奎章閣)과 비서각(秘書閣) 설치 건의, 9월 《동국통감(東國通鑑)》 편찬 명령, 11월 정척(鄭陟)과 더불어 〈동국지도(東國地圖)〉 완성, 11월 비서각 대신 홍문관(弘文館)이 설치되자 제학(提學; 종2품)을 겸임.

1464년(세조 10), 50세

5월 방납(防納) 개혁 주장, 6월 유생들을 이학(理學)과 사학(史學)으로 나누어 가르칠 것을 건의, 세조는 7개 분야(천문, 풍수, 율려, 의학, 음양, 사학, 시학)로 나누어 유생들을 교육시킬 것을 명함, 8월 유생들에게 경서(經書)와 무경(武經)을 가르치라고 명함, 8월 〈군정10책(軍政十策)〉 상소, 9월 이조판서(吏曹判書; 정2품)에 임명.

1465년(세조 11), 51세

3월 지중추원사(정2품)에 임명, 5월 《경국대전(經國大典)》 형전(刑典) 편찬을 맡음, 6월 〈권농4사(勸農四事)〉 상소, 7월 《오륜록(五倫錄)》 편찬 시작, 7월 대사헌(大司憲; 종2품) 임명, 11월 〈군국편의10사(軍國便宜十事)〉 상소.

1466년(세조 12), 52세

윤3월 세자교육을 위한 《유선서(諭善書)》 편찬, 세조가 《동국통감》 편찬 독려, 5월 발영시(拔英試)에서 2등으로 합격, 7월 《대명강해율(大明講解律)》, 《율학해이(律學解頤)》, 《율해변의(律解辯疑)》 교정, 8월 사간원 서경봉박권(署經封駁權) 부활 주장, 10월 왕명으로 서적들을 역학·천문·지리·의학·복서·시문·서법·율려·농상·목축·역어·산법으로 나누어 정리, 11월 〈군국편의10사(軍國便宜十事)〉 상소, 11월 경연에서 《동국사략》과 《고려사》를 교재로 쓸 것을 건의, 11월 〈서적10사(書籍十事)〉 상소.

1467년(세조 13), 53세

1월 농우(農牛) 도살금지 요청, 1월 왕명으로 《해동성씨록(海東姓氏錄)》 찬진. 5월 이시애의 난이 일어나자 〈북비어초소15책(北方備禦初疏十五策)〉 상소, 7월 〈북방비어2소3책(北方備禦二疏三策)〉 상소, 7월 왕명으로 《성제공수도(城制攻守圖)》 고열, 8월 〈북방비어3소4책(北方備禦三疏四策)〉 상소, 9월 〈평삭방송(平朔方頌)〉 찬진, 9월 왕명으로

《경국대전》 형전(刑典) 수교, 9월 유자광의 병조정랑 임명에 반대, 12월 왕명으로 《시구결(詩口訣)》 교정.

1468년(세조 14), 54세

6월 구언교지에 따라 〈시폐6사(時弊六事)〉 상소, 9월 세조 승하.

1469년(예종 원년), 55세

2월 〈논실직초계미편소(論實職超階未便疏)〉 상소, 윤2월 공조판서(工曹判書)에 임명, 4월 《세조실록》 편찬 과정에 사초(史草) 사건 발생, 6월 〈편의28사(便宜二十八事)〉 상소, 9월 지춘추관사(知春秋館事; 정2품) 겸임, 11월 예종 승하.

1470년(성종 원년), 56세

1월 〈편의16사(便宜十六事)〉 상소, 2월 왕명으로 《경국대전》 호전(戶典)과 공전(工典) 교정.

1471년(성종 2), 57세

2월 좌리공신(佐理功臣) 책봉 주장, 3월 좌리공신 3등에 책봉되고 공신전 20결 받음, 지중추원사(知中樞院事)에 임명, 12월 〈편의32사(便宜三十二事)〉 상소.

1472년(성종 3), 58세

1월 남원군(南原君)으로 〈변방4사(邊方四事)〉 상소, 3월 〈편의4사(便宜四事)〉 상소, 3월 왕명으로 《경국대전》 교정안 45개 항 찬진, 5월 《예종실록》 편찬, 11월 《세조실록》과 《예종실록》을 전주사고(全州史庫)에 봉안.

1473년(성종 4), 59세

12월 자헌대부(資憲大夫) 남원군 책봉.

1474년(성종 5), 60세

7월 〈군정4사(軍政四事)〉 상소.

1475년(성종 6), 61세

6월 〈병사6책(兵事六策)〉 상소.

1476년(성종 7), 62세

4월 춘추관에서 《시정기(時政記)》 편찬 감수.

1477년(성종 8), 63세

7월 남원군으로 〈사대국척원인(事大國斥遠人)〉 상소, 8월 성종이 성균관에서 대사례(大射禮)를 행하자 〈친사문묘송(親祀文廟頌)〉 찬진, 9월 황주 극성(棘城) 건설 반대, 10월 대사헌(大司憲)에 다시 임명되자 사림(士林) 언관들이 반대상소 올림, 10월 공조판서에 다시 임명.

1478년(성종 9), 64세

1월 《팔도지리지(八道地理誌)》(8권 8책) 찬진, 성종 12년에 이 책에 《동문선》의 글을 넣어 완성한 것이 《동국여지승람》이다. 2월 노사신, 서거정 등과 더불어 《동문선(東文選)》 공동 찬진, 4월 〈풍속학교12사(風俗學校十二事)〉 상소, 10월 〈군국비계2사(軍國秘計二事)〉 상소.

1479년(성종 10), 65세

4월 사림들이 공조판서 해임 요구, 5월 공조판서 해임 뒤 남원군으로 남음.

1480년(성종 11), 66세

은퇴한 뒤 별장이 있는 통진으로 내려가 한가로운 생활 속에서 자신의 상소문을 모아 8권의 《남원군주의(南原君奏議)》와 6권의 《가집(家集)》 편찬.

1481년(성종 12), 67세

4월 자헌대부(資憲大夫; 정2품) 부호군(副護軍)에 임명, 4월 50권의 《동국여지승람(東國輿地勝覽)》 찬진, 그러나 이 책은 지금 남아 있지 않다. 9월 지중추부사 임명, 10월 〈청파중국치진개주소(請罷中國置鎭

開州疏)〉 상소. 10월 당상관의 율시(律詩) 시험에서 수석을 차지하자
임금이 11월 2계(階)를 뛰어넘어 숭정대부(崇政大夫; 종1품)로 승자함.

1482년(성종 13), 68세

2월 〈청수찬어제시문급찬집동국여지승람등12사차(請修撰御製詩文及
撰輯東國輿地勝覽等十二事箚)〉 올림. 4월 3남 양찬(梁璨)이 동부승지에
임명된 것에 감사하는 〈사은전(謝恩箋)〉 올림, 6월 11일 세상을 떠
남, 8월 28일 통진 대포곡에 안장됨, 성종은 문양(文襄)의 시호를
내리고, 사당(祠堂)에 수안사(守安祠)라는 이름을 하사함.

1519년(중종 14)

김안국(金安國)이 양성지의 후손들에게 〈신도비명(神道碑銘)〉을 써줌.

1776년(정조 즉위년)

3월 창덕궁 후원에 규장각(奎章閣) 설치, 9월 양성지의 규장각 건
설 제의를 언급.

1781년(정조 5)

5월 양성지가 제의한 도서정리에 관해 언급, 8월 신하들과 규장각
직제에 대한 양성지의 의견을 놓고 논의.

1791년(정조 15)

5월 양성지의 문집인 《눌재집(訥齋集)》을 규장각에서 편찬하라고
명하고, 서문은 자신이 쓰겠다고 말함.

1793년(정조 17)

1월 장용영(壯勇營)을 설치하면서 양성지의 주장대로 중군(中軍)을
두지 않음.

1795년(정조 19)

11월 양성지 후손인 전 첨지중추부사 양주익(梁周翊)을 병조참의로
등용.

1796년(정조 20)

　3월 양성지의 주장에 따라　전문적인 군사훈련소인 훈련관(訓練院)을 설치하고, 그가 주장한 무성묘(武成廟)를 주목

1938년

　후손들이 《눌재집》에　빠진　주의(奏議),　〈황극치평도서(皇極治平圖序)〉,〈용비어천도서(龍飛御天圖序)〉,〈평삭방송〉,〈친사문묘송〉, 그리고 〈유사(遺事)〉 등을 모아 《눌재집 속편》을 간행

1973년

　아세아문화사에서 1938년에 간행된 《눌재집》을 영인본으로 간행하고 백린(白麟) 씨의 해제를 실었다.

1993년

　남원양씨문양공종회(南原梁氏文襄公宗會)에서　〈남원양씨외예보(南原梁氏外裔譜)〉 등을 추가한 《눌재집》 간행.

찾아보기